Temas Avançados de Direito da Saúde

Tutelas Jurídicas da Saúde

MARCELO LAMY
Organizador

Temas Avançados de Direito da Saúde

Tutelas Jurídicas da Saúde

©Matrioska Editora 2020

Todos os direitos reservados e protegidos pela Lei nº 9.610/1998.

Nenhuma parte deste livro, sem autorização prévia, poderá ser reproduzida ou transmitida sejam quais forem os meios empregados: eletrônicos, mecânicos, fotográficos, gravação ou quaisquer outros.

Publisher – Editorial: Luciana Félix
Publisher – Comercial: Patrícia Melo
Copidesque: Gisele Múfalo
Revisão: Equipe Matrioska Editora
Editoração e capa: Tony Rodrigues

Dados Internacionais de Catalogação na Publicação (CIP)
(Câmara Brasileira do Livro, SP, Brasil)

Temas avançados de direito da saúde : tutelas jurídicas da saúde / Marcelo Lamy organizador. – São Paulo, SP: Matrioska Editora, 2020. – (Direito da saúde; 1 / coordenação Marcelo Lamy).

Vários autores.
Bibliografia
ISBN 978-65-86985-08-5

1. Direitos fundamentais 2. Direito à saúde 3. Justiça social 4. Saúde – Leis e legislação – Brasil 5. Saúde pública – Brasil 6. Serviços de saúde – Brasil 7. Tutela jurisdicional – Brasil I. Lamy, Marcelo. Série.

20-36779 CDU-34:351.77(81)

Índices para catálogo sistemático:
1. Brasil : Direito da saúde   34:351.77(81)
2. Brasil : Saúde : Direito   34:351.77(81)

Matrioska Editora
Atendimento e venda direta ao leitor: www.matrioskaeditora.com.br
contato@matrioskaeditora.com.br
facebook.com/matrioskaeditora
instagram.com/matrioskaeditora

Impresso no Brasil
2020

Os autores

Adriana de Fátima SANTOS
Advogada (Lamy Oliveira Santos Sociedade de Advogados). Professora universitária (Universidade Santa Cecília). Membro do Grupo de pesquisa CNPq/Unisanta "Direitos Humanos, Desenvolvimento Sustentável e Tutela Jurídica da Saúde". Bacharel em Direito (Faculdade de Direito de Valença). Especialista em Direito Empresarial (Univ. Estácio de Sá; FGV). Mestre em Direito da Saúde pelo programa de pós-graduação *stricto sensu* em "Direito da Saúde: Dimensões Individuais e Coletivas" da Universidade Santa Cecília (UNISANTA). Doutoranda em Direito Constitucional pela Pontifícia Universidade Católica de São Paulo (PUC-SP).

Alan Martinez KOZYREFF
Advogado. Professor universitário (Universidade de Sorocaba). Bacharel em Direito (Faculdade de Direito de Sorocaba). Especialista em Direito do Trabalho e Processo do Trabalho (Universidade Mackenzie; Universidade Cândido Mendes) e em Direito Previdenciário (Escola Paulista de Direito). Mestre em Direito da Saúde pelo programa de pós-graduação *stricto sensu* em "Direito da Saúde: Dimensões Individuais e Coletivas" da Universidade Santa Cecília (UNISANTA). Doutorando em Ciências Farmacêuticas pela Universidade de Sorocaba.

Alder Thiago BASTOS
Advogado. Professor universitário (Universidade Cidade de São Paulo). Presidente da Comissão de Direito Processual do Trabalho da OAB/SP Subseção Jabaquara. Bacharel em Direito (Universidade Paulista). Especialista em Direito Imobiliário (Escola Paulista de Direito), em Direito do Trabalho

e Processo do Trabalho (Escola Paulista de Direito), em Direito Processual Civil (Damásio Educacional) e em Direito Público (Damásio Educacional). Mestre em Direito da Saúde pelo programa de pós-graduação *stricto sensu* em "Direito da Saúde: Dimensões Individuais e Coletivas" da Universidade Santa Cecília (UNISANTA).

Amélia COHN
Professora permanente do programa de pós-graduação *stricto sensu*, Mestrado em "Direito da Saúde: Dimensões Individuais e Coletivas" da Universidade Santa Cecília (UNISANTA). Graduada em Ciências Sociais (Universidade de São Paulo). Mestre em Sociologia (Universidade de São Paulo). Doutora em Sociologia (Universidade de São Paulo).

Ana Carla Vasco de TOLEDO
Advogada. Professora de Direito da Faculdade de Bertioga. Membro do Grupo de pesquisa CNPq/Unisanta "Direitos Humanos, Desenvolvimento Sustentável e Tutela Jurídica da Saúde". Bacharel em Direito (Universidade Metropolitana de Santos). Metre em Direito Internacional pela Universidade Católica de Santos. Doutora em Direito Ambiental Internacional pela Universidade Católica de Santos.

Ana Maria Silvério Santana CAÇÃO
Advogada. Bacharel em Direito (Universidade Metropolitana de Santos). Especialista em Direito Processual Civil (Universidade Anhanguera) e em Métodos Alternativos de Solução de Conflitos (Escola Paulista da Magistratura).

Beatriz RUBIN
Membro do Grupo de pesquisa CNPq/Unisanta "Direitos Humanos, Desenvolvimento Sustentável e Tutela Jurídica da Saúde". Bacharel em Direito (Universidade Federal do Rio Grande do Sul). Especialista em Direito Tributário (Instituto Brasileiro de Estudos Tributários) e em Direito Ambiental (Pontifícia Universidade Católica de São Paulo). Mestre em Direito Internacional pelo programa de pós-graduação *stricto sensu* da Universidade Católica de Santos.

Bruno Bottiglieri Freitas COSTA
Advogado. Vice-Presidente da Comissão do Estagiário da OAB/SP - Subseção Santos. Bacharel em Direito (UNISANTA). Mestre em Direito da Saúde pelo programa de pós-graduação *stricto sensu* em "Direito da Saúde: Dimensões Individuais e Coletivas" da Universidade Santa Cecília (UNISANTA).

Claudia Moraes da SILVA
Analista do Ministério Público Federal. Bacharel em Direito (Universidade Católica de Santos). Especialista em Direito Constitucional e Administrativo (Escola Paulista de Direito). Mestre em Direito da Saúde pelo programa de pós-graduação *stricto sensu* em "Direito da Saúde: Dimensões Individuais e Coletivas" da Universidade Santa Cecília (UNISANTA).

Edson Henrique de CARVALHO
Advogado. Bacharel em Direito (Universidade Metropolitana de Santos). Especialista em Processo Civil (Universidade Católica de Santos) e em Processo do Trabalho (Universidade Católica de Santos); Mestre em Direito da Saúde pelo programa de pós-graduação *stricto sensu* em "Direito da Saúde: Dimensões Individuais e Coletivas" da Universidade Santa Cecília (UNISANTA).

Érick Vanderlei Micheletti FELICIO
Advogado. Membro do Grupo de pesquisa CNPq/Unisanta "Direitos Humanos, Desenvolvimento Sustentável e Tutela Jurídica da Saúde". Bacharel em Direito (Universidade de Sorocaba). Especialista em Direito Constitucional Brasileiro (Universidade São Francisco & Escola Superior de Direito Constitucional). Mestre em Direito da Saúde pelo programa de pós-graduação *stricto sensu* em "Direito da Saúde: Dimensões Individuais e Coletivas" da Universidade Santa Cecília (UNISANTA).

Eugenio Gonzalez CAÇÃO
Médico. Graduado em Medicina (Centro Universitário Lusíada). Mestre em Direito da Saúde pelo programa de pós-graduação *stricto sensu* em "Direito da Saúde: Dimensões Individuais e Coletivas" da Universidade Santa Cecília (UNISANTA). Membro Titular da Sociedade Brasileira de Cirurgia Plástica. Diretor Científico do serviço de especialização em Cirurgia Plástica dr. Osvaldo Saldanha. Membro da International Society of Plastic Surgery.

Fernando Reverendo Vidal AKAOUI

Promotor de Justiça. Coordenador e Professor permanente do programa de pós-graduação *stricto sensu*, Mestrado em "Direito da Saúde: Dimensões Individuais e Coletivas" da Universidade Santa Cecília (UNISANTA). Coordenador e Professor da Faculdade de Direito da Universidade Santa Cecília. Membro do Grupo de pesquisa CNPq/Unisanta "Direitos Humanos, Desenvolvimento Sustentável e Tutela Jurídica da Saúde". Bacharel em Direito (Universidade Católica de Santos). Mestre em Direito (Pontifícia Universidade Católica de São Paulo). Doutor em Direito (Pontifícia Universidade Católica de São Paulo).

Ivaldo Marques BATISTA

Professor universitário (Instituto Federal de São Paulo). Bacharel em Ciência da Computação (Universidade Santa Cecília). Bacharel em Direito (Universidade Santa Cecília). Especialista em Computação e Sistemas Digitais (Universidade Santa Cecília). Mestre em Direito da Saúde pelo programa de pós-graduação *stricto sensu* em "Direito da Saúde: Dimensões Individuais e Coletivas" da Universidade Santa Cecília (UNISANTA). Membro do Laboratório de Políticas Públicas (UNISANTA).

José Carlos Loureiro da SILVA

Médico. Promotor de Justiça aposentado do Ministério Público do Estado de São Paulo. Graduado em Medicina (Faculdade de Medicina de Teresópolis). Residência médica (Casa de Saúde de Santos). Bacharel em Direito (Universidade Católica de Santos). Especialista em Direito Processual Constitucional (Universidade Católica de Santos), em Direito Processual Penal (Universidade Católica de Santos), em Direito Material e Processual do Consumidor (Universidade Católica de Santos). Mestre em Direito do Consumidor (Universidade Metropolitana de Santos). Mestre em Direito Internacional (Universidade Católica de Santos). Doutor em Direito do Consumidor (Universidade Metropolitana de Santos). Doutor em Direito Ambiental Internacional (Universidade Católica de Santos). Pós-doutorando e professor colaborador do programa de pós-graduação *stricto sensu* em "Direito da Saúde: Dimensões Individuais e Coletivas" da Universidade Santa Cecília (UNISANTA). Membro do Grupo de pesquisa CNPq/Unisanta

"Direitos Humanos, Desenvolvimento Sustentável e Tutela Jurídica da Saúde". Membro do Observatório dos Direitos do Migrante (UNISANTA).

José Carlos MASSARELLI JR
Bacharel em Direito (Universidade Católica de Santos). Graduado em Letras, espanhol (Universidade Metropolitana de Santos). Especialista em Direito Tributário (Universidade Estácio de Sá) e em Direito Empresarial (Universidade Estácio de Sá). Mestrando em Direito da Saúde pelo programa de pós-graduação *stricto sensu* em "Direito da Saúde: Dimensões Individuais e Coletivas" da Universidade Santa Cecília (UNISANTA).

Luciano Pereira de SOUZA
Advogado. Professor permanente do programa de pós-graduação *stricto sensu*, Mestrado em "Direito da Saúde: Dimensões Individuais e Coletivas" da Universidade Santa Cecília (UNISANTA). Professor e Coordenador do Núcleo de Pesquisa e Prática Jurídica da Faculdade de Direito da Universidade Santa Cecília. Bacharelado e Licenciatura em Biologia (Universidade de São Paulo). Bacharel em Direito (Universidade de São Paulo). Especialista em Metodologia da Pesquisa e do Trabalho Científico (Universidade Santa Cecília). Mestre em Direito Civil (Universidade de São Paulo). Doutor em Direito Ambiental Internacional (Universidade Católica de Santos).

Luís Fernando Paes Cabral CABRAL
Professor de Direito Internacional e Filosofia do Direito na UNISEPE. Bacharel em Direito (Universidade Católica de Santos). Especialista em Direito Previdenciário (Faculdade de Direito Prof. Damásio de Jesus). Mestre em Direito Internacional pela Universidade Católica de Santos.

Marcelo LAMY
Advogado (Lamy Oliveira Santos Sociedade de Advogados). Vice-coordenador e professor permanente do programa de pós-graduação *stricto sensu*, Mestrado em "Direito da Saúde: Dimensões Individuais e Coletivas" da Universidade Santa Cecília (UNISANTA). Líder do Grupo de pesquisa CNPq/Unisanta "Direitos Humanos, Desenvolvimento Sustentável e Tutela Jurídica da Saúde". Coordenador do Laboratório de Políticas Públicas

(UNISANTA). Diretor geral e de pesquisas do Observatório dos Direitos do Migrante (UNISANTA). Professor de Direito da Faculdade de Direito da Universidade Santa Cecília. Bacharel em Direito (Universidade Federal do Paraná). Mestre em Direito Administrativo (Universidade de São Paulo). Doutor em Direito Constitucional (Pontifícia Universidade Católica de São Paulo).

Márcio Gonçalves FELIPE
Bacharel em Direito (Universidade Católica de Santos). Mestrando em Direito da Saúde pelo programa de pós-graduação *stricto sensu* em "Direito da Saúde: Dimensões Individuais e Coletivas" da Universidade Santa Cecília (UNISANTA).

Mauro da CUNHA FILHO
Advogado. Bacharel em Direito (Universidade Metropolitana de Santos). Mestre em Direito da Saúde pelo programa de pós-graduação *stricto sensu* em "Direito da Saúde: Dimensões Individuais e Coletivas" pela Universidade Santa Cecília (UNISANTA).

Oswaldo Luís Caetano SENGER
Procurador do Banco Central do Brasil. Professor de Direito Tributário da Faculdade de Direito da Universidade Santa Cecília (UNISANTA). Membro do Grupo de pesquisa CNPq/Unisanta "Direitos Humanos, Desenvolvimento Sustentável e Tutela Jurídica da Saúde". Membro do Laboratório de Políticas Públicas (UNISANTA). Bacharel em Direito (Universidade Católica de Santos). Especialista em Metodologia da Pesquisa (Universidade Santa Cecília). Mestre em Direito da Saúde pelo programa de pós-graduação *stricto sensu* em "Direito da Saúde: Dimensões Individuais e Coletivas" da Universidade Santa Cecília (UNISANTA).

Regina LAFASSE
Médica. Graduada em Medicina (Faculdade de Ciências Médicas de Santos). Residência médica em Pediatria (Hospital Guilherme Álvaro). Especialização em Aprendizagem Motora (Universidade de São Paulo).

Ricardo Bezerra de OLIVEIRA
Advogado. Professor EBTT Direito IFMA. Bacharel em Direito (Faculdade do Vale do Itapecuru). Especialista em Direito Público (Faculdade de Ciências e Tecnologia do Maranhão). Mestre em Direito da Saúde pelo programa de pós-graduação *stricto sensu* em "Direito da Saúde: Dimensões Individuais e Coletivas" pela Universidade Santa Cecília (UNISANTA). Doutorando em Ambiente e Desenvolvimento (Universidade do Vale Taquari).

Rosa Maria Ferreiro PINTO
Professora permanente do programa de pós-graduação *stricto sensu*, Mestrado em "Direito da Saúde: Dimensões Individuais e Coletivas" da Universidade Santa Cecília (UNISANTA). Graduada em Serviço Social (Universidade Católica de Santos). Mestre em Serviço Social (Pontifícia Universidade Católica de São Paulo). Doutora em Serviço Social (Pontifícia Universidade Católica de São Paulo).

Rosilma Menezes ROLDAN
Advogada. Membro do Grupo de pesquisa CNPq/Unisanta "Direitos Humanos, Desenvolvimento Sustentável e Tutela Jurídica da Saúde". Membro do Laboratório de Políticas Públicas (UNISANTA). Bacharel em Direito (Universidade Católica de Santos). Licenciatura Plena em Letras (Universidade Católica de Santos). Especialista em Direito Penal (Escola do Ministério Público do Estado de São Paulo), em Direito Público (Escola do Ministério Público do Estado de São Paulo), em Língua Portuguesa (Universidade Santa Cecília), em Psicopedagogia (Universidade Santa Cecília), em Educação Especial e Inclusiva (Universidade Santa Cecília) e em Ética, Valores e Cidadania na Escola (Universidade de São Paulo). Mestre em Direito da Saúde pelo programa de pós-graduação *stricto sensu* em "Direito da Saúde: Dimensões Individuais e Coletivas" da Universidade Santa Cecília (UNISANTA).

Samira da Costa FONTES
Professora de Direito Penal na Faculdade Maurício de Nassau de São Luis (Uninassau). Membro do Grupo de pesquisa CNPq/Unisanta "Direitos Humanos, Desenvolvimento Sustentável e Tutela Jurídica da Saúde". Bacharel em Direito (Universidade Católica de Santos). Especialista em Direito Público

(Universidade Potiguar). Mestre em Direito da Saúde pelo programa de pós-graduação *stricto sensu* em "Direito da Saúde: Dimensões Individuais e Coletivas" da Universidade Santa Cecília (UNISANTA).

Sérgio ZAGARINO JR.
Especialista em Direito do Consumidor (Pontifícia Universidade Católica de São Paulo). Mestre em Direito da Saúde pelo programa de pós-graduação *stricto sensu* em "Direito da Saúde: Dimensões Individuais e Coletivas" da Universidade Santa Cecília (UNISANTA).

Thaís de Camargo Oliva Rufino ANDRADE
Advogada. Professora universitária da Faculdade Bertioga. Membro do Grupo de pesquisa CNPq/Unisanta "Direitos Humanos, Desenvolvimento Sustentável e Tutela Jurídica da Saúde". Bacharel em Direito (Universidade Municipal de São Caetano do Sul). Especialista em Processo Civil (Universidade Mackenzie). Mestre em Direito da Saúde pelo programa de pós-graduação *stricto sensu* em "Direito da Saúde: Dimensões Individuais e Coletivas" da Universidade Santa Cecília (UNISANTA).

Verônica Scriptore Freire e ALMEIDA
Professora permanente do programa de pós-graduação *stricto sensu*, Mestrado em "Direito da Saúde: Dimensões Individuais e Coletivas" da Universidade Santa Cecília (UNISANTA). Professora de Direito da Faculdade de Direito da Universidade Santa Cecília. Bacharel em Direito (Faculdade de Direito de Bauru). Mestre em Ciências Jurídicas (Faculdade de Direito, Universidade de Coimbra). Doutora em Ciências Jurídico-Econômicas (Faculdade de Direito, Universidade de Coimbra). Pós-Doutora em Direito (Georgetown University).

Wagner Camargo GOUVEIA
Delegado de Polícia. Professor de Direito da Faculdade de Direito da Universidade Santa Cecília. Bacharel em Direito (Universidade Santa Cecília). Especialista em Penal e Processo Penal (Universidade Santa Cecília). Mestre em Direito da Saúde pelo programa de pós-graduação *stricto sensu* em "Direito da Saúde: Dimensões Individuais e Coletivas" da Universidade Santa Cecília (UNISANTA).

Yuri Veronez Carneiro COSTA
Bacharel em Direito (Universidade Santa Cecília). Mestrando em Direito da Saúde pelo programa de pós-graduação *stricto sensu* em "Direito da Saúde: Dimensões Individuais e Coletivas" da Universidade Santa Cecília (UNISANTA).

Apresentação

A PRESENTE obra compendia resultados parciais e finais de algumas das pesquisas realizadas pelos docentes, discentes e egressos do programa de pós-graduação *stricto sensu*, mestrado em "Direito da Saúde: Dimensões Individuais e Coletivas" da Universidade Santa Cecília (UNISANTA). Parte delas decorrem de atividades do grupo de pesquisa CNPq "Direitos Humanos, Desenvolvimento Sustentável e Tutela Jurídica da Saúde", sediado na UNISANTA e liderado pelo organizador desse livro. Algumas são sínteses de dissertações de mestrado já defendidas, outras compendiam pesquisas de continuidade às dissertações.

Os textos foram pré-selecionados em dupla avaliação cega pelo Comitê Científico do 2º Congresso Internacional de Direito da Saúde (realizado nos dias 21, 22 e 23 de novembro de 2019, na UNISANTA), coordenado pela Dra. Ana Carla Vasco de Toledo e pelo Dr. José Carlos Loureiro da Silva. No congresso, foram apresentados e amplamente discutidos. Revistos pelos próprios autores e pelo organizador desse livro, estes textos assumiram a forma que aqui se apresentam.

Cada capítulo é independente. Nada obstante, em razão de todos tratarem direta e intrinsecamente de aspectos relevantes e correlacionados do Direito da saúde, em razão de seus objetos estarem inseridos em pesquisas mais amplas (do programa ou do grupo de pesquisa), também se entrelaçam. Por exemplo, a pesquisadora Samira da Costa Fontes apresenta acurada síntese das teorias dos mandados de criminalização para a saúde, enquanto os pesquisadores Wagner Camargo Gouveia e Luciano Pereira de Souza demonstram caso particular em que o mandado de criminalização precisa ser mais bem acolhido. Da mesma forma, a pesquisadora Rosilma Menezes Roldan demonstra os efeitos maléficos que a poluição ambiental atmosférica gera na saúde humana, enquanto o pesquisador Oswaldo Luís Caetano Senger discute a necessidade de responsabilizar agentes financeiros que não optem por financiar formas empresariais menos poluidoras.

A leitura de todos os textos permitirá ao leitor conhecer parte dos pontos nevrálgicos do Direito da saúde que são discutidos e amadurecidos no bojo de nosso programa de mestrado, assim como permitirá conhecer soluções que estão sendo moldadas na academia para os problemas públicos e sociais do direito à saúde.

Agradecemos a dedicação de todos os pesquisadores envolvidos, inclusive daqueles que não aparecem formalmente na composição final desse livro. As pesquisas aqui apresentadas não teriam atingido a qualidade que ora apresentam sem as orientações desses professores: Alysson Leandro Barbate Mascaro, Amélia Cohn, Antonio Carlos da Ponte, Antonio Herman de Vasconcellos e Benjamin, Fernando Reverendo Vidal Akaoui, José Augusto Fontoura Costa, Luciano Pereira de Souza, Marcos Montani Caseiro, Patricia Gorisch, Renata Salgado Leme, Renato Braz Mehanna Kamis, Rosa Maria Ferreiro Pinto e Verônica Scriptore Freire e Almeida.

Agradecemos o apoio da Coordenação de Aperfeiçoamento de Pessoal de Nível Superior (CAPES) que financiou a pesquisa de alguns dos presentes autores no decorrer de seus cursos de mestrado. Agradecemos o apoio do Conselho Nacional de Desenvolvimento Científico e Tecnológico (CNPq) que dá suporte às atividades do grupo de pesquisa "Direitos Humanos e Desenvolvimento Sustentável".

Agradecemos o apoio da alta direção da Universidade Santa Cecília, nas pessoas da Dra. Lúcia Maria Teixeira, presidente do Instituto Superior de Educação Santa Cecília, da Dra. Sílvia Ângela Teixeira Penteado, reitora da UNISANTA, e do Dr. Marcelo Pirilo Teixeira, pró-reitor administrativo da UNISANTA, bem como do Diretor da Faculdade de Direito, Dr. Norberto Moreira da Silva, e do Coordenador do Curso de Direito e do Programa de Pós-graduação em Direito da Saúde, Dr. Fernando Reverendo Vidal Akaoui, que continuamente investem na formação e estruturação de núcleos e atividades de pesquisas de excelência na Faculdade de Direito e no Programa de mestrado em Direito da Saúde, como fizeram com o Observatório dos Direitos do Migrante e com o Laboratório de Políticas Públicas. Sem esses núcleos, não teríamos a estrutura para dar cabo da produção da presente obra.

Recentemente (desde maio de 2019), a UNISANTA tornou-se membro da iniciativa internacional United Nations Academic Impact (UNAI), em virtude de efetivamente promover atividades fundadas nos dez princípios da iniciativa da Organização das Nações Unidas (ONU): Erradicação da Pobreza, Construção de Capacidades, Educação para Todas e Todos, Cidadania Global, Acesso à Educação Superior, Direitos Humanos, Diálogo Intercultural, Paz e Resolução de Conflitos, Sustentabilidade e a Carta das Nações Unidas.

A presente obra está inserida no âmago das atividades da UNISANTA relacionadas a essa iniciativa, pois agrega ideias e soluções para muitos dos desafios globais de saúde identificados no terceiro objetivo dos Objetivos de Desenvolvimento Sustentável.

MARCELO LAMY
(organizador)

Vice-coordenador do Programa de Mestrado em Direito da Saúde da Universidade Santa Cecília (UNISANTA). Líder do grupo de pesquisa CNPq Direitos Humanos, Desenvolvimento Sustentável e Tutela Jurídica da Saúde. Diretor geral e de pesquisas do Observatório dos Direitos do Migrante. Coordenador do Laboratório de Políticas Públicas. Professor Doutor, advogado e sócio-fundador da Lamy Oliveira Santos Sociedade de Advogados.

Sumário

Parte 1. DIREITO DA SAÚDE E TUTELA PENAL

1.1. Mandados de criminalização e proteção à saúde,
Samira da Costa FONTES 3

1.2. Mandado de criminalização do tráfico ilícito de entorpecentes: o caso das drogas sintéticas,
Wagner Camargo GOUVEIA e Luciano Pereira de SOUZA 31

1.3. Saúde e doenças no cárcere: fatores de produção e negligência estatal,
Érick Vanderlei Micheletti FELICIO e Marcelo LAMY 51

Parte 2. DIREITO DA SAÚDE E TUTELA CIVIL

2.1. Deficiências da perícia nas alienações parentais,
Alder Thiago BASTOS 71

2.2. O Ministério Público Federal e a tutela do direito à saúde mental,
Claudia Moraes da SILVA e Amélia COHN 83

2.3. A mediação como mecanismo de tutela do direito da saúde,
Thaís de Camargo Oliva Rufino ANDRADE e Marcelo LAMY 97

2.4. Impactos da Lei de Liberdade Econômica sobre as sociedades médicas LTDA e a EIRELI,
José Carlos MASSARELLI JR e Verônica Scriptore Freire e ALMEIDA 109

Parte 3. DIREITO DA SAÚDE E TUTELA TRABALHISTA

3.1. Gestão sustentável da jornada de trabalho no sistema bancário e seus impactos no direito à saúde,
Ricardo Bezerra de OLIVEIRA e Rosa Maria Ferreiro PINTO 125

3.2. Síndrome de Burnout: assédio moral e causalidade, *Edson Henrique de CARVALHO, Mauro da CUNHA FILHO e Rosa Maria Ferreiro PINTO* 137

Parte 4. DIREITO DA SAÚDE E MEIO AMBIENTE

4.1. Poluição atmosférica e saúde física e mental humana, *Rosilma Menezes ROLDAN e Marcelo LAMY* 147

4.2. Responsabilidade socioambiental das instituições financeiras no financiamento para aquisição de ônibus movidos a combustíveis fósseis, *Oswaldo Luís Caetano SENGER e Marcelo LAMY* 159

4.3. A degradação dos manguezais e os reflexos na Saúde pública, *Ivaldo Marques BATISTA* 173

Parte 5. DIREITO DA SAÚDE E POLÍTICAS PÚBLICAS

5.1. Movimentos diaspóricos e saúde: o caso das grávidas venezuelanas no Brasil, *José Carlos Loureiro da SILVA, Ana Carla Vasco de TOLEDO e Luís Fernando Paes CABRAL* 187

5.2. Perspectivas do rastreamento mamográfico na prevenção secundária do câncer de mama, *Beatriz RUBIN e Regina LAFASSE* 203

5.3. Os prejuízos sanitários da política industrial farmacêutica no Brasil, *Bruno Bottiglieri Freitas COSTA.* 235

5.4. Depressão em homens e a necessidade de criação de programas específicos de prevenção ao suicídio para o gênero masculino, *Márcio Gonçalves FELIPE, Yuri Veronez Carneiro COSTA e Verônica Scriptore Freire e ALMEIDA* 247

5.5. Avaliação da demanda de atendimentos emergenciais no pronto socorro da cidade de Cubatão e o direito constitucional à saúde, *Eugenio Gonzalez CAÇÃO, Ana Maria Silverio Santana CAÇÃO e Rosa Maria Ferreiro PINTO* 261

Parte 6. DIREITO DA SAÚDE E O SUS

6.1. A remuneração do SUS e o impacto nas entidades filantrópicas prestadoras de serviço público de saúde, *Alan Martinez KOZYREFF* 271

6.2. Ressarcimento ao Sistema Único de Saúde pelas operadoras de saúde e a improbidade administrativa, *Sérgio ZAGARINO JR* 285

6.3. Dever de incorporação de medicamentos para doenças raras: o caso Spinraza, *Adriana de Fátima SANTOS e Fernando Reverendo Vidal AKAOUI* 295

Parte 1

Direito da saúde e Tutela penal

1.1

Mandados de criminalização e proteção à saúde*

Samira da Costa Fontes

INTRODUÇÃO

O PRESENTE estudo teve por objetivo analisar, de maneira reflexiva, de que forma e em qual proporção o bem jurídico saúde, interesse fundamental, humano e social, se revela um interesse que possui dignidade, merecimento e necessidade de tutela penal.

O questionamento enfrentado se refere à necessidade de a Constituição legitimar a criminalização de condutas, ou à indagação se a Lei Maior pode delimitar ou até impor o que deva ser objeto de incriminação no ordenamento jurídico infraconstitucional em um Estado Democrático de Direito. Dentro desse debate acerca da in(dispensabilidade) da Constituição para formatar o sistema punitivo, fez-se uma revisão bibliográfica sobre a teoria dos mandados de criminalização para, ao fim, apontar, sob esse viés, se a saúde tem de ser um bem jurídico protegido dessa forma.

A teoria das imposições constitucionais de criminalizar tem se mostrado especialmente relevante, pois o Supremo Tribunal Federal acabou de acolhê-la na ADO 26/DF, decidindo que a Constituição Federal de 1988 estabeleceu a obrigação de incriminar a homofobia.

---

* A pesquisa desenvolvida durante o mestrado pela pesquisadora Samira da Costa Fontes, sob a orientação do Prof. Dr. Antonio Carlos da Ponte, relaciona-se intrinsecamente com os estudos que essa autora continuou a desenvolver depois de encerrado o ciclo do mestrado. Há, em razão disso, ideias e alguns trechos de textos da autora presentes em suas pesquisas anteriores que foram replicados e atualizados aqui. Cf. FONTES, Samira da Costa. Mandados de criminalização e proteção à saúde, 2019. Dissertação (Mestrado em Direito da Saúde) – Universidade Santa Cecília, Santos, 2019.

1.1 | *Mandados de criminalização e proteção à saúde*
Samira da Costa Fontes |

1.1.1. DIREITO CONSTITUCIONAL E DIREITO PENAL

O constitucionalismo, entendido como um regime político no qual uma Constituição, erigida à condição de ápice do sistema jurídico, limita o poder do Estado e impulsiona o poder público a promover determinados valores, é um fenômeno intrinsicamente relacionado ao Estado de Direito.

O Estado Democrático de Direito, modelo conciliador das ideias liberais e sociais, se presta a perseguir os valores da justiça social. Nele o Estado, além do compromisso de não interferir nas liberdades individuais, adquire novas tarefas, sociais e econômicas, direcionadas ao desenvolvimento da personalidade, especialmente dos integrantes das camadas mais carentes da sociedade, que necessitam de prestações materiais positivas.

Reconhece-se que sem a solidariedade como um vetor, a liberdade individual não pode ser atingida em sua plenitude, porque não se concebe a sua sustentação sem as mínimas condições materiais de existência e dignidade. O desenvolvimento humano depende da igualdade material e da legalidade democrática. Com o avanço do constitucionalismo surgiram debates sobre a função da Constituição, que levaram à constatação de uma diferença substancial entre dois modelos propostos: a Constituição-garantia e a Constituição dirigente ou programática.

Conforme Canotilho, no sistema político-jurídico expressado na Constituição-garantia, o Estado mínimo e o liberalismo são seus pressupostos. Nessa concepção, a Lei Maior se afigura como o instrumento de governo responsável por definir competências, regular procedimentos e garantir direitos individuais. A Constituição-garantia, porém, não enfrenta os problemas referentes à legitimação e ao domínio da sociedade, nem externa qualquer conteúdo social ou econômico, sob a justificativa de perda da juridicidade do texto. Outro enfoque é o adotado pela Constituição dirigente. Nesse modelo de Lei Maior se revela um plano geral, destinado à sociedade e ao Estado, que determina tarefas, estabelece programas e define fins a serem atingidos (CANOTILHO, 1998, p. 79-82).

Canotilho ensina que a Constituição dirigente possui uma força atuante e prospectiva, na medida em que não é apenas garantidora do universo existente, mas também um esboço ou programa para o futuro. Salienta-se que o seu caráter programático poderia, em tese, colocar em risco a sua própria normatividade, pois a concretização de seu texto dependeria de proatividade dos detentores do poder político. Mas, segundo Konrad Hesse, a amplitude e a indeterminação do Texto constitucional, no entanto, não inviabilizam a sua capacidade de regular a vida do Estado e da sociedade, já que a Constituição estabelece, com caráter vinculante, aquilo que não pode ficar em aberto (BERCOVICI, 1999, p. 40).

Aqueles que criticam a Constituição dirigente sustentam que ela promove um dirigismo estatal que substitui e engessa o processo de decisão política. Nesse sentido, Diogo de Figueiredo Moreira Neto afirma que o desenvolvimento institucional depende da extirpação de fórmulas impositivas de políticas públicas da Constituição, já que a verdadeira democracia só pode ser atingida quando se permite que as pessoas possam escolher como querem ser governadas (MOREIRA NETO, 1997, p. 195).

Os seus simpatizantes, porém, entendem que ela não estabelece uma linha única de atuação para a política, permitindo mobilidade no âmbito do programa constitucional. A constituição dirigente não objetiva substituir a política, mas estabelecer a sua premissa material, fornecendo essencialmente uma direção a ser seguida. Ademais, esse modelo de Constituição deixa de tratar de assuntos que devem ser resolvidos na esfera política (BERCOVICI, 1999, p. 40).

Dentro desse enfoque de existência ou não da normatividade da Constituição, que imporia a concretização de seus princípios e diretrizes, interessa neste estudo analisar a conexão entre o Direito penal e a Constituição, para se constatar se existe alguma vinculação do legislador penal às normas constitucionais e, acaso seja reconhecida, até que ponto a Constituição impõe ou limita a criminalização de condutas para a proteção da saúde como bem jurídico.

Este estudo utiliza como pressuposto a tese majoritária de que a finalidade do Direito penal é a proteção dos bens jurídicos mais relevantes. Neste momento, o que se pretende é analisar o papel da Constituição Federal como limite ou fundamento para a seleção desses interesses jurídicos.

Considerando que a Constituição traz em seu bojo as decisões políticas mais relevantes para a ordem jurídica de um Estado, tanto no aspecto organizatório quanto em relação aos demais valores fundamentais e que revela os consensos admitidos pela comunidade, já que os membros da sociedade legitimam e incorporam os valores que elegem como mais caros e

1.1 | *Mandados de criminalização e proteção à saúde*
Samira da Costa Fontes |

fundamentais, e que foi longa a jornada para que os direitos fundamentais se elevassem ao *status* constitucional, os valores elencados na Constituição têm, no campo jurídico, maior relevância do que os nela ausentes. A Constituição se revela como a norma de maior plenitude, que ilumina e se impõe a todos os ramos do Direito, inclusive o Direito penal.

Os princípios constitucionais também exercem uma função limitadora e legitimadora do espectro de eventuais criminalizações. A Constituição, como referência para o Direito penal, possibilita que esse ramo do Direito se harmonize com o sentido garantidor da Lei Maior. Essa configuração apenas parece possível se o próprio conceito de bem jurídico penal estiver amparado na Constituição, considerada em sua plenitude, para que se legitime o poder punitivo.

O reconhecimento de que a Constituição limita o Direito penal é relevante no Estado Democrático de Direito, já que, ao estabelecer critérios para a criminalização e o estabelecimento de garantias penais e processuais, protege o cidadão de intromissões excessivas e injustificáveis aos direitos fundamentais. Também se deve atentar para o grau de vinculação do legislador infraconstitucional às Constituições, cuja variação, a depender do enfoque adotado pelo intérprete, pode acarretar um maior ou menor acervo de obrigações criminalizadoras.

Levando-se em conta os países que consagram um Estado de direito material, é plausível o entendimento de que, na senda do que defende Figueiredo Dias, bens jurídicos penais devam convergir com a ordem axiológica estabelecida no Texto constitucional, de forma que coexista uma analogia substancial, em que a Constituição seja vislumbrada como um quadro de referência para a atividade punitiva do Estado (DIAS, 1983).

Dentro dessa ordem de ideias, tendo como ponto de partida a compreensão de que a Constituição representa um limite ao Direito penal, cumpre analisar as concepções existentes, sendo, a primeira, a de que a limitação é negativa, e a outra, no sentido de que é positiva. Para a limitação negativa, a Constituição apenas determina o que não pode ser criminalizado, concedendo ao legislador ordinário, dentro do espaço vedado constitucionalmente, liberdade para buscar, na sociedade, os valores que merecem a tutela penal. Nessa perspectiva, tanto a escolha do bem jurídico penal como a delimitação da conduta proibida precisam atender aos anseios e necessidades sociais, além disso, devem se harmonizar com os valores e princípios éticos constitucionais.

Para Fernando Mantovani (*apud* PASCHOAL, 2003, p. 59) existem duas fontes de bens jurídico-penais: a Constituição e a realidade sociocultural, não necessitando esta (realidade sociocultural) selecionar interesses já reconhecidos naquela (Constituição), bastando que inexista incompatibilidade. No mesmo sentido, Nilo Batista (1999, p. 96) consigna que a Constituição não delimita ao legislador um catálogo fechado e imutável de bens jurídicos, dele exigindo apenas que não proceda a uma criminalização contrária à Carta Magna.

Em posição contrária, a exemplo de Janaína Paschoal (2003, p. 59), se coloca a ideia de que a Constituição funciona como um limite positivo ao Direito penal, no qual a margem de ação do legislador é restrita, pois só é admissível a utilização da tutela penal para a proteção dos bens jurídicos de matriz constitucional. A criação das normas incriminadoras passa a se submeter a uma relação de dependência com o conteúdo expressado no Texto constitucional. Desse modo, um interesse só pode se tornar um bem jurídico penal se, antes disso, for reconhecido como um bem jurídico de natureza constitucional.

Essa concepção de que a Constituição é a fronteira máxima para a criminalização de condutas se sustenta no caráter da sanção do Direito penal, uma vez que, se esta punição é particularmente gravosa, ela só estaria autorizada a ser aplicada a condutas também especialmente gravosas. Se a Constituição consagra os valores mais relevantes de uma ordem jurídica e a pena restringe valores constitucionais, a sanção penal só se mostraria necessária para a punição de condutas que também colocassem em causa valores de nível constitucional (CUNHA, 1995, p. 168).

Esse critério, ao que parece, diminui o âmbito dos bens que podem ser criminalizados, engessando, consequentemente, a conformação do legislador. Isso porque essa posição deixaria de fora do âmbito do Direito penal, novos bens oriundos das transformações sociais, de novas tecnologias e as novas formas de criminalidade, apenas por não estarem previstos no Texto constitucional.

Ao lado das concepções que pregam que a Constituição, em determinada medida (negativa ou positiva) limita o Direito penal, há forte entendimento no sentido de que a Constituição também pode incrementá-lo, por enunciar, em seu bojo, obrigações de criminalizar ou de punir mais rigorosamente atentados contra certos bens jurídicos. Pietro Nuvolone (*apud* PASCHOAL, 2003, p. 70-71), por exemplo, enxerga a Constituição Federal como limite negativo e, ao mesmo tempo, fundamento do Direito penal. Ensina que a Lei Maior traz um conteúdo que obriga o tratamento no âmbito penal, instituindo sujeições para o legislador e os órgãos executivos.

1.1.2. MANDADOS DE CRIMINALIZAÇÃO

A Constituição Federal, entendida como fundamento do Direito penal, estabelece a observância da sua normatividade, podendo impor e impulsionar o sistema penal a cumprir certos mandados de criminalização. Além de a Constituição possuir um caráter garantista, descrevendo um amplo rol de direitos aos agressores, por outro lado ela também assegura a proteção dos direitos dos outros membros da sociedade, incluindo as vítimas. Nessa dinâmica se estabelece um conflito entre diversas liberdades e interesses, que às vezes exige o sacrifício de um bem para a salvaguarda de outro.

Nesse viés, a Constituição apresenta uma dupla face. Protege o indivíduo face ao poder estatal, trazendo

> os limites ao exercício do poder em ordem a eliminar o arbítrio e a defender a segurança e a justiça nas relações cidadão/Estado (herança, desenvolvida e aprofundada, da época liberal – da própria origem do constitucionalismo), em especial em relação ao poder penal. Mas, por outro lado, preocupada com a defesa activa do indivíduo e da sociedade em geral, e tendo em conta que os direitos individuais e os bens sociais, para serem efetivamente tutelados, podem não se bastar com a mera omissão estadual, não devendo ser apenas protegidos face a ataques estaduais, mas também face a ataques de terceiros, ela pressupõe (e impõe) uma actuação estadual no sentido protector dos valores fundamentais (os valores que ela própria, por essência, consagra). Digamos que se deixa de encarar o Estado sempre na perspectiva de inimigo dos direitos fundamentais, para se passar a vê-lo como auxiliar do seu desenvolvimento. (CUNHA, 1995, p. 273.)

Aqui se insere a Constituição dirigente de um Estado Democrático de Direito como um documento que estabelece programas e fins à sociedade e ao Estado, de forma que a segurança e a liberdade individual somente podem ser atingidas de forma ampla quando garantidos também outros valores decorrentes do próprio modelo de Estado e da norma hipotética fundamental, que é a dignidade da pessoa humana. Nessa ordem de ideias, a Constituição é normativa, impõe fins e estabelece mandados constitucionais de atuação.

Essa dignidade humana vem a ser progressivamente ameaçada, passando a exigir, por meio da Constituição, deveres mais amplos de proteção estatal, seja em relação às forças sociais ou nas relações entre os próprios indivíduos. Não se desconhece que já existia, em outras formas de Estado, a necessidade de proteção de bens jurídicos. Mas houve inovação no sentido de que a Constituição não representa apenas uma garantia do indivíduo em face do Estado, mas também do cidadão perante agressões dos particulares (PULITANÒ apud CUNHA, 1995, p. 285).

Com base na força normativa da Constituição encontramos sólida fundamentação para a existência de mandados impositivos de criminalização, já que em algumas esferas a Constituição impõe que a utilização do Direito penal é necessária para a proteção de certos valores e bens constitucionais. Dessa forma, não parece se coadunar com uma Constituição dirigente a mera passividade da Lei Maior frente à violação de outros direitos fundamentais, tão ou mais relevantes que a liberdade do agressor. A Constituição tem força ativa para concretizar os seus fins, não estando os seus valores dispostos como mero conteúdo programático, sob o risco de a Lei Maior se tornar letra morta.

Os fundamentos e os fins constitucionais, dispostos nos artigos 1º e 3º, podem ser atingidos, muitas vezes, através da organização e da prestação dos serviços públicos, e da concretização de políticas públicas para a melhoria de vida da população. No entanto, em outras situações, a prestação material pelo Estado, por si só, não é suficiente, porque os bens podem ser violados em razão de o ataque ser oriundo de particulares. Nessa toada, pode acontecer de o Direito penal ser o único instrumento de controle social suficiente para a prevenção e a repressão dessas agressões, de forma a exigir uma conduta ativa do Estado para a proteção dos bens mais caros à sociedade. Assim, o constituinte, a partir de uma escolha de política criminal, teria se utilizado dos mandados de criminalização para impedir a falta de proteção jurídica a certos interesses.

1.1 | Mandados de criminalização e proteção à saúde
Samira da Costa Fontes |

Os mandados de criminalização, segundo lições de Antônio Carlos da Ponte, "indicam matérias sobre as quais o legislador não tem a faculdade de legislar, mas a obrigatoriedade de tratar, protegendo determinados bens ou interesses de forma adequada e, dentro do possível, integral" (PONTE, 2016, p. 174).

Eduardo Luiz Michelan Campana sintetiza que esses mandados são normas constitucionais que trazem ordens ao legislador ordinário para a proteção penal de determinado bem jurídico através da criação de tipos penais, de um tratamento mais gravoso a condutas já incriminadas ou proibição de eliminação da proteção penal já existente (2011, p. 142). Esses casos em que a Constituição estabelece, ao legislador, através dos mandados de criminalização, uma zona obrigatória de intervenção criminal, retratam o que Luciano Feldens (2008, p. 42) metaforicamente denomina de "sinal verde".

Vale salientar que parte da doutrina não aceita a existência de qualquer ordem de criminalização na nossa Carta Maior, sob o argumento de que o Direito dispõe de meios protetivos preliminares ao Direito penal. É o caso de Janaína Paschoal (2003, p. 77), para quem, "a busca de um Direito penal mínimo não pode convir com uma Constituição que traz, em seu bojo, necessidades automáticas de criminalização". A autora afirma que não existe um dever de criminalização, mas apenas uma faculdade conferida pela Constituição, que precisa ser confrontada com o contexto social, para a averiguação da necessidade e da utilidade da tutela penal (PASCHOAL, 2003, p. 92).

No mesmo sentido, Rui Carlo Dissenha entende que o reconhecimento de imposições de criminalização na Lei Maior torna o Direito penal extremamente repressivo e meramente simbólico (DISSENHA, 2008, p. 344).

Nesse âmbito questiona-se se essa visão extremamente garantista seria ou não absoluta. Isto é, se haveria casos em que a dignidade penal já desvelaria uma presunção de necessidade da intervenção penal (imposição de criminalizar), de forma que dignidade e carência de tutela penal obrigatoriamente coincidissem. Essa simultaneidade é admitida quando se vislumbra a Constituição Federal como fundamento do Direito penal, compreendendo-se que, quando o Texto constitucional enuncia uma solução penal para a tutela de interesses, ele vincula o legislador, obrigando-o a criminalizar. Dessa forma, existiria um conteúdo mínimo irrenunciável de coerção estatal.

A despeito do forte argumento de que o Direito penal tem a intervenção mínima como um princípio limitador, esse preceito não é propriamente um vetor limitador da própria Constituição, norma suprema do ordenamento jurídico. Não é ela que deve ser interpretada de acordo com o mandamento, porque ele, na verdade, é uma derivação implícita do Texto constitucional. Ainda que por esse princípio o Estado deva interferir o mínimo possível na esfera de direitos do indivíduo e o Direito penal seja utilizado apenas quando necessário, de maneira subsidiária e fragmentária, ou seja, como *ultima ratio legis*, em nossa visão isso não significa que a Constituição Federal esteja inviabilizada de impor obrigações de legislar penalmente determinadas matérias, ampliando a intervenção penal, porquanto tanto as cláusulas de criminalização como o princípio da intervenção mínima gozariam do mesmo *status* constitucional.

Direitos fundamentais têm um reconhecido viés de garantia. Essa característica, porém, não afasta a possibilidade de que venham a servir, ao mesmo tempo, como fundamento para a definição de crimes, afinal nenhum interesse fundamental eleito pela Constituição, ao qual o texto impõe o dever de proteção, pode ser alijado do cuidado estatal. Em se tratando de mandados de criminalização, a Lei Maior consagra diretamente a prioridade à tutela penal dos interesses destacados, exigindo do Estado uma necessária e contundente atuação em prol deles.

Nem todo bem jurídico digno de proteção penal exigirá, *prima facie*, uma intervenção estatal por meio do seu braço mais forte, até porque não se pretende aqui esvaziar por completo o princípio da intervenção mínima, reconhecidamente de *status* constitucional, e nem se tolher a liberdade legislativa. Mas defende-se que é possível que alguns casos de maior destaque na ordem constitucional tenham sido eleitos como interesses de obrigatória intervenção penal, a partir de cláusulas impositivas.

Com propriedade, Maria da Conceição Ferreira da Cunha explica que, a princípio, a área de criminalização legítima e a zona de criminalização imposta são distintas. Esclarece que a última pode existir dentro do núcleo da primeira. Para melhor vislumbrar esse raciocínio, sugere que sejam imaginados dois círculos concêntricos. O mais amplo é o da área de criminalização legítima (dignidade penal), que possui em seu interior um hipotético círculo menor estabelecendo as imposições de intervenção penal. Dessa

1.1 | Mandados de criminalização e proteção à saúde
Samira da Costa Fontes

forma, explica que quanto mais nos afastarmos do centro, mais longe estaremos das obrigações de criminalizar, e conclui que o espaço que permeia o círculo interior e o exterior representa o espaço de liberdade legislativa (CUNHA, 1995, p. 299).

Como assegura a autora, o círculo de criminalização imposta é menor do que o de criminalização permitida. Se ambos os círculos coincidissem haveria um total aniquilamento do princípio da intervenção mínima, passando, o Direito penal, de instrumento de *ultima ratio* para ferramenta de primeira opção. O Direito penal restaria hipertrofiado e relegado a uma função meramente simbólica, sem qualquer efetividade. Da mesma forma, se esvaziaria a capacidade do legislador infraconstitucional selecionar, na sociedade, os bens e interesses de maior relevância, havendo esvaziamento da função típica do Poder Legislativo (CUNHA, 1995, p. 299).

A partir de agora, tendo como ponto de partida a compreensão de que a Constituição fundamenta o Direito penal e estabelece algumas cláusulas impositivas de criminalização, serão analisados quais comandos seriam estes na Constituição Brasileira, não se descuidando que cada Constituição espelha as peculiaridades de sua comunidade.

1.1.3. MANDADOS EXPRESSOS DE CRIMINALIZAÇÃO

Decorrida a análise, nos moldes da Constituição Federal, de qual seria o âmbito de legitimação para a criminalização (dignidade penal), e tendo havido, neste trabalho, o posicionamento no sentido de que existem ordens de criminalização na Constituição, importa agora identificar qual é o núcleo do Direito penal que goza da presunção de necessidade de intervenção penal.

São mandados expressos de criminalização os preceitos constitucionais que emitem uma ordem literal e explícita para o estabelecimento de crimes com a finalidade de punir condutas que violem determinados bens jurídicos protegidos na Constituição. Em alguns casos essas determinações definem, também, a amplitude e a intensidade do tratamento penal a ser manejado.

Quanto aos dispositivos constitucionais que trazem mandados expressos de criminalização, Luiz Carlos dos Santos Gonçalves (2007, p. 158), Luciano Feldens (2008, p. 42-45), Antonio Carlos da Ponte, Gilmar Ferreira Mendes e Paulo Branco (2015, p. 491-492), indicam o seguinte rol:

- Art. 5º. [...] XLI - a lei punirá qualquer discriminação atentatória dos direitos e liberdades fundamentais;
- Art. 5º. [...] XLII - a prática do racismo constitui crime inafiançável e imprescritível, sujeito à pena de reclusão, nos termos da lei;
- Art. 5º. [...] XLIII - a lei considerará crimes inafiançáveis e insuscetíveis de graça ou anistia a prática da tortura, o tráfico ilícito de entorpecentes e drogas afins, o terrorismo e os definidos como crimes hediondos, por eles respondendo os mandantes, os executores e os que, podendo evitá-los, se omitirem;
- Art. 5º. [...] XLIV - constitui crime inafiançável e imprescritível a ação de grupos armados, civis ou militares, contra a ordem constitucional e o Estado Democrático;
- Art. 7º. [...] X - proteção do salário na forma da lei, constituindo crime sua retenção dolosa;
- Art. 225. [...] § 3º As condutas e atividades consideradas lesivas ao meio ambiente sujeitarão os infratores, pessoas físicas ou jurídicas, a sanções penais e administrativas, independentemente da obrigação de reparar os danos causados.
- Art. 227. [...] § 4º A lei punirá severamente o abuso, a violência e a exploração sexual da criança e do adolescente.

Cumpre sublinhar que Antônio Carlos da Ponte (2016, p. 175-176) apresenta praticamente o mesmo rol. Entretanto, quanto ao dever de criminalizar qualquer forma de discriminação, assinala um fundamento constitucional diferente de Gonçalves e Feldens, apontando o art. 3, IV, da Constituição Federal: "constituem objetivos fundamentais da República Federativa do Brasil promover o bem de todos, sem preconceitos de origem, raça, sexo, cor, idade e quaisquer outras formas de discriminação".

Note-se que com exceção dos artigos 5º, XLI, e 227, da Constituição Federal, todos os demais dispositivos do rol supramencionado utilizam as expressões "crime" ou "sanção penal". Tais termos indicam que nas normas em que estejam contidos, existe uma intenção expressa de obrigatoriamente estabelecer, através do legislador ordinário, um tratamento de natureza penal. Há dúvidas em relação aos casos diversos, contidos nas exceções, indagando-se se neles há a intenção do constituinte de obrigar ou não a criminalização.

1.1 | Mandados de criminalização e proteção à saúde
Samira da Costa Fontes |

Para Luiz Carlos dos Santos Gonçalves, quanto a essas exceções, apesar de a Constituição ter utilizado expressões plurívocas ("a lei punirá", no art. 5°, XLI, e "a lei punirá severamente", no art. 227), é possível deduzir que a opção constitucional foi a de ter definido essas locuções como mandados expressos de criminalização (GONÇALVES, 2007, p. 157).

Essa compreensão foi adotada de forma explícita no voto do Ministro Celso de Mello (BRASIL, p. 59-60), o relator da ADO 26/DF, ação direta em que se busca a criminalização da homofobia como uma decorrência do art. 5°, XLI, da Lei Maior. No voto proferido, o Ministro (BRASIL, p. 90) explicou que, em sua concepção, a discriminação dirigida contra os integrantes da comunidade LGBT é uma forma de racismo contemporâneo, que faz a homofobia se enquadrar também na cláusula constitucional prevista no art. 5°, XLII e na Lei de racismo (Lei n° 7.716/1989).

Destaque-se que, no caso dos mandados expressos de criminalização, o legislador constituinte, que também é legislador, determina antecipadamente, na Lei Maior, os bens jurídicos que necessitam da intervenção penal. O constituinte já faz um juízo de adequação e necessidade da intervenção penal, relegando ao legislador penal ordinário somente a análise da proporcionalidade.

Ao estabelecer mandados expressos de criminalização, a Constituição estabelece uma política criminal obrigatória, que por sua vez é uma inequívoca expressão da vontade popular. Tem-se uma presunção absoluta de que, ao ordenar certa criminalização, com a finalidade de evitar uma proteção legal deficiente, o constituinte aferiu pressupostos como dignidade penal, danosidade social (para aqueles que também trazem este requisito), e necessidade (carência) da proteção penal.

No Brasil, os mandados de criminalização que visam impedir a tortura e o terrorismo estão evidentemente relacionados com os acontecimentos vivenciados no país durante a vigência do regime militar; o combate ao racismo, relacionado ao triste passado de escravidão dos africanos; a repressão ao tráfico de drogas, relacionada ao atentado contra a saúde pública.

Luciano Feldens (2008, p. 45), se valendo das cláusulas constitucionais existentes no caso brasileiro, destaca as variadas razões que levam o constituinte a estabelecer os mandados expressos de criminalização:

(a) parcela delas, como reflexo de uma concepção de cidadania que se forma à raiz de um novo modelo de Estado (Social e Democrático de Direito); selam, nesse tom, "pontos de não-retorno" (normas que impõem a criminalização do racismo, da tortura e da ação de grupos armados contra o Estado Democrático);

(b) outras retratam uma genuína opção política no sentido de que sejam criminalizadas determinadas condutas cujo desvalor é, de imediato, reconhecido pelo Constituição (a imposição da criminalização do tráfico ilícito de entorpecentes e dos atentados ao meio ambiente), exteriorizando-se como produto do que se poderia designar política constitucional criminal.

Se, de um lado, a Constituição, por uma influência liberal, privilegiou a liberdade do cidadão estabelecendo direitos individuais em face dos abusos estatais; de outro, imbuída de um inequívoco "dever de proteção", selecionou condutas que obrigatoriamente deveriam criminalizadas pelo legislador ordinário. Com vistas à proteção de alguns bens jurídicos, a Lei Maior obrigou a necessária criminalização por parte do legislador ordinário, concedendo a ele a discricionariedade para definir a amplitude e a intensidade da resposta penal. Em outros casos, reputados de maior gravidade pelo constituinte, porém, além de ordenar a criminalização, a Constituição definiu um especial rigor na obrigatória tipificação. Independentemente da política criminal que motivou cada mandado expresso, o fato é que em todos esses casos a Constituição foi explícita na intenção de impedir a impunidade.

Luciano Feldens ironiza eventual não aceitação da teoria dos mandados expressos de criminalização, ressaltando que, se isso ocorresse, onde a Constituição diz "a lei considerará crime" (art. 5º, inc. XLIII), deveria se compreender que "a lei poderá considerar crime", e que no ponto em que consta que "a lei punirá severamente" (art. 227, § 4º), estaria enunciado que "a lei poderá punir severamente" (2008, p. 49).

1.1.4. MANDADOS IMPLÍCITOS DE CRIMINALIZAÇÃO

Ao contrário dos mandados de criminalização explícitos, os implícitos, como o próprio nome faz intuir, não encontram previsão direta e textual na Constituição, sendo apontados como decorrentes dos princípios e garantias constitucionais.

1.1 | Mandados de criminalização e proteção à saúde
Samira da Costa Fontes |

Os principais argumentos contra a aceitação dos mandados implícitos são os seguintes: a existência de um silêncio eloquente, que significaria a não intenção de atrair, de antemão, a intervenção penal para os casos não explicitados, preservando-se o princípio da intervenção mínima e a garantia da liberdade; o sentido da Constituição garantidora e limitadora do poder punitivo restaria subvertido com a existência de uma gama aberta de ordens de criminalização; haveria incerteza quanto aos valores que estariam protegidos por essas cláusulas; a mutabilidade da essencialidade desses bens pela sociedade; e o risco de engessamento da liberdade do legislador ordinário democraticamente eleito.

No sentido de negação de imposições tácitas de criminalização é o magistério de Jorge de Figueiredo Dias, que apesar de aceitar a relevância dos bens jurídico-penais espelhados no Texto constitucional, expressa ou implicitamente, em razão da subsidiariedade penal, em alguns casos, condiciona essa relevância a um juízo de ponderação de forma a filtrar o que necessita de intervenção penal. Nessa lógica, o autor concorda com a existência dos mandados expressos de criminalização, mas refuta os tácitos (DIAS, 1999, p. 80).

Já o principal argumento para a existência da teoria dos mandados implícitos é o de que as Constituições materiais e compromissárias de um Estado Democrático de Direito possuem força normativa suficiente para determinar a proteção de novos bens jurídicos, que não podem receber uma proteção insuficiente. A Constituição dirigente, ao estabelecer essas incriminações predeterminadas, implícitas ou tácitas, o faz com o objetivo de atingir mudanças profundas na política criminal e excluir, do legislador ordinário, a discricionariedade acerca da incriminação da conduta, permitindo que ele somente tome iniciativas quanto à amplitude da proteção, e ainda assim com atenção ao princípio da proporcionalidade.

Embora seja difícil assegurar uma delimitação definitiva e precisa, haveria um núcleo de bens jurídicos mais essenciais e mais estáveis que necessitam de proteção por meio do Direito penal. Argumenta-se também que o fato de a Constituição possuir um viés garantista não significa que ela deva ficar alheia e inerte em relação a outros bens que exigem uma atuação ativa do Estado. Também se alega que existem bens jurídicos axiologicamente mais importantes que aqueles protegidos por cláusulas expressas, e que por uma questão de lógica, não poderiam receber uma proteção inferior.

Antônio Carlos da Ponte considera que a teoria dos mandados implícitos de criminalização visa proteger o bem jurídico não expressamente previsto, mas que se destaca como preponderante na ordem constitucional, e que por isso não pode carecer de proteção normativa, seja pela falta de criminalização ou por tratamento penal deficitário e ineficaz (PONTE, 2016, p. 189). Francesco Palazzo também defende que o conjunto normativo da Constituição, composto por texto e princípios informadores, revela a existência de cláusulas implícitas de criminalização (PALAZZO, 1989, p. 105).

É importante esclarecer que existe uma divergência quanto à força dos mandados de criminalização implícitos. Enquanto boa parte da doutrina, como já mencionado, defende que eles possuem uma natureza impositiva, obrigacional na mesma intensidade que os mandados expressos, outros alegam que sua potência seria um pouco menor, representando indicações de criminalização.

Ao distinguir os mandados expressos dos implícitos, Luiz Carlos dos Santos Gonçalves (2007, p. 135) afirma que uma significativa diferença entre eles consiste no fato de que, especificamente quanto a estes últimos é preciso "sindicar a presença da dignidade penal e a necessidade da pena". Manoella Guz (2010, p. 123-124), em sua tese acerca dos bens jurídicos universais, compreende que embora a proteção destes interesses supraindividuais requeira um tratamento diferenciado, a interferência do Direito penal será obrigatória no que tange aos mandados de criminalização expressos, sendo que, em relação aos implícitos, ela só deverá ser invocada quando se apresentar extremamente necessária, diante da ineficiência das outras áreas do Direito para a prevenção de danos a esses bens universais.

Para nós, o âmbito de necessidade de intervenção penal é menor e está contido dentro de uma área de legitimidade. Razões pelas quais defendemos que a intervenção penal pode ser analisada sob quatro esferas:

(1) Existem bens jurídicos que não podem receber tratamento penal por se incompatibilizarem com a Constituição, considerada como um limite negativo. Não gozam de legitimidade penal e, por conseguinte, não se submetem ao juízo acerca da necessidade de pena.

(2) Outra classe de bens está sujeita à legítima intervenção penal por gozar de dignidade penal, seja porque os seus interesses estão protegidos constitucionalmente ou porque são dotados de relevância social.

1.1 | *Mandados de criminalização e proteção à saúde*
Samira da Costa Fontes |

A intervenção penal depende da discricionariedade do legislador penal. Ou seja, este possui liberdade para, após analisar a danosidade social do bem perante a comunidade e a (in)suficiência das outras formas de controle social, decidir acerca da necessidade ou não da criminalização.
(3) Numa terceira esfera mais estreita, encontramos os bens protegidos por mandados implícitos de criminalização por conterem intensa dignidade penal. A sua elevada proeminência na ordem axiológica constitucional representa uma presunção relativa de necessidade de tutela penal, impedindo uma proteção deficiente. Portanto, neste caso, a liberdade do legislador penal acaba sendo um pouco menor.
(4) Por fim, o núcleo mais restrito de todos é formado pelos interesses e pelas condutas protegidas por mandados expressos de criminalização. Esse núcleo é dotado de absoluta presunção de dignidade e de necessidade penal, vinculando o legislador ordinário à exata medida de sua determinação. Neste caso, ao legislador penal resta um reduzido grau de discricionariedade, já que no momento de definir as elementares e circunstâncias da conduta criminosa e a medida das penas, apenas pode atuar no âmbito que não conflite com a cláusula explícita.

Apesar de existirem algumas incertezas na teoria dos mandados implícitos de criminalização, isso não significa que ela não deva ser aceita. Se os interesses e os valores constitucionais se revestem de uma supremacia na ordem jurídica, essa ascendência também fundamenta o Direito penal, de modo que ele precisa manter coerência com os fundamentos e os objetivos constitucionais.

Como asseverado por Feldens, pode acontecer de alguns bens jurídicos serem mais merecedores de dignidade e intervenção penal do que outros protegidos em mandados expressos de criminalização. O autor utiliza essa hierarquia para infirmar a existência das cláusulas implícitas de criminalização. Esse argumento, por si só, não parece suficiente para comprovar a existência delas. Até porque a escolha da Constituição, que tenha resultado na enunciação expressa de uma imposição de criminalização, pode indicar o interesse objetivo e vinculante de intervenção penal firmado por ela, de acordo com o momento histórico do processo constituinte, em atenção a um juízo de necessidade temporal, que valorizou bens caros à sociedade, que careciam de tutela penal, ou que por sua importância sistêmica, não poderiam futuramente sofrer eventual esvaziamento.

Mas também a restrita enunciação expressa pelo constituinte não parece significar que ele, com o seu silêncio em relação aos outros casos, pretendesse desagasalhá-los da proteção penal, fragilizando-os. A ausência de criminalização expressa quanto a eles pode significar apenas uma falta de preocupação, da Constituição, em frisá-los dessa forma, porque histórica e universalmente sempre tiveram proteção legal, e naquele momento, a proteção parecia evidente.

Ocorre que, ainda que certos bens jurídicos pareçam ter proteção evidente e suficiente, isso não significa que esse debate seja apenas teórico, sem qualquer utilidade prática. Primeiramente porque o reconhecimento da elevada dignidade penal desses bens para uma consequente necessidade de intervenção penal serve de balizamento para a teoria dos mandados implícitos, a fim de que por esse ponto de partida possam se analisar outras questões, outros bens jurídicos não tão patentes. E em segundo lugar, mesmo esses bens jurídicos aparentemente evidentes podem correr o risco de futuramente serem desprotegidos porque inclusive o legislador de um modelo de Estado Democrático pode incorrer no erro de ignorar aspectos jurídicos para o atingimento de finalidades políticas ou, na pior das hipóteses, de objetivos escusos.

Parece coerente que a Lei Maior, enxergada como fundamento do Direito penal, delineia bens jurídicos que gozam de supremacia na ordem constitucional por estarem relacionados com os direitos fundamentais mais relevantes e com os fins do Estado Democrático de Direito. Daí se extrai que o constituinte pretendeu implicitamente resguardá-los também por meio do Direito penal, apenas não os declarando por meio de cláusulas expressas, justamente por reconhecer que eles já pertenciam a um núcleo que o Direito penal protegia.

Dessa forma, justamente para inviabilizar a descriminalização desses bens preponderantes é que parece defensável que eles estão protegidos por cláusulas implícitas de criminalização. A teoria dos mandados impositivos no âmbito constitucional se revela importante por permitir a proteção dos bens jurídicos de maneira mais eficaz, já que além de impulsionar a tutela repressiva, garante a perenidade da proteção penal já existente.

1.1 | Mandados de criminalização e proteção à saúde
Samira da Costa Fontes

A Constituição Federal contemporânea, com força normativa, ao estabelecer deveres de proteção de valores fundamentais revela que eles não podem ser amparados deficientemente. Podem surgir violações que só possam ser evitadas por meio de normas incriminadoras, ou seja, com a utilização do braço forte do Estado.

A liberdade de um indivíduo não é absoluta e, além de o Estado ter um dever de abstenção herdado do Estado Liberal, atuando na esfera penal como *ultima ratio*, ele atualmente é um Estado Democrático de Direito que tem a sua própria *ratio*, que consiste em proteger outros bens fundamentais, atuando ativamente em prol dos indivíduos.

Não há uma subversão do sentido garantidor e limitador da Constituição, mas apenas uma conciliação com o seu outro papel, de fundamento do Direito penal, impulsionando a criminalização dos comportamentos mais graves daqueles que violam bens jurídicos de concidadãos. Logo, conforme já frisado ao longo deste trabalho, junto à omissão estatal, exige-se também a sua atuação protetiva, já que "os riscos à liberdade não são apenas provenientes do poder estatal, mas também de outros poderes e grupos por vezes até mais perigosos" (CUNHA, 1995, p. 434) de forma que "a limitação dos direitos de uns pode ser o preço inevitável para um mínimo de liberdade em sociedade, tendo sido os primeiros a infringir as regras dessa liberdade" (CUNHA, 1995, p. 434).

Não parece que a intervenção mínima precise ser preservada a qualquer custo para a conservação das conquistas civilizacionais liberais. O Estado também é comprometido com uma função positiva de proteção a bens fundamentais, inclusive coletivos e difusos (a exemplo da saúde pública), paulatinamente em expansão. Inclusive, acaso se mostre pertinente, o Direito penal pode se adaptar a novos instrumentos com vistas a proteger bens jurídicos de forma mais eficaz.

Como a Constituição Federal é a norma que ocupa a posição de supremacia no ordenamento jurídico brasileiro, o seu texto e os seus fins apontam o horizonte quanto ao valor de seus bens jurídicos, de forma que aqueles coroados com elevada dignidade penal careçam de tutela penal. Portanto, para estar protegido em um mandado implícito de criminalização e ser contemplado com a necessária intervenção penal, não basta que o bem jurídico represente um valor constitucional. É preciso mais do que isso, que ocupe uma inequívoca posição de destaque e superioridade na ordem axiológica constitucional.

Há bens que, por serem tão essenciais a uma comunidade necessitam de uma proteção mais intensa, de maneira que não poderiam ser eficazmente protegidos por formas de controle social diversos do Direito penal. Nesse sentido, na senda de Stern "a vida, a saúde, a integridade física, são valores especialmente valiosos. Assim, é evidente ir o dever de proteção até a arma mais forte, incluindo o Direito penal" (STERN *apud* CUNHA, 1995, p. 433).

Note-se que a suficiente criminalização ou não de um bem jurídico protegido por mandado implícito submete-se a um juízo de proporcionalidade, para a verificação de eventual excesso da reprimenda penal e para que se impeça hipotética proteção deficiente. A teoria da proporcionalidade em sua dupla face se concebe como um instrumento importante de controle do cumprimento dos mandados tácitos, a fim de se evitar que o legislador descriminalize condutas muito graves, que possam colocar em risco a segurança e a liberdade de um grande número de pessoas. E nos casos de falta de normas penais incriminadoras quanto às condutas atentatórias a bens de elevada dignidade penal, permite que se decrete a mora legislativa.

É por isso que presente uma indicação de criminalização, o juízo de proporcionalidade entre os bens em disputa representa um instrumento geral e relevante para a proteção dos direitos fundamentais, podendo variar em cada época e de acordo com os anseios sociais. A proteção de um bem por mandado implícito não significa sua proteção absoluta, de forma que não se admitam mitigações (veja o exemplo da legítima defesa e da possibilidade do aborto quando não há outro meio de se salvar a vida da gestante). Nenhum direito fundamental é absoluto e o engessamento da tipificação penal também não poderia sê-lo. Mas é inegável que se protege a essência e o núcleo daquele bem jurídico de forma que ele seja perene e não venha a ser desprotegido diante de anseios menos importantes.

Este estudo buscou um equilíbrio, evitando-se soluções precipitadas, autoritárias, que permitam protagonismo apenas ao Tribunal Constitucional em face do Poder Legislativo. Defende-se uma posição mais ampliativa quanto à seleção dos bens jurídico-penais, podendo ter guarida na Constituição Federal e na sociedade, podendo ser extraídos tanto dos mandados de criminalização como dos novos anseios sociais.

1.1 | *Mandados de criminalização e proteção à saúde*
Samira da Costa Fontes |

Não se faz, aqui, a defesa do engessamento demasiado da liberdade do legislador ordinário, até porque se afigura mais condizente com um Estado Democrático de Direito que a intervenção penal possa ser mais flexível e ajustável às mudanças sociais. Mas também não se coaduna com posições que ignoram o protagonismo da Constituição Federal, que com sua força normativa ordena e fundamenta toda a ordem jurídica, se impondo, inclusive no âmbito penal, para melhor atingimento dos fins de um Estado Democrático de Direito e da dignidade da pessoa humana, fundamento maior da República Federativa do Brasil.

1.1.5. MANDADOS DE CRIMINALIZAÇÃO E SAÚDE

Independentemente de procedência nacional, idade, gênero, entre outras particularidades, há um senso comum, por parte dos indivíduos, no sentido de que o direito social à saúde ocupa um lugar de destaque entre os itens compreendidos como necessários para a subsistência e a proteção à vida. A ausência de bem-estar, caracterizada como o estado de corpo e espírito majoritariamente relacionado à saúde, pode, a depender da intensidade, impedir que os indivíduos realizem as suas atividades cotidianas, embaraçando as suas participações na vida social.

A saúde é um direito humano e fundamental dotado de especial complexidade, já que, além de depender da análise das perspectivas individual e coletiva, não se limita à ausência ou presença de enfermidades. Outros determinantes externos podem influir no bem-estar físico, mental e social do indivíduo ou de toda uma comunidade. Diversas condições essenciais e determinantes da saúde representam as inúmeras facetas que podem variar entre estados mais ou menos desenvolvidos, e influenciar na fruição do mais elevado nível de vida digna e saudável.

O conceito de saúde estabelecido pela OMS, difundido no âmbito internacional, reconheceu que a saúde não se restringia a um estado físico, permitindo o avanço que deu ensejo à percepção de que contava com dimensões psíquica e social. A intervenção na sociedade que se destine à proteção da saúde não pode desconsiderar essas dimensões observadas, porque além de a saúde depender do equilíbrio interno do ser humano, decorre direta e necessariamente de sua interação com o meio ambiente.

A efetividade do direito à saúde também depende da fruição de outros direitos fundamentais. Uma vida digna e sadia só se torna possível com a garantia, ao indivíduo, de um mínimo existencial, de um patamar mínimo de prestações positivas por parte do Estado que assegurem outros direitos correlatos.

Assim como os outros direitos sociais, o direito à saúde tem um caráter prestacional, visto que a sua efetivação depende do cumprimento, pelos poderes públicos, de obrigações positivas. Em outras palavras, além da obrigação estatal negativa de abstenção de atitudes que gerem danos à saúde dos administrados, o Estado tem o dever de atuar positivamente, disponibilizando o acesso a serviços de saúde e impedindo que os particulares atentem contra a saúde individual ou coletiva de terceiros.

Como observam Streck e Bolzan, o Estado Democrático de Direito redefine o papel do Estado, direcionando-o para o horizonte de um projeto solidário. A atuação estatal passa a ter um conteúdo de transformação do estado anterior de coisas, visando ao atingimento de uma melhor qualidade de vida individual e coletiva dos homens. No Brasil, o Estado Democrático de Direito se inseriu em uma Constituição dirigente e comprometida com a transformação da realidade social, tendo contemplado novos conteúdos, especialmente valores impositivos de condutas afinadas para o atingimento do Estado de Bem-estar Social (STRECK e MORAIS, 2006, p. 104-105).

Para transformar a realidade, a Constituição dirigente explicitamente quis se valer do Direito penal, já que em algumas passagens fez opções de política criminal, impondo deveres de proteção por meio de mandados de criminalização. Houve o reconhecimento de que o Direito penal é instrumento legítimo e necessário para essa transformação social. A Constituição Federal de 1988, recheada de vetores sociais e promulgada após um amplo debate democrático, ensejou a expectativa por um Direito penal legitimado a cumprir uma função positiva no bem jurídico penal.

O direito à saúde foi reconhecido expressamente como um bem jurídico merecedor de dignidade penal.

Como o meio ambiente é um dos determinantes do conceito de saúde, a partir de uma proteção do equilíbrio ecológico para uma sadia qualidade de vida, o constituinte estabeleceu a proteção da saúde dentro da tutela da proteção ambiental, ambas asseguradas por meio da cláusula expressa impositiva do § 3º do art. 225 da Lei Maior.

1.1 | Mandados de criminalização e proteção à saúde
Samira da Costa Fontes |

A saúde coletiva também foi alçada a interesse digno de estabelecimento de pena, quando violada por meio de uma conduta considerada de extrema gravidade pelo constituinte. É o caso do tráfico de drogas, que reprime a circulação de substâncias cujas evidências científicas indicam malefícios à saúde humana.

Nessa ordem de ideias, é possível concluir que houve uma preocupação especial do constituinte com o bem jurídico saúde. A Lei Maior reconheceu que tanto os danos ambientais como a difusão das drogas possuem potencial devastador sobre a saúde humana. A partir desses dois mandados expressos de criminalização podemos deduzir que a constituinte elevou a saúde à categoria de bem jurídico de elevada dignidade penal, já que ela representa meio necessário para o mais valioso bem fundamental, que é a vida humana.

Considerando que a República Federativa do Brasil tem como fundamento a dignidade da pessoa humana e como um de seus objetivos a construção de uma sociedade livre, justa e solidária, esse fim deve orientar a atividade legislativa do Estado para a criminalização das condutas atentatórias à saúde.

Apesar de em poucas passagens a Constituição Federal de 1988 ter impingido mandados expressos de criminalização para a proteção da saúde, a elevada dignidade penal desse bem jurídico pode ser evidenciada a partir da conjugação dessas cláusulas explícitas, da sua interdependência com a vida, do art. 6º, que o alçou a direito fundamental social, e dos arts. 1º e 3º da Constituição Federal.

Considera-se, neste estudo, que a saúde, seja a individual ou a coletiva, pertence ao núcleo de bens jurídicos dotados de essencialidade primordial, de forma a indicar ao legislador a necessidade de criminalização das condutas que venham a atentar contra ela de forma grave.

Antônio Carlos da Ponte pondera ser comum a noção de que mandados de criminalização se destinem puramente à proteção de direitos e garantias individuais. Ensina, porém, que essa impressão não é exata, pois o Direito penal contemporâneo exige, por vezes, a flexibilização desses direitos em busca de um valor maior, representado pela Justiça Social (PONTE, 2016, p. 187).

De fato, boa parte da doutrina costuma apontar a existência de mandado de criminalização para a proteção dos direitos individuais do art. 5º da Constituição, apesar de outros direitos sociais e coletivos poderem apresentar dignidade penal mais elevada que alguns bens de caráter individual.

A significativa ampliação da proteção à saúde na Constituição de 1988 evidencia um novo paradigma, que torna a saúde um valor com hierarquia notável na nova ordem social. Se a Lei Maior previu, por exemplo, que o Sistema Único de Saúde precisa atender a todos e de maneira integral, reconheceu, então, que a saúde é um direito indispensável para a concretização da própria vida e também para uma sobrevivência com dignidade.

Na perspectiva deste trabalho, a conjugação dos dispositivos constitucionais da Lei Maior de 1988 mencionados revela que a saúde é um bem jurídico eleito pela constituinte como de inequívoca primazia axiológica, de forma que é razoável defender que, além dos mandados expressos de criminalização já mencionados, a saúde também foi protegida pelos mandados tácitos. Isso significa que existem indicações de que o legislador precisa atuar para proteger a saúde por meio do Direito penal toda vez que estejam sendo praticadas condutas repulsivas contra a saúde individual ou coletiva.

A essencialidade da saúde para a vida e a sua relação com a Justiça Social, impulsiona, inclusive, um dever de solidariedade em situações mais calamitosas, a ponto de condutas egoísticas e intoleráveis poderem ser objeto de punição penal quando ensejarem um grave perigo à saúde alheia. A saúde se revela um bem tão essencial à vida, que não apenas obriga o poder público a atuar positivamente, mas também estabelece deveres de proteção aos particulares.

Com base em um dever de solidariedade, até os estabelecimentos de saúde privados são obrigados a proporcionar um serviço de urgência a qualquer pessoa que esteja em grave e iminente perigo de vida, independentemente de sua possibilidade de arcar com o pagamento. Ao estabelecimento hospitalar privado não se impõe que execute todo o tratamento, podendo proceder à transferência do indivíduo a um hospital público tão logo se afaste a situação de perigo.

Esse dever de solidariedade em relação à proteção da saúde se mostrou tão relevante que, além da existência do "crime de omissão de socorro", e das responsabilizações mais graves incidentes aos garantes, o legislador penal vislumbrou a necessidade de se inserir, no Código Penal de 1940, em 2012, uma nova conduta delitiva no capítulo da "periclitação da vida e da saúde".

O *nomen iuris* desse crime é "condicionamento de atendimento médico-hospitalar emergencial" e a conduta criminosa que ele descreve consiste em "exigir cheque-caução, nota promissória ou qualquer garantia, bem como o

1.1 | Mandados de criminalização e proteção à saúde
Samira da Costa Fontes |

preenchimento prévio de formulários administrativos, como condição para o atendimento médico-hospitalar emergencial", possuindo uma pena de "detenção, de 3 (três) meses a 1 (um) ano, e multa" (art. 135-A). Conforme o parágrafo único, a pena é aumentada, até o dobro, se da negativa de atendimento resulta lesão corporal de natureza grave, e até o triplo se resulta a morte.

Segundo Paulo Sérgio Rosso, se antes de 1988 a solidariedade tinha mero valor moral, com a promulgação do Texto constitucional passou a integrar o Direito positivo, não representando apenas um sentimento, instituindo-se em um dever jurídico dotado de eficácia imediata. Se a Lei Maior de 1988 afirmou, em seu art. 3º, que um dos objetivos da República Federativa do Brasil é a construção de uma sociedade livre, justa e solidária, o fez porque o desejo da ampla maioria dos brasileiros era atingir uma sociedade estruturada sobre esse valor ético (ROSSO, 2007).

Daniel Sarmento ressalta que a solidariedade representa tanto um objetivo como um princípio fundamental:

> quando a Constituição estabelece como um dos objetivos fundamentais da República brasileira "construir uma sociedade justa, livre e solidária", ela não está apenas enunciando uma diretriz política desvestida de qualquer eficácia normativa. Pelo contrário, ela expressa um princípio jurídico, que, apesar de sua abertura e indeterminação semântica, é dotado de algum grau de eficácia imediata e que pode atuar, no mínimo, como vetor interpretativo da ordem jurídica como um todo. (SARMENTO, 2006, p. 295.)

O modelo de Estado Democrático de Direito, ao indicar, em seu artigo 3º, a solidariedade como um objetivo a ser alcançado, revelou que ela é muito mais que uma aspiração, se impondo como um valor axiológico a todo o ordenamento jurídico.

O Direito penal também aderiu ao princípio-dever da solidariedade para a proteção dos direitos difusos e, por vezes, dos interesses individuais, como nos mencionados crimes de "omissão de socorro" (art. 135, CP) e de "condicionamento de atendimento médico-hospitalar emergencial" (art. 135-A). Entendeu-se que a saúde restaria mais eficientemente protegida se o Direito penal estimulasse a manutenção da sociedade por sua própria iniciativa, impondo-se aos membros da coletividade ações essenciais ao desenvolvimento social.

Enfim, por ser a saúde correlata e indissociável em relação ao direito à vida, que é o direito fundamental constitucional mais valioso do ser humano, ela se afeiçoa como bem jurídico de inequívoca dignidade penal. Outrossim, se a saúde se apresenta como um interesse angular para a construção de uma sociedade livre, justa e solidária, e se afigura como um meio necessário para uma vida com dignidade, a sua tutela se evidencia como mandado implícito de criminalização, impulsionando e revigorando o Direito penal sempre que surjam condutas especialmente gravosas.

CONSIDERAÇÕES FINAIS

Na democracia adota-se um Direito penal identificado como garantista, segundo o qual, com atenção aos princípios da legalidade e da intervenção mínima, as criminalizações, as sanções e, de modo geral, a política criminal, atendem aos interesses da sociedade, selecionados por ela para a manutenção da ordem e da convivência.

Com a constitucionalização dos bens jurídico-penais o poder de punir do Estado passou a ser delineado pela Lei Maior. Na democracia a ordem constitucional pode limitar materialmente aquilo que pode ser punido, de forma que se defendeu que esse limite é de caráter negativo, se afigurando possível incriminar os comportamentos que não atentem contra o Texto constitucional. A Constituição também fundamenta o Direito penal, impondo a incriminação de condutas. A Constituição dirigente se destina a transformar a realidade, de maneira que em algumas passagens, através de política criminal, impele deveres de proteção por meio da tutela penal.

Os mandados expressos de criminalização se revelam como uma realidade constitucional, uma vez que o texto é claro e incisivo acerca de sua existência. O constituinte, ao estabelecê-los, tinha a intenção de impor deveres irrenunciáveis ao legislador, já que a Constituição e a lei são mecanismos integrados e congruentes.

Após a conclusão de que todos os bens jurídicos dispostos na Constituição possuem dignidade penal e legitimam a intervenção penal, sustentou-se que, dentre esses bens, existe um núcleo que goza de supremacia na ordem axiológica constitucional. Essa esfera mais restrita goza de elevada dignidade penal e, por isso, é protegida por mandados implícitos de criminalização.

1.1 | Mandados de criminalização e proteção à saúde
Samira da Costa Fontes

Em relação à saúde, a Lei Maior, além de impor a sua promoção por meio de políticas públicas, resolveu protegê-la também por meio do Direito penal, já que, determinou por mandados expressos de criminalização, a sua tutela em alguns dispositivos constitucionais.

O meio ambiente é um dos determinantes da saúde. Como a defesa do equilíbrio ecológico tem por fim uma sadia qualidade de vida, o constituinte estabeleceu a proteção da saúde dentro da tutela da proteção ambiental, de forma que a saúde também está contida no mandado expresso impositivo previsto no § 3º do art. 225 da Lei Maior.

A saúde coletiva foi protegida pelo mandado expresso de criminalização do art. 5º, XLIII, da CF, que determinou que se punisse penalmente e com especial rigor o tráfico ilícito de drogas de forma equiparada aos crimes hediondos. Apesar de o delito já existir antes da CF/1988, essa cláusula veio proteger a saúde de modo mais eficiente e condizente com a gravidade da realidade social, já que conferiu uma estabilidade para o futuro e impediu que o legislador ordinário, acaso pretendesse, viesse a descriminalizar o comportamento ou tratá-lo de forma branda, em descompasso com a Constituição.

O reconhecimento da saúde como meio necessário e essencial para a garantia da vida e da dignidade humana, permitiu que a Constituição a chancelasse como um bem jurídico merecedor de elevada dignidade penal, a ponto de podermos concluir que a saúde é um bem jurídico protegido também por mandados tácitos de penalização.

A Constituição Federal de 1988 previu a saúde como direito fundamental social (art. 6º), direito de todos e dever do Estado (art. 196) e ampliou significativamente os dispositivos no tratamento da matéria. Determinou que o Sistema Único de Saúde atendesse todos os que necessitassem e de maneira integral, por reconhecer que a saúde é um direito primordial para a concretização da própria vida, e também para uma sobrevivência com dignidade. Surgiu um novo paradigma, que tornou a saúde um interesse primordial na nova ordem axiológica constitucional e social, obrigando o Estado a atuar positivamente para promovê-la e protegê-la, inclusive em face dos particulares.

Além de a saúde ser um bem jurídico essencial para a dignidade humana (art. 1º), também é imprescindível para o atingimento de uma sociedade mais livre, justa e solidária (art. 3º), de forma que a sua proteção na maior medida possível garante maior Justiça Social.

REFERÊNCIAS

BATISTA, Nilo. *Introdução Crítica ao Direito Penal Brasileiro*. 5. ed. Rio de Janeiro: Renavan, 1999.

BERCOVICI, Gilberto. A problemática da constituição dirigente: algumas considerações sobre o caso brasileiro. *Revista de Informação Legislativa (Brasília)*, a. 36 n. 142, abril/jun., 1999.

BRASIL. Supremo Tribunal Federal (voto do Min. Relator Celso de Mello). *Ação Direta de Inconstitucionalidade por Omissão 26/DF*.

CAMPANA, Eduardo Luiz Michelan. *A fundamentação constitucional da tutela penal da ordem econômica*, 2011. Dissertação Mestrado em Direito. Pontifícia Universidade Católica de São Paulo, São Paulo, 2011.

CANOTILHO, Joaquim Gomes. *Direito Constitucional e Teoria da Constituição*. 3. ed. Coimbra: Almedina, 1998.

CUNHA, Maria da Conceição Ferreira da. *Constituição e crime*: uma perspectiva da criminalização e da descriminalização. Estudos e Monografias. Porto: Editora Universidade Católica Portuguesa, 1995.

DIAS, Jorge de Figueiredo. Os novos rumos de política criminal. *Revista da Ordem dos Advogados (Lisboa)*, a. 43, 1983.

DIAS, Jorge de Figueiredo. *Questões Fundamentais do Direito Penal Revisitadas*. São Paulo: Revista dos Tribunais, 1999.

DISSENHA, Rui Carlo. Mandados constitucionais de criminalização: uma análise da questão sob a ótica do Direito penal nacional. *Raízes Jurídicas (Curitiba)*, v. 4, n. 2, jul./dez., 2008.

FELDENS, Luciano. *Direitos Fundamentais e Direito Penal*: garantismo, deveres de proteção, princípio da proporcionalidade, jurisprudência constitucional penal, jurisprudência dos tribunais de direitos humanos. Porto Alegre: Livraria do Advogado Editora, 2008.

GONÇALVES, Luiz Carlos dos Santos. *Mandados Expressos de Criminalização e a Proteção dos Direitos Fundamentais na Constituição Brasileira de 1988*. Belo Horizonte: Fórum, 2007.

GUZ, Manoella. *Bem jurídico penal difuso e coletivo*, 2010. Dissertação Mestrado em Direito. Pontifícia Universidade Católica de São Paulo, São Paulo, 2010.

MENDES, Gilmar Ferreira; BRANCO, Paulo Gustavo Gonet. *Curso de Direito Constitucional*. 10. ed. São Paulo: Saraiva, 2015.

MOREIRA NETO, Diogo de Figueiredo. Desafios Institucionais Brasileiros. In: MARTINS, Ives Gandra (org.). *Desafios do Século XXI*. São Paulo: Pioneira/Academia Internacional de Direito e Economia, 1997.

PALAZZO, Francesco C. *Valores Constitucionais e Direito Penal*: um estudo comparado. Trad. Gérson Pereira dos Santos. Porto Alegre: Sergio Antonio Fabris, 1989.

PASCHOAL, Janaína Conceição. *Constituição, Criminalização e Direito Penal Mínimo*. São Paulo: Revista dos Tribunais, 2003.

PONTE, Antonio Carlos da. *Crimes Eleitorais*. 2. ed. São Paulo: Saraiva, 2016.

ROSSO, Paulo Sergio. Solidariedade e direitos fundamentais na Constituição brasileira de 1988. *Revista Eletrônica CEJUR (Curitiba)*, a. 2, v. 1, n. 2, 2007.

SARMENTO, Daniel. *Direitos Fundamentais e Relações Privadas*. 2. ed. Rio de Janeiro: Lumen Juris, 2006.

STRECK, Lenio Luiz; MORAIS, José Luis Bolzan de. *Ciência Política e Teoria do Estado*. 5. ed. Porto Alegre: Livraria do Advogado, 2006.

1.2

Mandado de criminalização do tráfico ilícito de entorpecentes: o caso das drogas sintéticas*

WAGNER CAMARGO GOUVEIA
LUCIANO PEREIRA DE SOUZA

INTRODUÇÃO

A CONSTITUIÇÃO constitui verdadeiro limite ao direito de punir. Assim afirma Márcia Dometila (1992, p. 35): "toda norma penal carece de fundamentação constitucional. Portanto, a não fundamentação de uma norma penal em qualquer interesse constitucional, implícito ou explícito, ou o choque mesmo dela com o espírito que perambula pela Lei Maior, deveria implicar, necessariamente, na *descriminalização* ou não aplicação da norma penal".

Além de estabelecer-se como limite ao direito de punir (afastando o Direito penal ou restringindo as possibilidades punitivas), a Constituição também figura como fonte material do Direito penal (pelos mandados de criminalização), apresentando-se como um parâmetro de referência dos fatos relevantes para o Direito penal e sujeitáveis à pena.

Os mandados constitucionais de criminalização são ordens, determinações do poder constituinte de tratar de forma mais severa os tipos penais mais devastadores cometidos na sociedade.

---

* A dissertação de mestrado do pesquisador Wagner Camargo Gouveia, desenvolvida sob a orientação do Prof. Dr. Antonio Carlos da Ponte, relaciona-se intrinsecamente com a pesquisa que esse autor continuou a desenvolver depois de encerrado o ciclo do mestrado. Há, em razão disso, ideias e alguns trechos de textos do autor presentes em sua pesquisa anterior que foram replicados e atualizados aqui. Cf. GOUVEIA, Wagner Camargo. Mandados de criminalização e tutela penal da saúde: prisão em flagrante e imediata cognição no tráfico ilícito de drogas sintéticas, 2018. Dissertação (Mestrado em Direito da Saúde) – Universidade Santa Cecília, Santos, 2018.

1.2 | Mandado de criminalização do tráfico ilícito de entorpecentes: o caso das drogas sintéticas
Wagner Camargo Gouveia | Luciano Pereira de Souza |

Os comandos constitucionais que albergam os mandados de criminalização, na classificação de José Afonso da Silva, são de eficácia limitada, visto que dependem da norma infraconstitucional para produzir plenos efeitos. A lei é necessária para definir tecnicamente a conduta por incriminar, para estabelecer a sanção entre outras coisas.

Ocorre que o espaço de atuação do legislador está estreitado por dois limites: pela proibição da proteção excessiva em prol do indivíduo restringido na sua liberdade, bem como pela proibição da proteção deficiente em prol do indivíduo a ser tutelado. Da proibição da proteção excessiva deve-se extrair a medida máxima e da proibição da proteção deficiente a medida mínima da atuação legislativa, centrando-se a zona de discricionariedade do Poder Legislativo entre a medida mínima e a medida máxima (FELDENS, 2005).

Os mandados constitucionais de criminalização têm origem na doutrina alemã e foram reconhecidos em 1975 pelo Tribunal constitucional alemão, com a declaração de inconstitucionalidade da disposição do Código penal alemão que permitia o aborto realizado nos três primeiros meses de gestação.

Antônio Carlos da Ponte (2008) assim os apresenta: "Os mandados constitucionais de criminalização indicam matérias sobre as quais o legislador ordinário não tem a faculdade de legislar, mas sim a obrigatoriedade de tratar, protegendo determinados bens ou interesse de forma adequada, e dentro do possível, integral".

Os mandados de criminalização, pois, seriam ordens emanadas do poder constituinte para que seja feita a tutela penal de um bem. Não estabelecem faculdades ao legislador ordinário, mas sim obrigações a serem atendidas, em que pese a falta de consequência jurídica para o caso de descumprimento.

Os mandados explícitos de criminalização trazem decisões constitucionais sobre o modo como deverão ser protegidos determinados direitos fundamentais. A atuação do legislador ordinário no sentido de promover a proteção desses direitos recebe um elemento de vinculação. Ele pode até valer-se de outros instrumentos, mas a previsão de sanções penais perde seu caráter de possibilidade e torna-se obrigatória.

Se há ordens constitucionais diretas ao legislador, a edição da lei é questão de supremacia da Constituição. Questões de conveniência, oportunidade, política criminal ou outras não podem ser alegadas para justificar a omissão em dar cumprimento à Lei Maior.

A Constituição informa todos os ramos do Direito que haverão de concretizá-la. Um Estado Democrático de Direito firmemente comprometido com a liberdade tem de elaborar um sistema penal restrito às ofensas mais sérias e, ao mesmo tempo, eficiente ao proteger os valores mais importantes. Assim, quando a Constituição prevê mandamentos expressos de criminalização para o racismo e a tortura, por exemplo, e quando ela assegura a inviolabilidade dos direitos à vida, à liberdade, à igualdade, à segurança e à propriedade, essa Constituição determina, mais do que autoriza, a intervenção do Direito penal (GONÇALVES, 2007).

O reconhecimento dos mandados de criminalização explícitos pode se dar de forma ampla ou restrita. Na forma restrita, não se reconhece como mandados de criminalização as menções constitucionais "às penas da lei". Para essa vertente também não se entende como mandados expressos os comandos de responsabilidade civil ou administrativa que mencionam "sem prejuízo à ação penal", pois aqui o caráter seria meramente indicativo. Em contraposição, na forma ampla, haveria um reconhecimento a esses casos como sendo de mandados expressos de criminalização.

Os mandados de criminalização explícitos seriam os contidos nos artigos 5º, incisos XLII (racismo), XLIII (tortura, tráfico ilícito de entorpecentes e drogas afins, terrorismo e crimes hediondos) e XLIV (ação de grupos armados, civis ou militares, contra a ordem constitucional e o Estado democrático), e § 3º (os tratados e convenções internacionais sobre direitos humanos que forem aprovados, em cada Casa do Congresso Nacional, em dois turnos, por três quintos dos votos dos respectivos membros, serão equivalentes às emendas constitucionais), 7º, inciso X (retenção dolosa do salário dos trabalhadores), 227, § 4º (abuso, violência e exploração sexual da criança ou adolescente) e 225 (condutas lesivas ao meio ambiente) (MASSON, 2010).

O mandado constitucionalização de criminalização referente ao crime de tráfico ilícito de entorpecentes, destaque-se, está previsto no artigo 5º, inciso XLIII, 2ª parte e no artigo 243, parágrafo único, da Constituição.

O presente estudo visa apontar as dificuldades enfrentadas pela força policial em cumprir esse mandado de criminalização no caso das drogas sintéticas e, ao fim, ensaiar soluções.

1.2 | *Mandado de criminalização do tráfico ilícito de entorpecentes: o caso das drogas sintéticas*
Wagner Camargo Gouveia | Luciano Pereira de Souza |

1.2.1. O PROBLEMA DA NORMA PENAL EM BRANCO

A norma penal está estruturada logicamente em duas partes, a primeira define a matéria de proibição (a conduta proibida) e a segunda estabelece a consequência, a sanção aplicável.

Ocorre que há poucas normas penais (as chamadas normas penais em branco) cuja primeira parte (matéria de proibição) não se encontra disposta integralmente, com precisão, remetendo-se a outros dispositivos normativos para que neles se dê o preenchimento completo da matéria de proibição (norma de preenchimento).

As normas penais em branco determinam integralmente somente a sanção. O preceito central, descrito de modo impreciso, necessita de outra disposição normativa para a sua complementação.

Tal preenchimento pode se dar de duas formas: (a) preenchimento homogêneo, quando a complementação de um dispositivo se encontra no mesmo instrumento normativo ou em instrumento normativo da mesma instância legislativa; (b) preenchimento heterogêneo, quando a individualização, a especificação do preceito se dá em outra instância de poder (usualmente, na esfera Executiva, por atos normativos administrativos).

A Constituição ordena a criminalização do "tráfico ilícito de entorpecentes"; a norma infraconstitucional, em obediência, fixa os elementos do tipo e as possibilidades de pena desse crime. Ocorre que, em razão da natureza técnica e dinâmica do que quer extirpar (a todo momento se descobrem novas substâncias entorpecentes), a norma incriminadora do "tráfico ilícito de entorpecentes" tem de se estruturar como norma em branco de preenchimento heterogêneo.

Vejamos o que estabelece a Lei nº 11.343/2006 que instituiu o Sistema Nacional de Políticas Públicas sobre Drogas – SISNAD: "Art. 66. Para fins do disposto no parágrafo único do art. 1º desta Lei, até que seja atualizada a terminologia da lista mencionada no preceito, denominam-se drogas substâncias entorpecentes, psicotrópicas, precursoras e outras sob controle especial, da Portaria SVS/MS nº 344, de 12 de maio de 1998 [que fixa as substâncias entorpecentes ou psicotrópicas, que determinam dependência física ou psíquica]."

Ocorre que, nesses últimos anos, novas drogas sintéticas, provenientes de outros países, principalmente da China, têm ingressado em nosso país.

Como são novas, o Poder Executivo ainda não conseguiu avaliá-las e colocar seus princípios ativos nas listas de substâncias psicoativas capazes de causar dependência.

Consequentemente, os possíveis traficantes dessas novas substâncias não podem ser presos, processados e muito menos responsabilizados penalmente, com fundamento no princípio da legalidade.

Um agravante é que muitas dessas novas drogas têm efeitos notadamente mais fortes. É o caso do alucinógeno 25B-NBOMe e seus assemelhados, também conhecido como "N-bomb" ou "Smiles", que substitui o LSD e que aumenta consideravelmente o risco de infarto fulminante.

Na prática, ocorre uma grande demora até que o órgão administrativo tome ciência das novas drogas; nesse ínterim, a venda desses entorpecentes funciona sem controle nenhum e a atuação da polícia fica limitada.

Exemplos de drogas novas não previstas no rol das substâncias entorpecentes ou que determinam dependência física ou psíquica: Nesedrona e MDPV – droga em comprimidos e em pó, respectivamente, que têm um efeito muito parecido com o da cocaína; AKB47 – substituto da maconha, e 25B-NBOMe – que substituiu o LSD, é enrolado em papel, com efeitos muito mais fortes.

Vale ressaltar que as drogas sintéticas, como o *ecstasy* e o LSD, correspondem à segunda categoria de drogas mais vendidas, só perdendo para a maconha. São mais vendidas que as semissintéticas, como a cocaína.

1.2.2. O PROBLEMA DA FALTA DE SUPORTE TÉCNICO PROBATÓRIO

As substâncias psicoativas, que são capazes de influir no estado de ânimo das pessoas, são proibidas por lei. É o caso do cloreto de etila e do clorofórmio (utilizados no lança-perfume e no "cheirinho da loló") e do MMDA (princípio ativo do *ecstasy*).

As drogas sintéticas são substâncias ou misturas de substâncias psicoativas produzidas através de meios químicos cujos principais componentes ativos não são encontrados na natureza.

As drogas sintéticas mais comuns são: (a) anfetaminas, cujo principal efeito é o estimulante, e que é comumente utilizada no Brasil por caminhoneiros, com o objetivo de afastar o sono e poder dirigir por longos períodos;

1.2 | Mandado de criminalização do tráfico ilícito de entorpecentes: o caso das drogas sintéticas
Wagner Camargo Gouveia | Luciano Pereira de Souza |

(b) barbitúricos, poderoso sedativo e tranquilizante que causa grande dependência química nos seus usuários; (c) *ecstasy*, altamente alucinógena e que causa forte ansiedade, náuseas etc.; (d) LSD, poderoso alucinógeno que causa dependência psicológica.

Produzidas em laboratório e altamente viciantes, com consequências gravíssimas para a saúde humana, são de difícil combate, seja por sua novidade (a cada ano são criados princípios ativos inéditos que demoram a chegar ao conhecimento das autoridades), seja pela lentidão normativa (os princípios ativos precisam ser incluídos administrativamente no rol de substâncias proibidas), ou pela lentidão científica (os exames para a sua identificação não estão disponíveis e são difíceis de disseminar pelo território brasileiro).

Essa dificuldade não é encontrada em relação às drogas naturais e semissintéticas, cujos princípios ativos já são conhecidos e podem ser submetidos a testes simples e que estão à disposição da autoridade policial.

Logo, o crescimento da variedade de drogas sintéticas e sua disseminação, acompanhada dos graves efeitos que causam à saúde do usuário, geram verdadeira crise de saúde e de segurança pública e instigam o presente estudo.

Exemplifiquemos com o caso particular e corriqueiro do *ecstasy*.

Alguns dos efeitos do uso do *ecstasy* são: o estado de alerta, com maior interesse sexual, bem-estar e euforia. No entanto, alguns efeitos colaterais são aumento de tensão muscular e temperatura corporal, dores musculares e no corpo, boca seca. No dia seguinte ao uso, o usuário da substância fica extremamente deprimido. O princípio ativo do *ecstasy* é o 3,4 – metilenodioximetanfetamina (MDMA), a fórmula química é $C_{11}H_{15}NO_2$ e a dose efetiva é 100 mg, sucedendo que parte de sua molécula se assemelha a um alucinógeno sem, entretanto, produzir alucinações do ácido lisérgico (LSD). Isso ocorre porque o *ecstasy* atua sobre os neurotransmissores do cérebro. Quando consumido em grandes doses, o *ecstasy* pode causar o aumento anormal da temperatura corporal. Dessa forma, quando combinado com a desidratação e atividades físicas intensas, pode resultar em crises renais, hepáticas e cardíacas. Os óbitos relacionados ao *ecstasy* normalmente se encontram associados ao uso simultâneo de outras drogas, e geralmente são causados por hipertermia ou consumo excessivo de álcool. Não se trata de uma droga que cause, a princípio, dependência, mas geralmente provoca tolerância após um período de uso.

O princípio ativo MDMA tem de ser reconhecido no laudo de constatação, como exigência para a elaboração do auto de prisão em flagrante pelo Delegado de Polícia. Ocorre que há drogas, como o próprio MDMA, nas quais o Instituto Criminalístico não consegue realizar o laudo na hora, podendo demorar até dias. A alternativa é realizar o boletim de ocorrência com a apreensão das drogas, tendo como objetivo aguardar os laudos. Nesse caso, infelizmente, o possível traficante tem de ser liberado da Delegacia de Polícia.

A mesma situação ocorre corriqueiramente com o lança-perfume.

Destarte, caso se realize o auto de prisão em flagrante sem essa confirmação e, posteriormente, o laudo toxicológico for negativo, a autoridade policial incidirá ao crime de abuso de autoridade, expresso ao artigo 4, alínea "a", da Lei nº 4.898/1965. Uma das saídas da autoridade policial, caso o exame preliminar não fique pronto é, com a juntada do laudo de constatação positivo, representar com fundamento em outras espécies de prisões.

1.2.2.1 Delimitação dos conceitos usuário e traficante

Afirma Daniela Araújo dos Santos Nascimento (2011):

> Denomina-se usuário, conforme o artigo 28 da nova Lei de Drogas aquele que: "adquirir, guardar, tiver em depósito, transportar ou trouxer consigo, para consumo pessoal, drogas sem autorização ou em desacordo com determinação legal ou regulamentar". Conceitualmente, adquirir é comprar, passar a ser proprietário, ou seja, dono do objeto. Já a conduta guardar é ocultar, esconder, não publicar a posse. A conduta de ter em depósito significa manter sob controle, à disposição. Agora, transportar traz a ideia de deslocamento, ou seja, de um local para outro. E, por último, o comportamento de trazer consigo é o mesmo que portar a droga, tendo total disponibilidade de acesso ao uso. [...] O tipo requer, ainda, outro elemento subjetivo, qual seja, a intenção especial do agente em ter a droga para consumo pessoal. Assim, se o sujeito tem a posse da droga para destinação a terceiros, outra será a infração, não incidindo mais o artigo 28. Como elemento normativo, deve-se atentar para a expressão "sem autorização ou em desacordo com determinação legal ou regulamentar", cabendo ao julgador verificar a ocorrência ou não de tal componente no caso concreto. [...] No pensamento atual, denomina-se traficante o sujeito ativo do crime de tráfico ilícito de entorpecentes".

1.2 | *Mandado de criminalização do tráfico ilícito de entorpecentes: o caso das drogas sintéticas*
Wagner Camargo Gouveia | Luciano Pereira de Souza |

Acrescenta, ainda (NASCIMENTO, 2011):

> A exemplo da lei anterior, também a atual Lei Antidrogas não indica expressamente qual a conduta (ou condutas) portadora deste *nomen juris*. Nem o art. 33, em seus parágrafos e incisos, nem nenhum outro dispositivo incriminador são assinalados com a rubrica ou a denominação legal tráfico de drogas. (SILVA FRANCO, 2006, p. 145.)
>
> A forma fundamental do crime de tráfico de drogas, descrito no caput do artigo 33, compreende dezoito verbos que indicam condutas que, *prima facie*, vão muito mais além do significado etimológico de traficar. Tráfico, portanto, ganha um sentido jurídico-penal muito mais amplo do que o comércio ilegal: a expressão abrangerá desde os atos preparatórios às condutas mais estreitamente vinculadas à noção lexical de tráfico. Isto indica que a intenção do legislador penal continua sendo a de oferecer uma proteção penal mais ampla ao bem jurídico tutelado. (GUIMARÃES, 2007.)

Em resumo, é possível concluir que o reconhecimento do tráfico não exige atos de comércio, apenas alguns de seus núcleos contêm atos de mercancia, sendo muitas vezes meramente condutas preparatórias que se submetem à lei penal.

A doutrina reconhece a importância de se analisar, concretamente, conforme as circunstâncias de cada processo – e especialmente nos casos limítrofes –, a configuração do agente como traficante ou como mero usuário (NUCCI, 2007, p. 308):

> Naturalmente, espera-se que, com isso, não se faça um juízo de valoração ligado às condições econômicas de alguém. Ex.: Se um rico traz consigo cinco cigarros de maconha, seria usuário porque pode pagar pelas drogas. Entretanto, sendo o portador pessoa pobre, a mesma quantidade seria considerada tráfico. [...] Ilustrando, de modo mais razoável: aquele que traz consigo quantidade elevada de substância entorpecente e já possui anterior condenação por tráfico evidencia, como regra, a correta tipificação no art. 33 desta Lei. [...] o agente que traz consigo pequena quantidade de droga, sendo primário e sem qualquer antecedente, permite a conclusão de se tratar de mero usuário [...]. Não há entre os critérios o predomínio de uns sobre os outros, tudo a depender do caso concreto.

Não se olvida que, quanto maior o volume de droga apreendida, mais difícil será para o agente alegar e demonstrar em Juízo que se tratava de droga para o seu uso. Mas a pergunta é: a quantidade de droga apreendida define por si só se a mesma é destinada ao tráfico ou ao uso? A resposta é *não*. Uma pessoa com um comprimido de *ecstasy* poderá ser condenada por tráfico, e uma pessoa com cinco comprimidos poderá ser considerada usuária, dependendo, logicamente, de todas as outras circunstâncias em que foi flagrada e do conjunto probatório coligido aos autos.

No entanto, a diferença entre as consequências criminais para cada um dos agentes – usuário ou traficante – é muito grande. Na própria delegacia, quando da apreensão, se a autoridade policial autuar o indiciado como usuário, elabora-se um termo circunstanciado, com a consequente liberação do agente e a distribuição do flagrante ao JECRIM. A reprimenda, muitas vezes, nesses casos, será prestação de serviços à comunidade. Se o agente for autuado em flagrante por tráfico de drogas, cujo crime é inafiançável, equiparado ao hediondo, com penas privativas de liberdade muito altas, em grande parte das vezes ocorrerá a conversão da prisão em flagrante em prisão preventiva; a pena, ao final do processo criminal, será a privativa de liberdade e o regime de cumprimento da pena iniciará pelo fechado.

1.2.3. OBSTÁCULOS PARA AS PRISÕES CAUTELARES

Inicialmente, a pena de prisão é um castigo imposto pelo Estado ao delinquente pelo cometimento da infração penal para que este possa se reabilitar e a ordem jurídica violada se restabelecer. Mas a prisão também pode ser imposta como medida processual de natureza cautelar para assegurar a frutuosidade de uma futura ação penal, ou de uma ação penal em curso, ou ainda, para viabilizar o prosseguimento de investigação policial, ou mesmo para restabelecer imediatamente a ordem jurídica violada, em casos de flagrante de crime permanente.

1.2.3.1. Prisão em flagrante e a necessidade de laudo constatação

João Mendes de Almeida Junior afirmava que, além da prisão no ato da prática do delito, o antigo Código "só considerou feita em flagrante a prisão daquele que foge perseguido pelo clamor público".

1.2 | Mandado de criminalização do tráfico ilícito de entorpecentes: o caso das drogas sintéticas
Wagner Camargo Gouveia | Luciano Pereira de Souza |

Isto, porém, não corresponde à ideia indicada pela analogia que deu ao termo flagrante delito. O delinquente que não foi preso no ato, *in faciendo*, ou pouco tempo depois do crime, fugindo às consequências, não se pode dizer que praticou um ato ainda aceso aos sentidos da autoridade e à memória dos membros da sociedade. Os sinais já não estão vivos, as testemunhas não estão no lugar, nem estão seguindo o malfeitor, a emoção pública já não subsiste, o corpo de delito já não está ao alcance de todos e, muitas vezes, não estará ao alcance da própria autoridade.

A prisão em flagrante insere-se se no rol das prisões de natureza provisória. Tem ela cunho processual e sempre foi admitida na Justiça Penal. Sua primeira função seria repressiva, ao prender o agente logo após a conduta, mantendo o equilíbrio social por atender ao desejo popular de uma resposta penal. A segunda função é favorecer o convencimento na fase instrutória, uma vez que confere uma quase certeza da autoria e materialidade (MOSSIN, 1998).

A prisão em flagrante divide-se em duas fases. Inicialmente, possui natureza administrativa, justamente porque pode ser realizada sem ordem judicial em que qualquer pessoa tem a faculdade e todo agente policial tem o dever de deter um indivíduo em estado flagrancial. Todavia, somente a Autoridade Policial, na figura do Delegado de Polícia, que ratifica e realiza o auto de prisão em flagrante, sendo de sua discricionariedade autuar ou não, mas sempre fundamentando sua decisão.

A partir da homologação do auto de prisão em flagrante pelo juiz (após ser comunicado pelo Delegado de Polícia no lapso de 24 horas contadas da prisão, conforme preceitua o artigo 306, do CPP), passa a ter natureza jurisdicional.

Há possibilidade de ocorrer uma ilegalidade formal ou material por ocasião da prisão em flagrante. A primeira verifica-se pelo não preenchimento de todas as formalidades exigidas pelo auto de prisão em flagrante, tais como a entrega de nota de culpa, comunicação ao Poder Judiciário e ao Ministério Público. A segunda hipótese consiste na análise se realmente se havia estado flagrancial, nos moldes ao artigo 302 do CPP.

É relevante mencionar as espécies de flagrante. Próprio ou real, são aquelas em que o agente está cometendo ou acabou de cometer o delito (incisos I e II). Já o inciso III recepciona o flagrante impróprio, quase flagrante, irreal ou imperfeito, que ocorre quando há perseguição ininterrupta logo após ocorrer o crime. Insta mencionar que não precisa ser uma perseguição visual ao delinquente, mas sempre em seu encalço. Por fim, o último inciso trata do flagrante ficto, presumido ou assimilado: encontra-se o agente logo depois com instrumentos, objetos que fazem presumir ser o autor do crime.

Caso se constate uma ilegalidade material na prisão, o flagrante será relaxado. O preso deverá ser solto imediatamente se, por outro motivo não tiver de ser mantido preso, como a recaptura, a imediata decretação de preventiva de ofício, a existência de mandado de prisão lastreado em outros fatos e fundamentos.

Diferentemente, se o flagrante estiver em perfeitas condições, atendendo-se a certos pressupostos, como a primariedade, bons antecedentes, residência fixa e comprometimento a comparecer em todos os atos quando intimado, há a possibilidade – conforme a natureza do crime e suas circunstâncias, analisadas caso a caso – de concessão da liberdade provisória com ou sem fiança.

Em sendo arbitrada a fiança, modalidade essa corriqueira na prática policial, uma vez que todos os crimes com pena máxima em abstrato não superior a 4 anos possibilitam seu arbitramento pelo Delegado de Polícia, o valor ficará entre 01 e 100 salários mínimos, conforme a situação financeira ou os motivos e as consequências do crime.

É importante lembrar que pode haver uma óbvia incompatibilidade entre o instituto da liberdade provisória e as situações ensejadoras do decreto preventivo. Assim, mesmo que um crime seja afiançável, não será arbitrada fiança quando presentes os requisitos e fundamentos da prisão preventiva.

A análise detida do instituto, contudo, revela uma lacuna para a aplicação do dispositivo não esclarecida expressamente pela lei.

No caso de se autuar em flagrante um sujeito por tráfico ao vender drogas sintéticas, tendo a autoridade policial em mãos o laudo de constatação elaborado por um perito criminal, não será possível à autoridade policial conceder a liberdade provisória com fiança, por ser crime equiparado a hediondo.

Enfatizando, se um agente for conduzido a uma Delegacia de Polícia e a ocorrência for apresentada à autoridade policial, essa autoridade pode tomar uma dentre três decisões: (a) se a pena máxima for de até dois anos, realiza-se o Termo Circunstanciado da Lei nº 9.099/1995 e o suspeito é liberado sem pagamento de fiança, com uma única condição de assumir o compromisso de comparecer ao Fórum; (b) se o crime tiver pena superior a dois até quatro anos, autua-se em flagrante, com direito a fiança policial e (c) se o crime praticado for inafiançável ou contar com pena superior a quatro anos, será preso em flagrante, porém sem direito a fiança aplicada pela Autoridade Policial, cabendo somente ao Juiz de direito arbitrar a fiança ao conceder a liberdade provisória, se for o caso.

Além da situação acima narrada, alguns outros crimes são inafiançáveis, como os hediondos e os equiparados, o racismo, a prisão por pensão alimentícia, a prisão de reincidente.

Ainda no que tange à prisão em flagrante, importante lembrar que a prisão é legal quando decorre de um flagrante esperado, pois neste caso não há interferência na conduta criminosa e somente se aguarda ocorrer a prática do crime. Do mesmo modo sucede com o flagrante prorrogado ou diferido, vez que este autoriza o policial a esperar e agir em um melhor momento para autuar em flagrante, mesmo já podendo fazê-lo. Essa hipótese está prevista na lei de crime organizado.

Insta mencionar que a palavra *indiciado* somente é usada durante fase de inquérito policial; após recebimento da denúncia e sua citação, o indiciado passa a ser nomeado *réu*. Quanto a tratar o agente como indiciado, nada mais é que imputar a alguém um fato definido como crime, concluindo que há indícios de autoria, bem como prova de materialidade contra ele. Caso não existam esses dois elementos, o indiciado será chamado de suspeito ou averiguado.

Um exemplo prático que trata dos dois tipos de prisões e bastante corriqueiro ocorre quando, por hipótese, um sujeito comete um crime de roubo de veículo numa quarta-feira, a vítima realiza o boletim de ocorrência, sendo que dois dias depois seu veículo é encontrado por policiais sendo conduzindo por um elemento. Abordado e encaminhado à Delegacia de Polícia, a autoridade policial aciona a vítima e procede ao reconhecimento pessoal do suspeito. Se ele não for reconhecido, será autuado em flagrante pelo delito de receptação do artigo 180, do CPP; contudo, se for reconhecido, e não estando mais em estado flagrancial do artigo 302, do CPP, a ferramenta possível para a autoridade policial será a representação da prisão temporária, caso necessário.

A celeuma surge em relação às drogas sintéticas. No caso específico destas drogas, os peritos não conseguem, de imediato, fazer o auto de constatação como positivo, demorando dias para se obter o resultado, como ocorre nos anabolizantes, *ecstasy*, lança-perfumes, entre outras drogas de natureza sintética.

Por outro lado, se o Instituto Criminalístico contivesse o equipamento cromatógrafo, em questão de horas o resultado sairia e poder-se-ia realizar o auto de constatação como positivo, com a lavratura do correspondente auto de prisão em flagrante.

Porém, feito o auto de prisão em flagrante e encaminhado para o Poder Judiciário no lapso de 24 horas, o Juiz de Direito encaminha ao Ministério Público para se manifestar dentro de no máximo 24 horas e, posteriormente, o juiz poderá se valer de um prazo de 24 horas para possível conversão em prisão preventiva, se presentes os seus requisitos e pressupostos. Caso esses pré-requisitos não ocorram, o juiz concede a liberdade provisória.

1.2.3.2. Alternativa da prisão temporária

É a única prisão prevista fora do Código de processo penal (Decreto-Lei nº 3689/1941), a saber, na Lei nº 7.960/1989.

O Poder Legislativo criou essa lei após o advento da Constituição Federal de 1988, pois o artigo 5º, incisos LXVI e LXI, determina que somente pode ser preso alguém em flagrante ou por mandado judicial; logo, acabou e tornou-se ilegal a prisão por averiguação que era muito corriqueira antes da Lei Maior entrar em vigor.

Como se trata de uma medida provisória e cautelar, a prisão temporária tem a finalidade de acautelamento das investigações do inquérito policial (conforme se verifica no artigo 1º, inciso I, da Lei nº 7.960/1989) e tem a sua duração expressamente fixada em lei, conforme o artigo 2º da Lei nº 7.960/1989 e, também, no artigo 2º, § 3º da Lei nº 8.072/1990 (Lei dos Crimes Hediondos).

Como toda prisão somente pode ser decretada pelo Juiz, e a prisão temporária assim o é, logo, sob esse aspecto, ela é válida e não é inconstitucional. Somente, talvez, poderia ser considerada inconstitucional, se não restar demonstrada a sua real necessidade ou por estar ferindo o princípio da presunção de inocência (TOURINHO FILHO, 1997).

A natureza cautelar da prisão temporária justamente visa resguardar o processo de conhecimento ou de execução, atribuindo a ela nítido caráter de urgência e necessidade.

As características da prisão temporária, que também são notadas nas outras formas de prisão cautelar, são: jurisdicionalidade (decretada pela autoridade judicial), acessoriedade (depende da medida principal), instrumentalidade (usada para alcançar a medida principal), provisoriedade (dura na proporção da presença de seus requisitos) e homogeneidade (não pode ser mais gravosa que o resultado final esperado).

Essa prisão ocorre quando o suspeito não está mais em estado flagrancial, logo, necessitará de autorização judicial.

Há dois pressupostos previstos na lei que são o *fumus delicti comissi* e o *periculum libertatis*. O primeiro trata do rol taxativo de crimes previstos no inciso III do artigo 1; já o segundo está previsto nos incisos I e II, e vincula a prisão à imprescindibilidade das investigações, e em situações em que o investigado não apresenta residência fixa ou não apresentou elementos que forneçam sua identificação.

A celeuma que se estabelece consiste em se concluir se há necessidade de ocorrer, no caso concreto, os pressupostos de todos os incisos para decretar a prisão temporariamente. A doutrina majoritária entende ser necessário o pressuposto dos incisos I ou II, mas sempre em conjunto com o inciso III.

Vejamos (RANGEL, 2004. p. 643):

> Por conclusão, podemos asseverar que, obrigatoriamente, devemos combinar os incisos I e III ou os incisos II e III, sem os quais não teremos os pressupostos de toda e qualquer medida cautelar: *fumus boni iuris* e o *periculum in mora* (*fumus comissi delicti* e *periculum libertatis*). Do contrário, bastaria apenas uma das hipóteses elencadas no art. 1º para que se pudesse decretar a prisão, e não é isso que quis o legislador.

É importante lembrar que essa modalidade de prisão cautelar somente é cabível na fase de investigação, ou seja, no Inquérito Policial, nunca em ação penal.

Um exemplo de situação em que ela ocorre se dá quando há muitos boletins de ocorrência do crime de roubo e, iniciando-se as investigações, ocorre o reconhecimento fotográfico pelas vítimas e há a necessidade da prisão do suspeito para o reconhecimento pessoal, que não se encontra mais em estado flagrancial.

Assim, com o agente preso, faz-se as oitivas das vítimas, testemunhas, imagens e todas as provas possíveis para concluir as investigações. Ao final, havendo elementos, procede-se ao seu indiciamento.

A legitimidade para pedir essa prisão é do Ministério Público por requerimento, ou do Delegado de Polícia por representação.

Uma vez que o pedido tenha sido formulado ao Juiz competente, terá ele 24 horas para decidir se concede ou não essa prisão cautelar.

Finalizando o prazo da prisão temporária e provada a autoria e a materialidade do crime, essa prisão pode ser convertida em prisão preventiva, caso contrário não será solto imediatamente.

Diferentemente do que ocorre com a prisão em flagrante, em que a defesa pode pleitear a liberdade provisória ou o relaxamento da prisão, na prisão temporária será possível sua revogação apenas por falta dos requisitos previstos do artigo 1º da lei de regência.

Diante da dificuldade relatada para a prisão em flagrante (não conseguir elaborar de imediato o auto de constatação nas drogas sintéticas); muitas vezes, a solução, havendo a presença dos pressupostos, é a representação pela prisão temporária, quando chega o resultado positivo do laudo e caso a prisão seja imprescindível para o prosseguimento das investigações.

1.2.4. NECESSIDADE DO EXAME DE CORPO DE DELITO

Conceitua-se perícia como um conjunto de procedimentos técnicos, com base científica, realizada por pessoa qualificada para tal, chamada perito. O exame de corpo de delito, um tipo de perícia, pode se dar de dois modos: direto e indireto. O direto supõe que o perito entra em contato com um dos sentidos do objeto periciado (cadáver, arma, arrombamento). No exame de corpo de delito indireto, o perito não entra em contato direto com a coisa periciada. O perito, em qualquer das formas, documenta técnica e cientificamente as informações relevantes. Em regra, o exame tem de ser feito por um perito oficial ou, na sua falta, por dois particulares nomeados.

O Código de processo penal (Lei nº 11.343/2006), em seu artigo 50, § 1º, estabelece que, para efeito do auto de prisão em flagrante, é suficiente o laudo de constatação realizado por um perito ou alguma pessoa idônea.

1.2 | Mandado de criminalização do tráfico ilícito de entorpecentes: o caso das drogas sintéticas
Wagner Camargo Gouveia | Luciano Pereira de Souza |

Apesar da quantidade enorme de drogas circulando no Brasil e no mundo, para ser considerado crime há a necessidade de se constatar (por isso é imprescindível a perícia) que o princípio ativo da droga, em cada caso, está presente no rol de substâncias entorpecentes ou psicotrópicas da Portaria SVS/MS nº 344/1998. Previsto nesse ato normativo, pode o crime estar caracterizado; se não estiver no rol, apesar de ser entorpecente, não configurará crime.

A cocaína, extraída das folhas da coca (*erythroxylon coca*), é um alcaloide tropano, cujo nome completo é 3-benzoiloxi-8-metil-8-azabiciclo (3,2,1) octano-4-carboxílico ácido metil éster), e a maconha (THC é a sigla dada para a principal substância psicoativa encontrada na planta *Cannabis sativa*).

É plenamente factível fazer o exame de constatação do princípio ativo da cocaína e da maconha na própria delegacia, pelos próprios policiais civis (no caso de pessoa idônea), que geralmente possuem o material técnico para o teste. Assim, é possível o agente ser imediatamente preso em flagrante se caracterizado o tráfico, ou lavrar o Termo Circunstanciado se caracterizado o agente como usuário.

E quanto aos usuários de drogas, ressalte-se a única exceção em nosso ordenamento jurídico de que, mesmo negando a cumprir o termo de compromisso, não será convertido em prisão em flagrante, como ocorre nos outros crimes de menor potencial ofensivo.

Esse exame preliminar pode ser feito por peritos leigos, porém o exame toxicológico obrigatoriamente tem de ser feito por perito criminal.

Há métodos de se realizar o teste das drogas de forma não invasiva: pela saliva, fio de cabelo e urina. Nesses tipos de exames se consegue ver quando a pessoa usou as drogas e qual o tipo. Essa forma é muito usada quando o interesse penal é a caracterização do usuário de drogas.

Para as drogas sintéticas, o teste para verificar se o princípio ativo está previsto no rol tem de ser realizado por cromatrógrafo, a gás CG ou a líquido HPLC, que separa as substâncias entorpecentes ou psicotrópicas de misturas e identifica sua composição, estacionária e móvel.

Como já afirmado, a perícia a ser realizada nas drogas sintéticas não fica pronta no mesmo dia, logo revela-se incabível a prisão em flagrante, e o agente tem de ser solto.

A única solução consiste em, se estiver dentro dos requisitos da Lei nº 7.960/1989, com o laudo pronto que confirme ser droga ilícita, buscar a prisão temporária do agente, se ainda estiver na fase policial. Se a investigação já estiver encerrada, com o laudo é possível oferecimento de denúncia, caso em que a única prisão possível será a preventiva, que possui requisitos bem mais robustos (artigos 312 e 313, do CPP).

1.2.4.1 Enfrentamento da dificuldade do laudo de constatação

O consumo de drogas é um grave problema de saúde pública. A natureza fundamental do bem jurídico atingido pelas drogas levou a que o tráfico de entorpecentes fosse equiparado aos crimes hediondos.

As drogas sintéticas se revelam como um grande inimigo da saúde pública, dado seu crescimento (em diversidade de princípios ativos e número de usuários) e constatação de que elas se popularizam ao mesmo tempo em que seus princípios ativos se tornam cada vez mais fortes, como é caso da maconha sintética.

O problema de saúde pública das drogas é tão grave que até mesmo países com tradição de combate rigoroso ao tráfico, como os Estados Unidos, repensam suas ações.

As dificuldades são muitas no combate às drogas sintéticas, seja em decorrência do ambiente em que geralmente são usadas: festas, *raves*, escritórios, entre outros, e o sentimento aos quais elas estão associadas: euforia, alegria, amizade, e até mesmo pelo público em cuja incidência é maior: classe social média ou alta, estudantes, empresários... tudo a provocar uma sensação de menor reprovabilidade, apesar dos seus riscos e danos conhecidos.

As chamadas "drogas modernas" demoram, ainda, para ser reconhecidas, por serem adaptações de outras já existentes, em versões muito mais potentes, com efeitos colaterais mais graves – apesar de muitas delas não causarem dependência de forma tão imediata.

Em 2014, o Relatório Mundial de Drogas indicou que foram catalogadas 541 novas substâncias, entre elas a maconha sintética e os sais de banho (khat), NBOMe e Óxi.

Diante dessa situação e das dificuldades para elaboração do laudo de constatação provisório, a questão que se coloca é como solucionar ou ao menos amenizar essa lacuna, permitindo que a atividade da autoridade policial seja eficiente.

1.2 | Mandado de criminalização do tráfico ilícito de entorpecentes: o caso das drogas sintéticas
Wagner Camargo Gouveia | Luciano Pereira de Souza |

O próprio Instituto de Criminalística reconhece a dificuldade para elaboração do laudo de constação das drogas sintéticas, inclusive publicando portaria (SPTC-162, de 11/11/2015) em que essa circunstância é afirmada: "não existem testes de triagem (testes rápidos) específicos e confiáveis para drogas sintéticas e solventes, exigindo, assim, a utilização de metodologia analítica de alta complexidade e, consequentemente, maior tempo de análise".

Uma solução paliativa em algumas regiões de grandes centros e grandes cidades, seria a realização de convênios com universidades, sendo possível a realização de exames de forma mais imediata quando ocorre a apreensão de drogas sintéticas.

Porém, esta não é a realidade de grande parte dos centros urbanos brasileiros e poucas seriam as cidades em que esse convênio seria possível.

A solução mais eficiente que se vislumbra é a presença, em cada uma das cidades, de equipamentos para exames dos princípios ativos conhecidos de drogas sintéticas e, havendo possibilidade técnica, o fornecimento de *kits* para exame imediato dos princípios ativos, como ocorre atualmente com as drogas naturais e semissintéticas.

CONSIDERAÇÕES FINAIS

Razões teóricas se colocaram: a inconstitucionalidade de leis que limitam – ainda que involuntariamente – o combate ao tráfico de drogas; a necessidade de se cumprir o mandado constitucional de criminalização; a caracterização das ações e serviços de saúde como relevantes para o interesse público (inclusive com a possibilidade de atuação do Ministério Público).

No caso específico do combate ao tráfico de entorpecentes, é possível inclusive ajuizar ação civil pública ou ação popular para obrigar o poder público a fornecer os *kits* ou equipamentos para exames, sob pena de descumprimento do mandado constitucional de criminalização.

Se o exame não é realizado e sua falta não permite a decretação de prisão em flagrante pela autoridade policial, a lei penal não é aplicada, e resta descumprido o princípio da vedação de proteção insuficiente do bem jurídico.

Se o problema gerado pela falta de exame decorre da falta de lei adequada que regulamente a questão, verifica-se a omissão do Estado frente ao mandado de criminalização.

Eventual decisão judicial que reconheça a inconstitucionalidade por omissão deveria ser capaz não somente de declarar a mora do órgão legislador, mas de estabelecer soluções práticas para o enfrentamento do tráfico.

Se uma lei caminha em direção contrária ao objetivo da norma programática, esta pode servir de parâmetro de controle de constitucionalidade. Seria possível sindicar, judicialmente, lei que puna de forma excessivamente branda uma conduta objeto do mandado constitucional de criminalização.

Para buscar uma solução rápida e proporcionar o imediato cumprimento do mandado de criminalização seria possível o Ministério Público ajuizar ação civil pública, com pedido liminar de imediata instrumentalização das delegacias de polícia com testes que possam detectar os princípios ativos das drogas sintéticas.

Logo, o melhor instrumento processual para solucionar o problema da falta de testes para as drogas sintéticas é a Ação Civil Pública, por iniciativa do Ministério Público, o que, juntamente com a formação dos convênios já sugeridos, poderão permitir a atividade forte e imediata da autoridade policial nas apreensões de drogas sintéticas.

REFERÊNCIAS

CARVALHO, Márcia Dometila Lima de. *Fundamentação Constitucional do Direito Penal*. Porto Alegre: Sergio Antonio Fabris Editor, 1992. p. 35.

FELDENS, Luciano. *A Constituição Penal: a dupla face da proporcionalidade no controle de normas penais*. Porto Alegre: Livraria do Advogado, 2005.

GONÇALVES, Luiz Carlos dos Santos. *Mandados Expressos de Criminalização e a Proteção de Direitos Fundamentais na Constituição Brasileira de 1988*. Belo Horizonte: Fórum, 2007.

GUIMARÃES, Isaac Sabbá. *Nova Lei Antidrogas Comentada* - Crimes e Regime Processual Penal. 2. ed. Curitiba: Juruá, 2007.

MASSON, Cleber. *Teoria constitucional do Direito penal e os mandados constitucionais de criminalização*. Carta Forense, fevereiro de 2010. Disponível em: http://www.cartaforense.com.br/conteudo/artigos/teoria-constitucional-do-direito-penal-e--os-mandados-de-criminalizacao/5222. Acesso em: 7 ago. 2018.

MOSSIN, Heráclito Antônio. *Curso de Processo Penal*. São Paulo: Atlas, 1998. v. 2.

NASCIMENTO, Daniela Araújo dos Santos. *O usuário e o traficante na Lei nº 11.343/2006*. Reflexões críticas sobre os aspectos diferenciadores. *2011*. Disponível em: https://jus.com.br/artigos/18435/o-usuario-e-o-traficante-na-lei-n-11-343-2006/3. Acesso em: 22 mar. 2020.

1.2 | *Mandado de criminalização do tráfico ilícito de entorpecentes: o caso das drogas sintéticas*
Wagner Camargo Gouveia |

NUCCI, Guilherme de Souza. *Leis Penais e Processuais Penais Comentadas*. 2ª. ed. rev., atual. e ampl. São Paulo: Revista dos Tribunais, 2007.

PONTE, Antonio Carlos da. *Crimes Cleitorais*. São Paulo: Saraiva, 2008.

RANGEL, Paulo. *Direito Processual Penal*. 8. ed. Rio de Janeiro: Lúmen Júris, 2004.

TOURINHO FILHO, Fernando da Costa. *Processo Penal*. 19. ed. São Paulo: Saraiva, 1997. v. 3.

1.3

Saúde e doenças no cárcere: fatores de produção e negligência estatal*

ÉRICK VANDERLEI MICHELETTI FELICIO
MARCELO LAMY

INTRODUÇÃO

A CONSTITUIÇÃO Federal de 1988, dentre os direitos sociais aos cidadãos, registrou o direito à saúde (art. 6º).

Tal direito possui a natureza de garantia fundamental, individual e coletiva, pois se reveste das características da indisponibilidade e da universalidade, e assim, inclui-se dentre as cláusulas pétreas constitucionais, por meio de interpretação sistematicoteleológica e da consideração do Texto Constitucional como um sistema aberto de normas e princípios (artigos 5º, § 1º, § 2º e § 3º; 60, § 4º; e 196, todos da CF/1988).

Segundo o Texto Constitucional, saúde é "direito de todos" e "dever do Estado", cuja garantia deve se dar por meio de políticas sociais e econômicas dirigidas à redução dos riscos de doenças e de outros agravos e, ainda, por meio do "acesso universal e igualitário às ações e serviços para sua promoção, proteção e recuperação" (artigo 196).

A Lei Magna também criou, diante do aludido dever, o Sistema Único de Saúde (SUS), balizado por específicos princípios (artigo 198):

---

* A dissertação de mestrado do autor Érick Vanderlei Micheletti Felicio, desenvolvida sob a orientação do Prof. Dr. Marcelo Lamy, relaciona-se intrinsecamente com a pesquisa que esse autor continuou a desenvolver depois de encerrado o ciclo do mestrado. Há, em razão disso, ideias e alguns trechos de textos do autor presentes em sua pesquisa anterior que foram replicados e atualizados aqui. Cf. FELICIO, Érick Vanderlei Micheletti, O Direito à Saúde das pessoas em situação de privação de liberdade pelo encarceramento, 2019. Dissertação (Mestrado em Direito da Saúde) – Universidade Santa Cecília, Santos, 2019.

1.3 | *Saúde e doenças no cárcere: fatores de produção e negligência estatal*
Érick Vanderlei Micheletti Felicio | Marcelo Lamy |

fundamentalidade; proteção da dignidade da pessoa humana; democracia sanitária; integralidade; igualdade, equidade e solidariedade; segurança sanitária; acesso universal e responsabilidade estatal.

A Organização Mundial da Saúde (OMS), dentro do sistema estrutural da Organização das Nações Unidas (ONU), explicitou alguns conceitos estruturantes para o tema.

No preâmbulo da Constituição da OMS, vislumbra-se a seguinte definição de saúde: "A saúde é um estado de completo bem-estar físico, mental e social, e não consiste apenas na ausência de doença ou de enfermidade".

Ainda, segundo o preâmbulo da Constituição da OMS, esse "direito de gozar do melhor estado de saúde possível de se atingir" deve ser "garantido a todos" os seres humanos, ou seja, vedadas as distinções de qualquer natureza.

O que se confirma, também, pelas garantias relacionadas à saúde propugnadas pelo preâmbulo: a) a necessidade de garantia de saúde a todos os povos, como critério para se conseguir a paz e a segurança, que dependem da mais estrita cooperação entre os indivíduos e os Estados; b) a divulgação e o acesso para todas as pessoas aos benefícios e conhecimentos médicos, psicológicos e afins, essenciais para que seja atingido o mais elevado grau de saúde das pessoas; e c) o fato de que os governos possuem a responsabilidade pela saúde de seu povo e que, para tanto, deve ser assumida por meio de medidas sanitárias e sociais adequadas.

A Comissão sobre Saúde e Meio Ambiente da OMS, em 1992, no contexto de um de seus Relatórios sobre urbanização, explicitou o seguinte conceito de saúde pública: "Ciência e arte de promover, proteger e recuperar a saúde por meio de medidas de alcance coletivo e de motivação da população".

Assim, a saúde pública objetiva o estudo e a busca de soluções para os problemas que levem ao agravo da saúde ou da qualidade de vida da população. Para tanto, deve-se considerar os diversos sistemas socioculturais, ambientais e econômicos.

Apesar da clareza de tudo o que se construiu conceitualmente (saúde, direito à saúde, saúde pública, obrigações estatais de atuação etc.), ainda há, no Estado brasileiro (como em outros), verdadeiro abismo entre o direito à saúde formalmente admitido e a realidade material desse direito, notadamente – veremos – no âmbito da saúde prisional.

Os fatores de produção de doenças nas prisões propagam-se em rede: preconceitos, negligência estatal consentida, crescimento vertiginoso da população carcerária, insuficiência das políticas públicas voltadas à saúde das pessoas encarceradas e até mesmo de ações e serviços de saúde prisional, precariedade estrutural das prisões brasileiras etc. Tudo isso, agrava o quadro nacional de enfermidades, que geram um contexto prisional gravemente infecto, cujas consequências atingem toda a sociedade (intra e extramuros).

Sá *et al.* (2013, p. 284) citando Sola (1998), põe o dedo em uma das feridas desse tema:

> [...] a escolha política relacionada à criação e implementação de uma política pública específica para o sistema prisional só foi objeto de "escolha", por parte do poder público, mais de vinte anos após o reconhecimento da saúde como direito em uma carta política democrática e republicana, que não faz distinção em relação ao destinatário desse direito, pois, apenados ou não, todos têm direito à saúde. Nesse ponto, temos os negligenciados, ou seja, aqueles que são "esquecidos" pelo Estado.

Há necessidade urgente de redirecionar a atenção e investimentos em conhecimentos científicos multi e interdisciplinares quanto ao tema, para que seja possível o desenvolvimento de medidas efetivas e não meramente simbólicas.

A falta de êxito nesse assunto agravará as formas ilegítimas de opressão e de exclusão social já vivenciadas pela população carcerária (podem ser privados da liberdade de ir e vir, não da saúde), com influências nefastas à saúde das populações intra e extramuros.

1.3.1. CONDICIONANTES DA SAÚDE PRISIONAL E NEGLIGÊNCIA ESTATAL

As políticas públicas voltadas à saúde prisional não podem ser constituídas de ações pontuais, têm de ser estruturais.

Saúde é a materialização da qualidade de vida digna das pessoas, considerada a evolução social e suas novas demandas. Nesse sentido (HUMENHUK, 2002): "A definição de saúde está vinculada diretamente a sua promoção e qualidade de vida. [...] O conceito de saúde é, também, uma questão de o cidadão ter direito a uma vida saudável, levando à construção de uma qualidade de vida [...]".

1.3 | Saúde e doenças no cárcere: fatores de produção e negligência estatal
Érick Vanderlei Micheletti Felicio | Marcelo Lamy |

As estruturas carcerárias, as condições de encarceramento devem ser repensadas. Caso contrário, qualquer política voltada à saúde prisional dificilmente terá êxito, como, aliás, tem-se verificado.

Não se pode perder de vista que a saúde de uma população é determinada mais pelas condições de vida das pessoas – como educação, informação, renda, trabalho, nutrição, alimentação, habitação, ambiente saudável, dentre outros – do que pela disponibilidade e qualidade dos serviços de saúde.

Nem se pode perder de vista a obrigação estatal de envolver-se com a questão.

Segundo Volic e Baptista (2005), citados por Sá *et al.* (2013, p. 284-285):

> [...] a negligência pode ser observada em diversos aspectos das relações entre os homens, especialmente quando há uma dependência de cuidados e de proteção de uns em relação a outros. Ou seja, quando ocorre uma relação de dependência, na qual necessidades específicas de uns só podem ser supridas por seus cuidadores (aqui a figura do cuidador pode ser lida como Estado), não no sentido paternalista, mas no sentido Estado prestador/concretizador de direitos fundamentais. O sujeito da negligência é aquele a quem é atribuída a responsabilidade dos "cuidados", no caso em tela, os apenados.

Ou seja, o sujeito responsável pelo cuidado poderá ser considerado negligente se, por meio de ação negativa ou ausência voluntária de cuidados, gera repercussões nas vidas daqueles que deveriam ser cuidados (negligenciados).

É notória a negligência do Estado brasileiro quanto à saúde das pessoas privadas de liberdade pelo encarceramento, pois, se o Poder Público não observa o evidente problema sanitário do sistema prisional, e assim, deixa de efetivamente agir para reverter o quadro precário vislumbrado, contribuindo para a sedimentação desse estado de coisas inconstitucional, deve ser legitimamente classificado como negligente.

Para Sá *et al.* (2013, p. 285), a ausência de cuidados configuradora da negligência "é também caracterizada pela dor ou pelo prejuízo que ela proporciona quando não supre necessidades fundamentais do outro, tais como a saúde". E prosseguem (2013, p. 285):

Esses cuidados estão relacionados às necessidades básicas fundamentais que podem ser materiais, psicológicas ou sociais. A saúde é a necessidade mais vital dentre todas, pois sem condições mínimas de saúde, não há vida.

Ainda sobre as necessidades, é oportuno observar e reforçar a ideia de que nesse rol estão as necessidades e limites, de regras, de liberdade, de afeto, de felicidade, de ajuda, de comunicação, de proteção, dentre outras. Não há como falar de sobrevivência dentro de um presídio sem condições mínimas de saúde, de salubridade, dentre outras.

A negligência nas prisões assume, destarte, muitas e diferentes formas.

1.3.2. A PRODUÇÃO DE SAÚDE E DOENÇAS NO CÁRCERE

Os fatos relacionados à saúde e às doenças funcionam, fundamentalmente, em rede. Significa asseverar o seguinte: tudo o que se faz no sentido de estimular a saúde ou que acabe por gerar doenças, de algum modo, apresenta-se vinculado.

Saúde e doenças de uns, em determinado espaço, em certo momento e de alguma forma, influenciam a saúde e doenças de outros, ainda que relacionados em lugares diversos.

É que todos os sistemas e grupos sociais estão em constante comunicação. Assim, os níveis de saúde e doenças neles verificados acabam sempre sendo compartilhados. Tal se verifica, igualmente, no âmbito prisional.

A produção de saúde/doenças sobre as pessoas encarceradas tende a atingir, por consequência, os seus familiares e demais indivíduos e grupos que tenham contato – direto ou indireto – com os presos e com o ambiente infecto das prisões.

Por compreenderem e comprometerem diversos setores e grupos sociais, as formas de agir sobre a produção de saúde/doenças no cárcere, bem como os seus estudos, são importantes à população prisional e a todos os sistemas sociais ligados – direta ou indiretamente – ao âmbito carcerário. Isto é, interessam – ou deveriam interessar – à sociedade, potencial ou efetivamente afetada, e ainda, aos governos.

Porém, a maioria da sociedade civil, ainda mais em tempos de turbulência política, social e econômica, posiciona-se contra investimentos no sistema prisional.

1.3 | Saúde e doenças no cárcere: fatores de produção e negligência estatal
Érick Vanderlei Micheletti Felicio | Marcelo Lamy |

Essa oposição decorre de três destacadas vertentes: (a) a *vontade de punir de maneira mais intensa*, diante de falsa percepção de impunidade geral; (b) a *sensação de insegurança*, instalada a partir do aumento da violência relacionada à criminalidade, consistente em sentimento agravado, em especial, pela atuação da chamada comunicação social do medo, esta utilizada como instrumento pelas agências de criminalização; e (c) a *ideia de injustiça quanto à melhoria do sistema prisional*, pois se trata de ambiente ocupado por pessoas socialmente marginalizadas, muitas vezes acusadas da prática de crimes considerados hediondos, tendo-se em vista, ademais, a precariedade dos serviços públicos destinados à população livre dos grilhões, o que gera adicionais discursos acerca do privilégio de uma pretensa sociedade "de bem" que deve se sobrepor àquela constituída pelas pessoas "de mal".

Têm-se, assim, os preconceitos social e institucional como obstáculos à compreensão do tema referente à qualidade da saúde prisional sob o prisma do interesse da ordem pública e da efetivação do conceito universal desse direito social (saúde).

Além dos supramencionados enfoques, deve-se atentar para o seguinte: unidades prisionais com problemas de suporte interno à saúde, em especial pela ausência de assistência médica, acarretam o aumento da demanda por serviços de saúde nas comunidades onde estas unidades estão instaladas.

Por consequência, gera-se um novo problema ao sistema público de saúde, o aumento da demanda de atendimento de presos fora dos estabelecimentos prisionais. Agrava-se, com isso, também a precariedade estrutural extramuros.

Ou seja, a negligência estatal à saúde das pessoas custodiadas, os preconceitos (social e institucional), os estigmas e estereótipos que causam essa omissão ou denegação, inegavelmente prejudicam a qualidade de vida das sociedades, libertas ou enclausuradas em infectas masmorras contemporâneas.

Junte-se a isso os casos de falta de preparação dos poucos servidores da saúde que atuam em estabelecimentos prisionais, como também daqueles que recebem essa população para tratamentos e consultas fora do cárcere. Transformam-se, nesse contexto, em agentes da negligência estatal.

De fato, os primeiros agentes de saúde a atuar nos estabelecimentos prisionais são, na prática, os carcereiros, os quais selecionam, de pronto e subjetivamente, aqueles casos que mereceriam atendimento médico, dentro das unidades ou extramuros. Sem uma triagem realmente especializada, não é raro verificar o não atendimento às pessoas presas com reais quadros de emergência ou urgência médica.

Não se pode negar, ademais, que o ingresso de profissionais da saúde ao cárcere, especialmente de médicos, constitui verdadeiro auxílio à manutenção da ordem interna.

Dentre os fatores especificados na definição universal de saúde, admitidos e de interesse do sistema prisional, inerentes à produção de saúde/doenças, pode-se destacar o *saneamento básico*, o qual constitui forma de expressão singular da referida negligência estatal. Afinal, praticamente inexiste saneamento básico, como condição de possibilidade de controle de doenças e de prevenção em saúde, nos cárceres nacionais.

Definido como um conjunto de medidas destinado a preservar ou modificar as condições do meio ambiente, a fim de prevenir doenças infecciosas e de promover saúde, conclui-se que a ausência de saneamento básico gera uma série de malefícios, estes representados por diversas enfermidades e infecções.

Nas palavras de Sá *et al.* (2013, p. 290-291):

> Os condicionantes da saúde no sistema prisional demonstram a existência de contextos alarmantes: situações de superpopulação, violência, iluminação e ventilação naturais insuficientes, falta de proteção contra condições climáticas extremas, serviços médicos deficientes, inadequações nos meios de higiene pessoal e de nutrição e as restrições ao acesso à água potável aumentam a vulnerabilidade da população privada de liberdade à infecção pelo HIV e outras doenças infecciosas, tais como a tuberculose, hepatites virais, hanseníase, entre outras, aumentando também as taxas de morbidade e mortalidade nas prisões. E o pior: não temos informações científicas (perfil epidemiológico específico) acerca dessas situações; possivelmente estamos diante de uma epidemia de hepatite e tuberculose dentro dos presídios, mas não temos certeza. Sem isso, não temos eficiência nas ações de combate e tratamento a essas patologias. [...] Em diversos presídios, temos lésbicas, gays, bissexuais, travestis e transexuais e esses, por sua vez, sofrem todos os abusos possíveis, o que pode fazer com que venham a adoecer ou agravar a sua condição de saúde. Temos, também, os fatores adicionais de risco: o compartilhamento de material usado em tatuagens, *piercings* e lâminas de barbear, seringas para uso de drogas injetáveis, além da esterilização inadequada ou reutilização de instrumentos médicos e/ou odontológicos.

1.3 | Saúde e doenças no cárcere: fatores de produção e negligência estatal
Érick Vanderlei Micheletti Felicio | Marcelo Lamy |

Nessa linha de raciocínio (destacar fatos reveladores de negligências e de negligenciados), tem-se a inexistência da adequada *educação sanitária* como fator também decisivo para a saúde prisional.

Quanto mais educada uma população, mais facilmente se dá a assimilação de hábitos saudáveis e a compreensão acerca das condutas e dos cuidados vitais para a manutenção, promoção e/ou recuperação da saúde. Destarte, deve-se buscar a integração entre educação, conscientização e prevenção a partir do tema "saúde prisional".

No âmbito das populações encarceradas, a *alimentação inadequada* e a *falta de higiene* também constituem fatores determinantes na produção de doenças e adquirem dimensões complexas.

Não há, em regra, o adequado e pronto fornecimento de alimentação diferenciada aos detentos que dela necessitem por causa de problemas de saúde como alergias e diabetes. Além disso, na maioria das unidades prisionais do Brasil não existe o adequado acompanhamento nutricional. As dietas são elaboradas pelos próprios presos (que não possuem conhecimento nutricional para tanto). O resultado é alimentação com déficit de nutrientes, excesso de gorduras e de carboidratos (OLIVEIRA; DAMAS, 2016, p. 155).

Há dificuldades inerentes à provisão de comida aos detentos, devido ao fluxo da flutuante população carcerária em cada unidade prisional (em regra, crescente). Como não há número permanente de presos e constantemente aumenta a população segregada, a quantidade de alimentos muitas vezes torna-se insuficiente.

No Brasil existem muitas unidades onde os presos, por falta de adequados refeitórios, alimentam-se no interior de suas celas, ocupadas por número excessivo de indivíduos, isto é, no mesmo e diminuto local onde dormem, excretam, tossem, espirram, suam e amontoam ou penduram suas roupas sujas.

A comida que consomem, nesse contexto, sujeita-se a risco de contaminação e os respectivos consumidores, por conseguinte, expõe-se a diversas patologias – intestinais, por exemplo –, inclusive, transmitindo-as.

Os problemas alimentares e nutricionais são agravados pelo *sedentarismo*, fator de risco para uma série de doenças, dentre as quais as cardiovasculares e o diabetes, além de favorecer a obesidade ou o sobrepeso (outra fonte de diversas enfermidades).

Inegável é a relevância da *atividade física* como fator de saúde, inclusive mental, dado seu reconhecido potencial terapêutico, na medida em que auxilia a prevenção e o tratamento de psicoses e de outros transtornos mentais orgânicos; da doença de Alzheimer; de epilepsias; de transtornos alimentares e comportamentais; e daqueles decorrentes do uso e/ou abuso de substâncias entorpecentes e/ou psicoativas.

A ausência de atividades físicas no cárcere implica a instauração (para uns) ou agravamento (para muitos) do sedentarismo e deve ser considerado um sério motivo de preocupação sob o enfoque da saúde prisional. A população segregada tem limitações – intensas e extremas – de movimentos diante do espaço em que inserida durante a maior parte do tempo.

A circulação se dá em poucos e reduzidos espaços, por pequeno período de tempo durante cada um dos dias e sem orientação profissional. O que se agrava quando se considera a situação dos presos submetidos ao Regime Disciplinar Diferenciado (RDD).

Idênticos motivos justificam a preocupação quanto ao tema da *prática esportiva* nas prisões brasileiras, pois fator de promoção de saúde e, consequentemente, de qualidade de vida, estimulante da atividade sensorial e motora dos praticantes.

A inclusão de professores de Educação Física nas equipes de saúde que atuariam nos estabelecimentos penais poderia equacionar as atividades físicas e desportivas desenvolvidas no sistema prisional.

O tema voltado à *prática religiosa* também é fator de saúde prisional. As unidades mais precárias e insalubres, em regra, são aquelas onde há o maior número de visitas dos grupos religiosos. Isso ocorreria pela intenção de apaziguar os ânimos dos presos, de reduzir os riscos de rebeliões, além de renovar a esperança dos detentos.

Outro fator voltado à promoção de saúde no cárcere, dados os efeitos terapêuticos que possui, consiste na *visitação* (social e íntima), uma vez que permite aos detentos a mantença dos laços familiares e com a sociedade para a qual pretendem retornar. Constitui instrumento de ressocialização e de manutenção da segurança nas unidades prisionais.

Ocorre que não são todos os estabelecimentos carcerários que possuem espaços apropriados às visitas íntimas (ocorrendo nas próprias carceragens). E, geralmente, naquelas unidades que possuíam tais dependências especiais, diante da nefasta superlotação, acabaram por as transformar em celas destinadas a receber novos presos.

1.3.3. O CONCRETO ABISMO ENTRE O FORMAL E O MATERIAL

O direito à saúde vincula-se à constante luta contra constrangimentos e obstáculos à sua efetivação.

É o que acentuam Nogueira e Pires (2004, p. 755), os quais abordam tal condição como o exercício de uma "cidadania ativa". Para esses autores, o direito à saúde deve ser considerado no plano político e como instância de luta coletiva, a fim de que seja deslocado do âmbito formal e não histórico.

Em síntese, o direito à saúde não se resume às leis, exige sua concretização cotidiana.

Como destacou Dallari (1988), a esperada efetividade desse direito social e fundamental se dará conforme o grau de desenvolvimento socioeconômico e cultural do Estado e de acordo com a participação dos indivíduos no processo.

O paradoxo, entre norma e realidade quanto ao direito à saúde, no sistema prisional, é nítido.

O jurista russo Pachukanis (1988) tratou e alertou para essa distância entre o "dever ser" e o "ser". Afirmava que esse distanciamento constituía uma barreira instransponível para a compreensão e efetivação do próprio Direito, ou seja, como uma evidente postura de manutenção do *status quo*. Asseverava, ainda, que o Direito, caso se encerrasse em uma hierarquia de normas e dentro dos limites da categoria do "dever ser", portanto, sem contato com o fenomenológico "ser", seria apenas como uma espécie de máscara, a qual encobriria lutas de classes e relações de poder.

Para Merhy (2012), não são recentes fatos de que, no Brasil, algumas vidas valem mais do que as outras, de modo que determinadas pessoas possuem mais direitos do que as demais. Assevera que desde a Constituição republicana teria havido uma *reversão da aposta inicial no SUS*, no sentido organizacional, diretivo, regulatório, avaliativo, financeiro e do próprio processo de cuidado em saúde. Nesse sentido, *o SUS teria passado a exercer função suplementar ao setor privado da saúde*, estabelecendo-se a inversão de papéis.

O direito à saúde no Brasil é fruto de movimentos sociais envolvidos no processo de redemocratização do país e produtores da Reforma Sanitária. Segundo Campos (2008), sua promulgação ocorreu concomitantemente ao neoliberalismo, o que favoreceu o mercado e o afastamento do Estado dos setores sociais.

Houve, segundo Fleury (2009), retrocesso na construção da saúde como valor público. Sob tal orientação neoliberal, a saúde passou a ser equiparada a bem de consumo, algo individualizado, com o aval e a promoção estatal, inclusive.

Incentivos fiscais, transferências de serviços e prestações para o setor privado, cortes de gastos públicos nas políticas sociais e decorrente atrofia do papel estatal de efetivação dos direitos sociais, tudo isso auxiliou o avanço do privado sobre o público, quanto ao tema ligado ao direito à saúde. Consequentemente, o acesso aos serviços de saúde tornou-se algo negociável, limitado ao alcance daqueles que possuem condições financeiras para adquiri-lo (ou comprá-lo).

Esse novo estilo de cidadania mercadológica, em que predomina o aspecto econômico, apresenta a seguinte regra de ouro: uma pessoa somente será considerada cidadã, se integrada ao mercado como consumidora ou produtora.

De um lado, o direito universal e institucionalizado à saúde. Mas, de outro, sua negação à população vulnerável e hipossuficiente, a qual é negligenciada.

Trata-se de confirmação da análise de Marx, de que a "mera" afirmação do direito como universal "esconde" as diferenças existentes entre explorados e exploradores, as lutas de classes presentes no capitalismo e, por fim, "determina o império da lógica burguesa ou econômica". Resta configurado o Direito como classista, mas no interesse de uma classe economicamente exploradora.

O direito universal e igualitário à saúde da população encarcerada apenas existe sob uma perspectiva legal e meramente formal, está longe da sua concretude.

Perante o Direito institucionalizado, todos são considerados iguais, tratados formalmente da mesma forma, contudo, permanecem obscuras as enormes desigualdades materiais existentes entre as classes (MASCARO, 2002).

1.3 | *Saúde e doenças no cárcere: fatores de produção e negligência estatal*
Érick Vanderlei Micheletti Felicio | Marcelo Lamy |

O direito à saúde das pessoas privadas de liberdade pelo encarceramento é entendido, na prática, como algo que não se concretiza. Aliás, segundo Pedroso (1997), trata-se de situação que marca a própria história do sistema penitenciário brasileiro e que revela o descaso quanto à elaboração de adequadas políticas públicas vinculadas ao tema.

O acesso das pessoas presas aos serviços de saúde exige, muitas vezes, que se submetam a valores hierárquicos, às relações de dívida e gratidão e/ou, ainda, ao custeio pelos serviços de saúde prestados extramuros.

Isto é, aquilo que o Estado deveria prover, conforme os ditames legais, passa a ser de responsabilidade das famílias dos detentos, seja porque têm condições financeiras para tanto, seja por meio da insistência de atuação e pressão, intra e extramuros, perante os órgãos públicos.

Eis que a assistência familiar, durante o período de encarceramento, provisório ou de execução penal, assume importância fundamental para a própria sobrevivência digna das pessoas presas, auxiliando na busca pelo acesso aos serviços jurídicos e de saúde, bem como na promoção de denúncias por abusos e constrangimentos impostos.

Há, na verdade, uma recusa em se atribuir, em sede prisional, um dos princípios norteadores do SUS: o da universalidade. Se assegurado aos presos, tal seria distorcido e encarado, via adicional julgamento informal e moralista, como espécie de mais direito concedido aos que foram galgados à posição de inimigos da sociedade. Não deixa de ser, assim, um *bis in idem* aplicado pela prática social de idealização do nefasto meridiano que separaria "pessoas de bem" das "pessoas de mal", sendo que, dentre estas últimas seria incluída a população carcerária, fadada a não ter o direito de pretender respeito à saúde e à dignidade humana.

O direito à saúde, em seus aspectos sociais, privilegia a igualdade, ou seja, estipula que as limitações aos comportamentos humanos são fixadas para que todos usufruam igualmente das vantagens da vida em sociedade e dos cuidados em saúde (DALLARI, 1988).

A igualdade formal – a exemplo da universalidade – segundo Pachukanis (1988) é uma dissimulação da exploração econômica e capitalista, bem como um princípio realmente atuante e incorporado pela sociedade burguesa como moral e de transformação das relações humanas em relações jurídicas.

Ocorre que, se o reconhecimento do outro como igual é indispensável à admissão desse direito, *o julgamento moral sobre o comportamento de uma pessoa que venha a quebrar o pacto social a discrimina, obstaculizando que a ela (infratora) seja admitido o direito à saúde*, e assim, resta prejudicada a efetivação igualitária desse direito social e fundamental.

Aquelas pessoas que tenham praticado condutas de afronta ao que é moralmente correto mereceriam menor atenção, a limitação ou a cessação do acesso aos serviços de saúde, como efeitos tidos por naturais da punição (consolidando, assim, uma dupla sanção).

A penalização revela-se entendida, nesse contexto, como o conjunto resultante do isolamento provocado pela sanção penal – oriunda de julgamento jurídico via processo – e da constante violação de direitos fundamentais aos quais as pessoas segregadas são submetidas.

Se essa privação de direitos essenciais decorre da prisão dita provisória ou cautelar, a violência pode ser considerada tão absurda quanto a da primeira hipótese, pois significaria uma antecipação do aludido julgamento moral e moralista como efeito de custódia que, em regra, decorre de uma cultura de encarceramento geradora de constantes e precoces execuções provisórias dos efeitos de eventuais penas privativas de liberdade.

Pune-se jurídica e moralmente, em geral, antecipadamente e mais de uma vez, *de forma desproporcional, desprovida de individualização, ilegal e desumana, com cores de ilusória legalidade*, situação que indevidamente afeta e atinge também os familiares das pessoas encarceradas.

A efetivação do direito à saúde das pessoas presas vai muito além da garantia de acesso às ações e serviços públicos de saúde, uma vez que exige o rompimento com a distorcida lógica punitivista geradora de automáticos encarceramentos.

A elaboração de políticas de cuidados em saúde das pessoas presas, nessa perspectiva, exige a construção de um direito sanitário que extrapole a formalidade, tudo aliado a um Sistema Único de Saúde concretamente universal, integral, igualitário, equitativo e capaz de envolver o conjunto de sujeitos participantes do processo de produção de saúde (MELO *et al.*, 2014, p. 1232).

CONSIDERAÇÕES FINAIS

Há variados métodos de opressão de minorias. Um deles consiste no descaso ou na negligência estatal, por meio da acomodação política e do conformismo governamental diante das desigualdades sociais.

Essa forma de opressão, que atinge especialmente os economicamente vulneráveis, utiliza-se, inclusive, do próprio Direito, o qual serve de instrumento ao poder econômico para a mantença de uma espécie de simbiose mercadológica estatal, classificada como sistema de conformação (MASCARO, 2013). Há, portanto, um novo contexto voltado à preconceituosa e funesta higienização social, realizada mediante o Direito e como modo de pretensa legitimação, ou seja, a partir da aplicação desenfreada e praticamente automática de custódias ditas preventivas.

"Sistema penal subterrâneo" é o nome atribuído a tal cenário opressor por Zaffaroni (2002) e por Pierangeli (2015), decorrente da seletividade estrutural no âmbito penal. Afinal, quando o Estado e seus agentes aplicam clandestinamente as mais variadas sanções àqueles que supostamente cometeram delitos, ou mesmo aos que cumprem penas, portanto, como inicial ou adicional vindita, por vias oblíquas e ilegítimas, isto é, dispensado ou distorcido o devido processo legal e seus corolários, tem-se um exemplo da microfísica do poder proclamada por Foulcault (2004), a revelar que a verdade do Direito não é a norma.

Tem-se, ademais, situação opressora igualmente resultante da aludida configuração mercadológica de direitos ou sistema de conformação, a gerar quadros onde existem cidadãos mais cidadãos do que os outros.

O ambiente prisional, quanto ao direito à saúde, é fonte inesgotável de eventos que confirmam a existência do sistema penal subterrâneo, aliás, o qual subsiste, segundo Zaffaroni, por causa da conivência das agências judicias, contexto que é agravado pela atuação de agências de comunicação voltadas à difusão do medo, criadoras de neuroses sociais e estimuladoras do extremo e desenfreado punitivismo como regra e solução à criminalidade contemporânea. Revigorou-se, assim, a nefasta Teoria da Defesa Social na seara jurídico-penal brasileira (BARATTA, 2002).

Isto posto, conclui-se que *a precariedade da saúde nos estabelecimentos prisionais brasileiros é expressão potencializada desse sistema penal subterrâneo* e reflete a negligência estatal quanto à saúde pública. Além disso, a superpopulação carcerária é outro fator de agravamento desse estado de coisas inconstitucional, a prejudicar a geração de saúde no ambiente carcerário (FELICIO; LAMY, 2018).

As políticas de saúde prisional não podem ser isoladas. Quando o Poder Público não combate, de forma estrutural, o evidente e assustador problema sanitário no cárcere, assume sua opção pela negligência.

Acentuam Nogueira e Pires (2004, p. 755) que o direito à saúde se mostra vinculado a uma condição de "cidadania ativa", pois dependem de "uma constante luta contra qualquer constrangimento que impeça o seu exercício". Não pode ser resumido à formalização legal, sem sua concretização no cotidiano das pessoas. É instância de luta coletiva, especialmente no sistema prisional, onde o direito universal e igualitário à saúde apenas existe sob a perspectiva institucional do "dever ser".

A recusa à efetivação de tais princípios nesse meio (prisional) decorre da sensação de atribuição de mais direitos dos outros, de um indevido julgamento moral e moralista, o qual coloca a população encarcerada como inimiga da sociedade e ilusoriamente legitima o *bis in idem* a partir dessa realidade social. Assim, se o reconhecimento do outro como igual é necessário para a admissão do direito objeto, o julgamento moral sobre o comportamento de uma pessoa que tenha quebrado o pacto social impede que a ela seja reconhecido o direito à saúde.

A efetivação do direito à saúde das pessoas presas extrapola a garantia de acesso às ações e serviços públicos dessa natureza, vez que exige o adicional rompimento da lógica punitivista, assim como o rompimento com as condições estruturais insalubres dos estabelecimentos prisionais. Deve-se, ademais, buscar que o SUS seja levado ao interior dos estabelecimentos prisionais, e ainda, que venha a ser concretamente universal, integral, igualitário e equitativo (Lei nº 8.080, de 19 de setembro de 1990).

Não se deve mais aceitar a prevalência do aludido estado de coisas inconstitucional, expressão que o STF do Brasil importou da Corte Constitucional da Colômbia, quando do julgamento da Arguição de Descumprimento de Preceito Fundamental (ADPF) nº 347/DF, para designar a existência de violação sistêmica aos Direitos Humanos nas prisões (AZEVEDO CAMPOS, 2015). Não há mais espaço para se tentar justificar a inércia ou a incapacidade de reação do Estado diante de tais afrontas.

1.3 | *Saúde e doenças no cárcere: fatores de produção e negligência estatal*
Érick Vanderlei Micheletti Felicio | Marcelo Lamy |

São necessárias, com urgência, especializações na área da saúde penitenciária, aquisição de informações e treinamentos adequados para o desenvolvimento de práticas que se tornem estratégias, ferramentas e modelos teórico-práticos para o processo de cuidar, tratar e/ou curar pessoas segregadas pelo Estado, considerado o contexto de saúde e as condições específicas do sistema prisional brasileiro, das contemporâneas masmorras onde são "depositadas" pessoas e depois esquecidas.

REFERÊNCIAS

AITH, F. *Curso de Direito Sanitário*. São Paulo: Quartier Latin, 2007.

AZEVEDO CAMPOS, C. A. de. O estado de coisas inconstitucional e o litígio estrutural. Disponível em:

https://www.conjur.com.br/2015-set-01/carlos-campos-estado-coisas-inconstitucional-litigio-estrutural. Acesso em: 01 mar. 2020.

BARATTA, A. *Criminologia Crítica e Crítica do Direito Penal*. Trad. Juarez Cirino dos Santos. 3. ed. Rio de Janeiro: Revan, 2002.

BRASIL. Congresso Nacional. Lei nº 8.080, de 19 de setembro de 1990. *Dispõe sobre as Condições para Promoção, Proteção e Recuperação da Saúde, a Organização e o Funcionamento dos Serviços Correspondentes e dá Outras Providências.* Disponível em: http://www.planalto.gov.br/ccivil_03/leis/L8080.htm. Acesso em: 21 mar. 2020.

BRASIL. Conselho Nacional de Justiça (CNJ). Novo diagnóstico de pessoas presas no Brasil. Departamento de Monitoramento e Fiscalização do Sistema Carcerário e do Sistema de Execução de Medidas Socioeducativas, 2014. Disponível em:

https://www.cnj.jus.br/wp-content/uploads/2014/06/diagnostico_de_pessoas_presas_correcao.pdf. Acesso em: 01 mar. 2020.

BRASIL. Conselho Nacional do Ministério Público (CNMP). Sistema prisional em números: cumprimento da Resolução CNMP nº 56/2010. Relatório. Brasília/DF: CNMP. Disponível em: http://www.cnmp.mp.br/portal/relatoriosbi/sistema-prisional-em-numeros. Acesso em: 21 mar. 2020.

BRASIL. Constituição da República Federativa do Brasil: promulgada em 5 de outubro de 1988. Disponível em: http://www.planalto.gov.br/ccivil_03/constituicao/constituicaocompilado.htm. Acesso em: 21 mar. 2020

BRASIL. Supremo Tribunal Federal (STF). Arguição de Descumprimento de Preceito Fundamental nº 347/DF. Portal STF. Informativo nº 768. Disponível em: http://www.stf.jus.br. Acesso em: 21 mar. 2020.

FELICIO, É. V. M.; LAMY, M. O direito à saúde das pessoas encarceradas. *Anais do II Congresso de Pesquisas em Ciências Criminais*, de 29 a 31 de agosto de 2018, São Paulo/SP [recurso eletrônico]. ISSN 2594-9527. Organizadores: Jaqueline Sinhoretto e Sílvio de Almeida. São Paulo: IBCCRIM, 2018, pp. 583-620 - Disponível em: https://www.ibccrim.org.br/docs/2018/CPCRIM_2018.pdf. Acesso em: 21 mar. 2020.

FOUCAULT, M. *Microfísica do Poder*. Trad. Roberto Machado. 20. ed. Rio de Janeiro: Graal, 2004.

HUMENHUK, H. O direito à saúde no Brasil e a teoria dos direitos fundamentais. Disponível em: http://jus2.uol.com.br/doutrina/texto.asp?id=4839&p=2 - 2002. Acesso em: 21 mar. 2020.

MASCARO, A. L. B. *Estado e Forma Política*. São Paulo: Boitempo, 2013.

MELO, E. M de et al. O contraditório direito à saúde de pessoas em privação de liberdade: o caso de uma unidade prisional de Minas Gerais. *Revista Saúde Social (São Paulo)*, v. 23, n. 4, p. 1222-1224, 2014.

MERHY, E. Saúde e direitos: tensões de um SUS em disputa e moleculralidades. *Saúde e Sociedade (São Paulo)*, v. 21, n. 2, p. 267-279, 2012.

NOGUEIRA, V. M. R.; PIRES, D. E. P. Direito à saúde: um convite à reflexão. *Cadernos de Saúde Pública (Rio de Janeiro)*, v. 20, n. 3, p. 753-760, 2004.

OLIVEIRA, W. F. de; DAMAS, F. B. *Saúde e Atenção Psicossocial em Prisões:* um olhar sobre o sistema prisional brasileiro com base em um estudo em Santa Catarina. São Paulo: Hucitec, 2016.

ORGANIZAÇÃO MUNDIAL DA SAÚDE (OMS). Constituição da Organização Mundial da Saúde. Biblioteca virtual de Direitos Humanos da Universidade de São Paulo (USP). Disponível em: http://www.direitoshumanos.usp.br/index.php/OMS-Organiza%C3%A7%C3%A3o-Mundial-da-Sa%C3%BAde/constituicao-da--organizacao-mundial-da-saude-omswho.html. Acesso em: 21 mar. 2020.

SÁ, M. C. D. N. P. de; SILVA, M. B. B.; KOLLING, G. J. O direito à saúde no sistema prisional. *Revista Tempus-Actas de Saúde Coletiva*, p. 281-297, 2013.

ZAFFARONI, E. R. *Derecho Penal:* parte general. 2. ed. Buenos Aires/Argentina: EDIAR Sociedad Anónima Editora, Comercial, Industrial y Finaciera, 2002. 1116 p.

ZAFFARONI, E. R.; PIERANGELI, J. H. *Manual de Direito Penal Brasileiro:* parte geral. 11. ed. São Paulo: Revista dos Tribunais, 2015.

Parte 2

Direito da saúde e Tutela civil

2.1

Deficiências da perícia nas alienações parentais*

ALDER THIAGO BASTOS

INTRODUÇÃO

A MÉDIA de duração de um casamento no Brasil é de 14 anos e 46,1% dos divórcios no país envolvem filhos menores de idade (IBGE, 2018, p. 1). Bastam essas informações para percebermos que a estrutura familiar do século XXI adquiriu um dinamismo próprio e peculiar, muito diverso dos séculos passados, e que as respostas jurídicas a essas questões precisam sofrer adequações.

Diante de um novo dinamismo na ruptura das relações conjugais, por exemplo, não mais se justificava a separação judicial obrigatoriamente preceder ao divórcio (moldes da vetusta Lei do Divórcio, da Lei nº 6.515/1977), razão pela qual foi alterado o artigo 226 da Constituição Federal de 1988 (pela Emenda Constitucional nº 66/2010).

No entanto, as principais mudanças nos enredos familiares não ficam adstritas à extinção da relação conjugal, mas atingem a proteção da prole comum ao extinto casal.

---

* A dissertação de mestrado do pesquisador Alder Thiago Bastos, desenvolvida sob a orientação do Prof. Dr. Fernando Reverendo Vidal Akaoui, relaciona-se intrinsecamente com a pesquisa que esse autor continuou a desenvolver depois de encerrado o ciclo do mestrado. Há, em razão disso, ideias e alguns trechos de textos do autor presentes em sua pesquisa anterior que foram replicados e atualizados aqui. Cf. BASTOS, Alder Thiago. A saúde mental da criança vítima de alienação parental, 2018. Dissertação (Mestrado em Direito da Saúde) – Universidade Santa Cecília, Santos, 2018.

2.1 | Deficiências da perícia nas alienações parentais
Alder Thiago Bastos

Ainda que os casamentos não tenham a duração como a esperada pelos séculos passados, fato é que destes relacionamentos nascem novas gerações de pessoas, que devem, às vezes muito cedo, lidar com a ruptura da relação conjugal dos seus pais e com novos arranjos familiares (em razão do ingresso de outras pessoas em seus núcleos cotidianos de convivência).

Desde 2008 foram instituídas normas que modificam a interpretação tradicional das questões familiares; estabelecendo, por exemplo, que o interesse do menor a ser protegido não se restringe ao alimentar, mas também abrange a sua formação completa, inclusive como cidadão; que o direito ao convívio familiar não é um direito dos genitores, mas um direito do menor (pois a referência de ambos os genitores é essencial para a sua formação), razão pela qual a Lei nº 11.698/2008 (posteriormente alterada pela Lei nº 13.058/2014) modificou o regime de guarda unilateral para dar preferência à guarda compartilhada, reconhecendo a necessidade de uma distribuição igualitária, sempre que possível, do tempo que a criança convive com ambos os genitores.

Neste sentido, é de se destacar a nova redação do art. 1.584, § 3º, do Código Civil, que previu o laudo técnico-profissional ou de equipe multidisciplinar, a fim de verificar o correto equilíbrio de convivência com ambos os genitores.

Quando o divórcio é realizado pela modalidade consensual, sujeita ao crivo do Poder Judiciário quando envolve direito de menores (CARVALHO, 2015, p. 1), não costuma configurar-se alienação parental; pois, ao menos em tese, uma prévia fixação de direitos, deveres e responsabilidades foi alinhavada amistosa e conscientemente na própria demanda que extingue a relação. A realidade é outra quando há intenso debate ou quando uma das partes não digere a dor da extinção do laço matrimonial e/ou familiar, impondo, pois, discussões sobre guarda, visita, pensão e outros assuntos correlatos que intensificam a animosidade existente e tornam o terreno fértil para a alienação parental.

A Lei de Alienação Parental destacou que o divórcio entre os genitores não significa a extinção do vínculo entre genitores e sua prole, importando manter elos saudáveis de maternidade e de paternidade, sob pena de impactar, negativamente, sobre a vida e o desenvolvimento da criança.

A dissertação de mestrado deste autor ressaltou diversas doenças que podem ser associadas à prática da alienação parental, bem como, evidentemente, os danos causados à vida do indivíduo, havendo, inclusive, associações com a prática de suicídio pelos jovens (BASTOS, 2018, p. 113).

Se o suporte técnico é necessário para se estabelecer o equilíbrio na convivência entre os genitores, muito mais necessário é o suporte técnico para identificar a alienação parental e reestabelecer os equilíbrios violados.

Esse suporte técnico atinge outras finalidades, como fora identificado pela Deputada Shéridan (2017), na relatoria e presidência da Comissão de Seguridade Social e Família, ao analisar o anteprojeto de Lei nº 4.488/2016:

> Apenas em 2014, o Brasil registrou 341.100 divórcios, com uma redução da duração média dos casamentos, de 19 anos para 15 anos. Se em 80% dos casos, como afirmado na justificativa da proposta, ocorre algum grau de alienação parental, isto significa afirmar que estaremos sujeitando a um processo criminal cerca de 272.880 pessoas por ano, número que resulta da multiplicação de 341,1 mil vezes 80%. Na esmagadora maioria das vezes, vale dizer, estas pessoas serão mulheres, mães, que precisam mais de uma intervenção terapêutica do que de um processo criminal (sic).

Neste cenário, indaga-se se o Poder Judiciário está preparado para albergar os diversos meios periciais exigidos pelas alterações do enredo familiar, em especial quando se trata de casos de alienação parental? Na prática, através de dados empíricos, na cidade de Santos, no litoral paulista, a perícia é realizada como determina a Lei de Alienação Parental? Qual o dinamismo que os casos envolvendo litígios dessa natureza devem seguir? Haveria uma solução como uma saída emergencial que a situação exige?

Responderemos a essas indagações no presente texto.

2.1.1. ALIENAÇÃO PARENTAL

Como defendido por este autor na dissertação apresentada para obtenção de título de mestrado em Direito da Saúde, no ano de 2018, a alienação parental se trata de um afastamento proposital dos filhos de um dos genitores, capitaneado pelo outro, seja por mágoas não resolvidas dentro do núcleo familiar em processo de litígio, seja por haver clara confusão entre as relações existentes entre o casal e os filhos.

2.1 | Deficiências da perícia nas alienações parentais
Alder Thiago Bastos

Rolf Madaleno (2017, p. 438) explica que:

> Embora toda a separação cause desequilíbrios e estresse, os pais, quando rompem seus relacionamentos afetivos, deveriam empreender o melhor de si para preservarem seus filhos e ajudá-los a compreender, e também eles vencerem e superarem a triste fase da separação dos genitores. São crianças e adolescentes que dependem do diálogo franco e da transparência e honestidade dos pais.

Maria Berenice Dias (2010) por sua vez, esclarece que:

> Intensificações das estruturas de convivência familiar e a maior aproximação dos filhos com os pais e muitas vezes a ruptura da vida conjugal gera na mãe sentimento de abandono, de rejeição, de traição, surgindo uma tendência vingativa muito grande. Quando não consegue elaborar adequadamente o luto da separação, desencadeia um processo de destruição, de desmoralização, de descrédito do ex-cônjuge. Ao ver o interesse do pai em preservar a convivência com o filho, quer vingar-se, afastando este do genitor, esse fenômeno é denominado como Síndrome da Alienação Parental.

Evidentemente que o divórcio, por si só, é uma situação impactante na vida de uma criança ou de um adolescente que, na primeira idade, não tem discernimento completo para entender os enredos amorosos que envolvem seus genitores, muito menos para compreender que a separação/divórcio não significa a extinção da relação dele com os seus genitores.

Por vezes, esse conflito interno do menor é agravado com o envolvimento de outros personagens em suas rotinas (em razão de novos relacionamentos amorosos que porventura possam ocorrer e, diga-se, naturalmente ocorrem).

Anteriormente se discutia se a alienação parental era uma definição médica ou apenas jurídica, pois ainda se discutiam os danos que poderiam ser causados à saúde da criança ou do adolescente. Contudo, essa questão não mais é pertinente, ante o reconhecimento da alienação parental como doença classificada no Código Internacional de Doenças. Na referida dissertação de mestrado (BASTOS, 2018, p. 99), ressaltei:

> (...) em recente publicação a Organização Mundial de Saúde (OMS) reviu seus assentos de Classificação Internacional de Doenças na 11ª Revisão do Código

Internacional de Doenças para Estatísticas de Mortalidade e Morbidade – CID-11, que se deu no último mês de junho de 2018, acrescentando a Alienação Parental como doença infantil no item QE52.0: "Caregiver-child relationship problem Parent".

Hoje, alinham-se a legislação que prevê a alienação parental (Lei nº 12.318/2010) e as ciências médicas, que reconhecem os atos alienantes como causadores de transtornos mentais no menor (que podem ser descritos como depressão, transtornos de quaisquer espécies) e, em últimas consequências, de suicídios.

A demanda judicial que objetiva identificar atos de alienação parental poderá ser proposta de forma independente ou de maneira incidental (dentro de outro processo). A praxe nos mostra que, por vezes, é instruída com laudo preparatório, elaborado por profissional da área da saúde (geralmente da área médica ou da psicologia) que atesta haver alienação parental.

Identificada a alienação parental, a consequência máxima estabelecida por lei é a declaração de suspensão da autoridade parental que cometeu o ilícito (há movimentos sociais que pretendem a criminalização do ato, mas ela ainda não existe).

2.1.2. A PERÍCIA NA ALIENAÇÃO PARENTAL

A perícia, de forma geral, é regulamentada artigo 156 do Código de processo civil e estabelece que o magistrado "será assistido por perito quando a prova do fato depender de conhecimento técnico ou científico".

Por sua vez, o artigo 464 do códex em referência, preconiza que "a prova pericial consiste em exame, vistoria ou avaliação", verificando-se que o destinatário da prova pericial será o magistrado responsável pelo julgamento do litígio, conforme redação dará pelo § 2º, quando a perícia poderá ser decretada de ofício ou por requerimento das partes.

Nas palavras de Adacir Reis (2015, p. 1):

> A perícia técnica tem por objetivo auxiliar o juiz com um conhecimento especializado que ele não possui, de modo a lhe dar condições objetivas para que tome a melhor decisão possível, formando seu convencimento a partir do esclarecimento técnico de questões controvertidas.

2.1 | *Deficiências da perícia nas alienações parentais*
Alder Thiago Bastos

O resultado do trabalho do perito, expresso no laudo pericial, tem o potencial de influenciar decisivamente o magistrado na formação de sua convicção. Portanto, é uma das provas mais sensíveis do processo civil, digna de merecer toda a atenção do legislador, a começar pelos critérios de escolha do perito.

O trabalho pericial, apresentado em laudos, tem por função guiar o magistrado na conclusão do litígio, sendo certo que, na área da família, esses laudos costumam estar atrelados à psicologia, à assistência social e/ou à psiquiatria, pois envolvem o estado emocional, o bem-estar psíquico e o bem-estar social de todos os entes pertencentes ao núcleo familiar em conflito, bem como a capacidade de direcionar a criação conforme o princípio do melhor interesse do menor.

Denise Maria Perissini Silva (2009, p. 3) acrescenta que, ainda que o laudo esteja restrito ao magistrado que tenha solicitado ou deferido a prova pericial, o julgador tem por obrigação "criticar, comentar e apreciar o laudo pericial, acolhendo-o ou não", alinhando o convencimento técnico à ciência jurídica.

Quando o litígio versa sobre alienação parental, a perícia exigida pelo artigo 5º da Lei nº 12.318/2010 é a psicológica ou biopsicossocial, que deverá ser instaurada quando há indício da prática de alienação parental e deve ser concluída em regra no prazo de 90 dias.

A própria legislação faz menção a duas formas de perícia, a perícia psicológica que é defina pelo Conselho Federal de Psicologia, em sua "Cartilha sobre Avaliação Psicológica" como sendo (2013, p. 13):

> A avaliação psicológica é um processo técnico e científico realizado com pessoas ou grupos de pessoas que, de acordo com cada área do conhecimento, requer metodologias específicas. Ela é dinâmica, e se constitui em fonte de informações de caráter explicativo sobre os fenômenos psicológicos, com a finalidade de subsidiar os trabalhos nos diferentes campos de atuação do psicólogo, dentre eles, saúde, educação, trabalho e outros setores em que ela se fizer necessária. Trata-se de um estudo que requer um planejamento prévio e cuidadoso, de acordo com a demanda e os fins aos quais a avaliação se destina.

A perícia biopsicossocial para Bruna Lagemann *et al.* é o modelo que visa identificar as "noções dos usuários sobre sua saúde, suas vivências, rotinas, conhecer o lugar no qual estão inseridos, bem como levar informações sobre a importância da prevenção, promoção e reabilitação da saúde" (2018, p. 75).

Um conjunto de ciências são interligadas para buscar um resultado comum: o melhor direcionamento para a criança e/ou para o adolescente, considerando os aspectos biológicos de desenvolvimento, as questões psicológicas, o caráter social.

A perícia biopsicossocial costuma envolver o médico psiquiatra (para verificar o equilíbrio biológico e psicológico da criança vitimada pela alienação parental) e o assistente social (que verificará as condições do menor no seu cenário social).

Georgios Alexandridis e Fábio Vieira Figueiredo (2014, p. 99, versão eletrônica), relembram que:

> Ainda, a perícia será realizada por profissional ou equipe multidisciplinar habilitados, exigida, em qualquer caso, aptidão comprovada por histórico profissional ou acadêmico para diagnosticar atos de alienação parental, ou seja, não é qualquer profissional com formação técnica na área de psicologia, psiquiatria ou em serviço social que tem aptidão para a avaliação adequada da existência da alienação parental; mostra-se necessário, dentre estes profissionais, a escolha daqueles cujo estudo e experiência se desenvolvam no campo da alienação parental, diante de suas especificidades e, para que de forma mais contundente possível, seja aferida a existência ou não da alienação parental.

Relembram, ainda, Ana Carolina Carpes Madaleno e Rolf Madaleno (2017, p. 132) que:

> Não é tarefa fácil identificar os atos de alienação parental e maiores dificuldades surgem quando em seu estágio extremo envolve alegações de molestações sexuais ou abuso físico da criança ou do adolescente. Essa empreitada deve ser delegada a quem tem conhecimento tecnológico [*sic*] e o magistrado precisa desse auxílio técnico para compreender e interpretar os fatos que estão envolvidos no litígio, inclusive fazendo-se acompanhar de um especialista no depoimento do incapaz, como ordena o art. 699 do CPC de 2015. Com a prova pericial, o juiz confia às pessoas técnicas o ofício de examinarem uma questão de fato que exige conhecimentos especiais, para deles obter um parecer juramentado. Não se trata de uma delegação do juiz ao perito, porque a autoridade de decidir não pode ser repassada, até porque o perito não julga e nem o juiz está obrigado a acreditar inquestionavelmente na perícia realizada, mas revela-se importante subsídio judicial.

2.1.3. DO DESENVOLVIMENTO DA PERÍCIA NO ÂMBITO DO PODER JUDICIÁRIO

Em geral, o litígio de família começa nos moldes do art. 319 do Código de processo civil, com o ingresso de uma petição inicial reivindicando um determinado direito. Em se tratando de direito de família, existem duas espécies de demandas judiciais, aquelas propostas sob a exegese da jurisdição voluntária, em que não há litígio entre as partes, mas por envolver direito de vulneráveis, deve ser prestigiada a fiscalização pelo Ministério Público e pela Magistratura; e a jurisdição contenciosa, em que há litígio entre as partes.

A alienação parental surge quando há um problema identificado no núcleo familiar, sendo levado ao Poder Judiciário o injusto afastamento de um genitor de sua prole, seja por demanda proposta inicialmente com essa finalidade ou por demanda incidental de um litígio já existente naquele núcleo familiar.

A parte contrária é citada para responder ao litígio e à acusação que lhe é imposta. Consequentemente, é encaminhado o processo judicial ao crivo do magistrado para proferir o despacho saneador e as soluções preliminares que lhe competem. Neste momento também é designada a perícia judicial para verificação psicológica dos menores envolvidos ou, dependendo da gravidade, a designação da perícia biopsicossocial, para averiguar a extensão do dano à saúde dos infantes ou adolescentes envolvidos.

Contudo, foi relatado no I Simpósio "As novas fronteiras do direito de família", datado de 27 de setembro de 2019, capitaneado pela Ordem dos Advogados do Brasil, Subseção de Santos e a Universidade Metropolitana de Santos (UNIMES) ,que as perícias levam em torno de dois anos entre as suas respectivas designação e realização.

A perícia além de tardia, é insuficiente, pois há baixo investimento em estabelecer contato entre o perito e seu objeto de estudo, a vítima da alienação (são muito restritos os números de encontros entre ambos).

A perícia hoje praticada, em processos que envolvem alienação parental, além rotineiramente tardia e insuficiente, também se configura, muitas vezes, como deficiente, porque os dogmas ou paradigmas psicológicos de avaliação são impossíveis de serem aplicados nesses contextos.

CONSIDERAÇÕES FINAIS

O Poder Judiciário não consegue dar conta, ou dar conta com qualidade, da quantidade expressiva e crescente de demandas que envolvem a alienação parental. Não há profissionais suficientes para os atendimentos a serem realizados pelo setor de perícias do fórum, como apontou o I Simpósio de Direito de Família – "As novas fronteiras do direito de família", em 27 de setembro de 2019: perícias na cidade de Santos são designadas para serem cumpridas em cerca de um ano e meio ou dois. Nesse contexto, não deve causar surpresa que os prazos prescritos pela Lei de Alienação Parental sejam descumpridos.

As perícias em casos judiciais que envolvem alienação parental são imprescindíveis. Sem elas, tornam-se precárias e temerárias as decisões judiciais sobre o assunto. No entanto, vivemos o contexto de elas serem tardias, insuficientes e deficientes.

Em contraponto, na cidade de Santos há universidades que oferecem cursos de medicina, de psicologia e de serviço social. Estas instituições poderiam assumir o múnus público dessas perícias, inclusive como meio de aprendizagem técnico-profissional para seus estudantes.

Não se trata de uma parceria público-privada como se costuma alinhavar nos contratos públicos administrativos, pois esta presume-se haver vantagens para o investimento inicial aportado pelo ente privado (BRITO e SILVEIRA, 2005, p. 11-12), mas um viés de parceria estabelecida, na prática, com equipes multidisciplinares de professores universitários que respondem pelas unidades de atendimento universitário de saúde, que soem ser altamente especializados e capacitados.

REFERÊNCIAS

ALEXANDRIDIS, Georgios; FIGUEIREDO, Fábio Vieira. *Alienação Parental*. 2. ed. São Paulo: Saraiva, 2014 (Versão eletrônica).

AMERICAN PSYCHIATRIC ASSOCIATION. *Manual Diagnóstico e Estatístico e Transtornos Mentais [recurso eletrônico]: DSM-5*. Tradução: Maria Inês Corrêa Nascimento ... et al.]; revisão técnica: Aristides Volpato Cordioli ... [et al.]. 5. ed. Dados eletrônicos. Porto Alegre: Artmed, 2014. Disponível em: https://aempreendedora.com.br/wp-content/uploads/2017/04/Manual-Diagnóstico-e-Estat%C3%ADstico-de-Transtornos-Mentais-DSM-5.pdf. Acesso em: 15 jul. 2018.

2.1 | Deficiências da perícia nas alienações parentais
Alder Thiago Bastos |

BASTOS. Alder Thiago. Dissertação de Mestrado apresentada à Universidade Santa Cecília para obtenção de título de mestre no Programa de Pós-Graduação em Direito da Saúde, sob orientação do Prof. Dr. Fernando Reverendo Vital Akaoui. Título: A saúde mental da criança vítima de alienação parental, publicada em 2018. Disponível em: https://unisanta.br/arquivos/mestrado%5Cdireito%5Cdissertacoes%5CDissertacao_ALDERTHIAGOBASTOS317.pdf. Acesso em: 10 set. 2019.

BRITO, Barbara Moreira Barbosa de.; SILVEIRA, Antonio Henrique Pinheiro. Parceria público-privada: compreendendo o modelo brasileiro. *Revista do Serviço Público (Brasília)*, v. 56, n. 1, p. 7-21, jan/mar. 2005. Disponível em: https://repositorio.enap.gov.br/bitstream/1/1442/1/2005%20Vol.56%2cn.1%20Brito%20e%20Silveira.pdf. Acesso em: 10 set. 2019.

BRASIL. Anteprojeto nº 4.488/2016 de Autoria de Arnaldo de Sá Faria. Disponível em: http://www.camara.gov.br/proposicoesWeb/prop_mostrarintegra?codteor=1594677&filename=Tramitacao-PRL+1+CSSF+%3D%3E+PL+4488/2016. Acesso em: 26 fev. 2018.

_____. *Comissão de Seguridade Social e Família. Parecer sobre o Anteprojeto nº 4.488/2016 de Relatoria da Deputada Shéridan.* Publicado em: 05 set. 2017. Disponível em: http://www.camara.gov.br/proposicoesWeb/prop_mostrarintegra?codteor=1594677&filename=Tramitacao-PRL+1+CSSF+%3D%3E+PL+4488/2016. Acesso em: 26 fev. 2018.

_____. *Código Civil (2002).* Brasília, DF: Senado Federal, 2002. Disponível em: http:://www.planalto.gov.br/ccivil_03/LEIS/2002/L10406.htm. Acesso em: 10 jun. 2017.

_____. *Constituição (1988).* Constituição da República Federativa do Brasil. Brasília, DF: Senado, 1988. Disponível em: http:://www.planalto.gov.br/ccivil_03/Constituicao/Constituicao.htm. Acesso em: 10 jun. 2017.

_____. *Datasus. Histórico das versões. 10ª Revisão do Cid.* Sem data de publicação. Disponível em: http://www.datasus.gov.br/cid10/V2008/versoes.htm. Acesso em: 31 jul. 2018.

_____. *Lei 11.698, de 13 de junho de 2008.* Altera os arts. 1.583 e 1.584 da Lei 10.406, de 10 de janeiro de 2002 – Código Civil, para instituir e disciplinar a guarda compartilhada. Brasília: Diário Oficial da República Federativa do Brasil, 2008. Disponível em: http://www.planalto.gov.br/ccivil03/Ato2007-2010/2008/Lei/L11698.htm. Acesso em: 18 out. 2017.

_____. *Lei 12.318, de 26 de agosto de 2010.* Dispõe sobre a alienação parental e altera o art. 236 da Lei 8.069 de 13 de julho de 1990. Brasília: Diário Oficial da República Federativa do Brasil, 2010. Disponível em: http:://www.planalto.gov.br/ccivil_03/_Ato2007-2010/2010/Lei/L12318.htm. Acesso em: 18 ago. 2017.

_____. IBGE. Estatísticas do Registro Civil. *Casamentos que terminam em divórcio duram em média 14 anos no país.* Publicado em 31 out. 2018. Disponível em: https://agenciadenoticias.ibge.gov.br/agencia-noticias/2012-agencia-de-noticias/noticias/22866--casamentos-que-terminam-em-divorcio-duram-em-media-14-anos-no-pais. Acesso em: 31 out. 2019.

BUENO, Cassio Scarpinella. *Manual de Direito Processual Civil Inteiramente Estruturado à Luz do Novo CPC.* 3. ed. rev., atual. e ampl. São Paulo: Saraiva, 2017.

CARVALHO. Newton Teixeira. Procedimentos de jurisdição voluntária. Publicado em: 10 nov. 2015. Disponível em: https://domtotal.com/artigo/5511/10/11/procedimentos-de-jurisdicao-voluntaria/. Acesso em: 31 out. 2019.

CONSELHO FEDERAL DE PSICOLOGIA. *Cartilha sobre Avaliação Psicológica.* Brasília. Publicado em 2013. Disponível em: http://satepsi.cfp.org.br/docs/cartilha.pdf. Acesso em: 12 set. 2019.

DIAS, Maria Berenice. *Manual de Direito das Famílias.* 10. ed. rev. atual. e ampl. São Paulo: Revista dos Tribunais, 2015.

_____. *Síndrome da Alienação Parental, o que é Isso?* Disponível em: http://www.mariaberenice.com.br/manager/arq/(cod2_504)1__sindrome_da_alienacao__parental_o_que_e_isso.pdf. Acesso em 09 maio 2017.

_____ . Alienação parental: realidade difícil de ser reconhecida. In: DIAS, Maria Berenice (coord.). *Incesto e a Síndrome da Alienação Parental.* 4. ed. rev. ampl. atual. São Paulo: Revista dos Tribunais, 2017.

_____ . Incesto e o mito da família feliz. In: DIAS, Maria Berenice (coord.). *Incesto e a Síndrome da Alienação Parental.* 4. ed. rev. ampl. atual. São Paulo: Revista dos Tribunais, 2017.

DIAS, Maria Berenice (Coord.) et al. *Incesto e Alienação Parental: realidade que a justiça insiste em não ver.* 4. ed. São Paulo: Revista dos Tribunais, 2017.

FONSECA, Priscila M. P. Corrêa da. Síndrome de alienação parental. *Revista Brasileira de Direito de Família,* ano VIII, n. 40, fev.mar. 2007. Disponível em: http://priscilafonseca.com.br/sindrome-da-alienacao-parental-artigo-publicado-na-revista--do-cao-civel-no-15-ministerio-publico-do-estado-do-para-jandez-2009-revista--ibdfam-ano-8-no-40-f/. Acesso em: 2 jun. 2017.

GARDNER, Richard A. *O DSM-IV tem Equivalente para o Diagnóstico de Síndrome de Alienação Parental (SAP)?* Traduzido por Rita Rafaeli. Disponível em: http://www.alienacaoparental.com.br/textos-sobre-sap-1/o-dsm-iv-tem-equivalente. Acesso em: 9 maio 2017.

2.1 Deficiências da perícia nas alienações parentais
Alder Thiago Bastos

KÜMPEL, Victor Frederico; PONGELUPPI, Ana Laura. *Do pátrio poder ao poder familiar: o fim do instituto?* Publicado em 29 set. 2015. Disponível em: https://www.migalhas.com.br/Registralhas/98,MI227629,71043-Do+patrio+poder+ao+poder+familiar+o+fim+do+instituto. Acesso em: 12 set. 2019.

LAGEMANN, Bruna. et al. Problematizando o modelo de assistência biopsicossocial em saúde: um relato de experiência. *Revista Interdisciplinar do Pensamento Científico – REINPEC*, v. 4, n. 1, p. 74-81, 2018. Disponível em: http://reinpec.srvroot.com:8686/reinpec/index.php/reinpec/article/view/361/138. Acesso em: 12 set. 2019.

MADALENO, Ana Carolina Carpes; MADALENO, Rolf. *Síndrome da Alienação Parental*, Importância da Detecção de Aspectos Legais e Processuais. 4. ed. rev. e atual. Rio de Janeiro: Forense, 2017.

MADALENO, Rolf. *Direito de Família*. 7. ed. rev. atual. e ampl. Rio de Janeiro: Forense, 2017.

ORGANIZAÇÃO MUNDIAL DA SAÚDE (OMS). *Relatório Mundial da Saúde. Saúde mental:* nova concepção, nova esperança. Publicado em 2001 e traduzido em 2002. Disponível em: http://apps.who.int/iris/bitstream/handle/10665/42390/WHR_2001_por.pdf;jsessionid=3EEE112AD9A5B4E27C7E07615F650E3B?sequence=4. Acesso em: 20 set. 2017.

_____. *11ª Revisão do Código Internacional de Doenças para Estatísticas de Mortalidade e Morbidade – CID 11*. Publicado em 18 jun. 2018. Disponível em: https://icd.who.int/. Acesso em: 31 jul. 2018.

PEREIRA, Rodrigo Cunha. Alienação Parental: uma inversão da relação sujeito e objeto. In: DIAS, Maria Berenice (Coord.). *Incesto e a Síndrome da Alienação Parental*. 4. ed. rev. ampl. atual. São Paulo: Revista dos Tribunais, 2017.

_____. *Princípios Fundamentais Norteadores do Direito de Família*. Belo Horizonte: Del Rey, 2012.

REIS, Adacir. *A prova pericial e o perito no novo Código de Processo Civil*. Publicado em 23 out. 2015. Disponível em: https://www.migalhas.com.br/dePeso/16,MI228909,41046--A+prova+pericial+e+o+perito+no+novo+Codigo+de+Processo+Civil. Acesso em 12 set. 2019.

SILVA, Denise Maria Perissini. *Psicologia Jurídica no Processo Civil Brasileiro*. Rio de Janeiro: Forense, 2009.

VIEIRA, Larissa A. Tavares; BOTTA, Ricardo Alexandre Aneas. *O Efeito Devastador da Alienação Parental:* e suas Sequelas Psicológicas sobre o Infante e Genitor Alienado. Publicado em: set. 2013. Disponível em: https://psicologado.com/atuacao/psicologia-juridica/o-efeito-devastador-da-alienacao-parental-e-suas-sequelas-psicologicas-sobre-o-infante-e-genitor-alienado. Acesso em: 26 dez. 2016.

2.2

O Ministério Público Federal e a tutela do direito à saúde mental*

CLÁUDIA MORAES DA SILVA
AMÉLIA COHN

INTRODUÇÃO

Com o advento da Constituição Federal, em 1988, o direito à saúde foi reconhecido como "direito de todos e dever do Estado", garantido mediante políticas sociais e econômicas que visem à redução do risco de doenças e outros agravos. Neste contexto, o direito à saúde foi concebido como direito fundamental de cunho prestacional, impondo-se ao Estado a obrigação de prover as condições indispensáveis ao seu pleno exercício, mediante ações e serviços voltados para a proteção, promoção e recuperação da saúde.

Entre as mudanças promovidas pela Constituição Federal de 1988, tem-se a criação do SUS (Sistema Único de Saúde), que preconiza entre seus princípios, a universalidade, a integralidade, a descentralização, e a participação social, os quais se revelam como importantes ferramentas para a efetivação do direito à saúde, na medida em que expressam o processo de consolidação de conquistas desses direito como uma questão de cidadania, e elencam as responsabilidades dos diversos atores em diferentes contextos institucionais.

---

* A dissertação de mestrado da pesquisadora Cláudia Moraes da Silva, desenvolvida sob a orientação da Profa. Dra. Amélia Cohn, relaciona-se intrinsecamente com a pesquisa que essa autora continuou a desenvolver depois de encerrado o ciclo do mestrado. Há, em razão disso, ideias e alguns trechos de textos da autora presentes em sua pesquisa anterior que foram replicados e atualizados aqui. Cf. SILVA, Cláudia Moraes da. O Ministério Público e a garantia do direito à saúde mental, 2019. Dissertação (Mestrado em Direito da Saúde) – Universidade Santa Cecília, Santos, 2019.

2.2 | O Ministério Público Federal e a tutela do direito à saúde mental
Cláudia Moraes da Silva | Amélia Cohn |

A partir da afirmação da saúde como direito fundamental foram estabelecidas as condições institucionais para a implantação de novas políticas de saúde, entre as quais a de saúde mental.

A Política Nacional de Saúde Mental, apoiada na Lei n° 10.216/2001, visando a romper o secular modelo de tratamento conferido às pessoas com transtornos mentais, que era baseado exclusivamente na internação em hospitais psiquiátricos e estabelecimentos congêneres, prioriza o tratamento aberto com base comunitária, de sorte a promover o resgate da cidadania, por meio da inclusão social, reinserção familiar e respeito aos direitos e liberdade desses indivíduos, e tem por objetivo a redução/extinção pactuada e programada dos hospitais psiquiátricos.

O Ministério Público brasileiro, órgão que emergiu na Constituição Federal de 1988 como instituição permanente e essencial à função jurisdicional do Estado, agente na defesa da ordem jurídica, do regime democrático e dos interesses sociais e individuais indisponíveis, tem o compromisso de transformar, com justiça, a realidade social.

Entre as atribuições elencadas na Constituição Federal (art. 129, incisos II e III), cabe ao Ministério Público "zelar pelo efetivo respeito dos Poderes Públicos e dos serviços de relevância pública aos direitos nela assegurados, promovendo as medidas necessárias à sua garantia" e "promover o inquérito civil e a ação civil pública, para a proteção do patrimônio público e social, do meio ambiente e de outros interesses difusos e coletivos" (OLIVEIRA, ANDRADE e MILAGRES, 2014/2015).

A competência para atuar na defesa dos direitos fundamentais, entre os quais, o direto à saúde, faz com que o Ministério Público fosse considerado uma instituição ímpar, de grande relevo, que tem por missão a defesa do interesse público, agindo em nome da sociedade (MARTINS JUNIOR, 2015).

Aspecto importante a merecer atenção no presente estudo é a atuação do Ministério Público Federal na tutela da saúde mental. Desde 2008, a referida instituição, com inequívoca atribuição para atuar na defesa direito à saúde mental, elegeu este tema como uma das áreas prioritárias de sua atuação e, assim, tem contribuído decisivamente para que os objetivos preconizados na Política Nacional de Saúde Mental e na Reforma Psiquiátrica sejam concretizados, de sorte a garantir o acesso à Saúde Metal como direito de todos.

Ressalte-se que, o propósito do presente trabalho não é traçar os contornos precisos e completos de todas as atribuições e possibilidades de atuação do Ministério Público Federal na área da saúde mental. O que se propõe neste estudo é tecer considerações acerca da tutela da saúde mental pelo Ministério Público Federal, e sobre os consequentes reflexos dessa atuação na indução de políticas públicas voltadas para a proteção das pessoas com transtornos mentais e na superação do modelo de tratamento hospitalocêntrico outrora existente.

O presente estudo foi, a partir de uma perspectiva hipotética dedutiva, realizado com base em pesquisa normativa, bibliográfica e documental.

Os textos científicos relacionados com a reforma psiquiátrica e a política nacional de saúde mental foram levantados na base de dados da Scielo, visando verificar o estado da arte sobre o assunto, bem como os possíveis avanços e retrocessos nacionais com relação às políticas de tratamento dispensado às pessoas com transtornos mentais. Os descritores foram "reforma psiquiátrica", "transtorno mental", "tratamento" e "políticas públicas de saúde mental".

Parte dos textos encontrados não tratavam especificamente do tema aqui abordado, mas por estarem relacionados à saúde mental e ao Ministério Público forneceram valiosos elementos para a análise do tema.

Os levantamentos documental e normativo foram realizados em *sites* de instituições públicas, tais como: OMS, OPAS, Ministério da Saúde e Ministério Público Federal. Além dos descritores anteriormente apontados, utilizaram-se os seguintes: "ministério público federal" e "saúde mental".

O Ministério Público Federal, instituição permanente e essencial à função jurisdicional do Estado, tem atuado fortemente na defesa dos objetivos propostos na Política Nacional de Saúde Mental e dos princípios da Reforma Psiquiátrica, que priorizam o tratamento ambulatorial e têm por objetivo a redução/extinção dos hospitais psiquiátricos.

Observou-se que o Ministério Público Federal elencou a saúde mental como tema prioritário em sua agenda institucional e, dada a sua forte atuação na tutela desta sensível área da saúde pública, tem se mostrado um ator de peso na indução de políticas públicas que visam assegurar o direito de cidadania das pessoas com transtornos mentais, ator com capacidade de envolver e ser envolvido por este importante movimento da reforma psiquiátrica, que se iniciou, aqui no Brasil, no final da década de 1970 e ainda está em curso.

2.2 | O Ministério Público Federal e a tutela do direito à saúde mental
Cláudia Moraes da Silva | Amélia Cohn |

Percebeu-se que a reforma psiquiátrica não alterou a cultura secular de eleger a internação como forma prioritária de tratamento para as pessoas com transtornos mentais, e que a despeito de alguns avanços duramente conquistados, a política nacional de saúde mental tem apresentado retrocessos, e neste ponto, mostra-se de fundamental importância a atuação de uma instituição como o Ministério Público Federal, para lutar, junto com os demais atores sociais, na defesa do direito à saúde mental.

2.2.1. A AFIRMAÇÃO DA SAÚDE COMO DIREITO FUNDAMENTAL

O texto constitucional de 1988, em seu artigo 196, define saúde como "direito de todos e dever do Estado", concebendo-a como direito fundamental, e impondo ao Estado o dever de prover as condições indispensáveis ao seu pleno exercício, por meio de políticas econômicas e sociais que visem a redução de riscos de doenças e de outros agravos e no estabelecimento de condições que assegurem acesso universal e igualitário às ações e serviços para a promoção, proteção e recuperação da saúde individual e coletiva (COSTA, 2003).

Até o advento da Constituição de 1988, a saúde não era garantida como direito de todos os cidadãos, e o modelo outrora existente se consubstanciava, na prática, em um sistema de acesso desigual. Em ampla medida, a saúde era tida como um favor do Estado à população, ou como um serviço privado, ou ainda um serviço decorrente de um direito trabalhista. Assim, aqueles que ostentavam a condição de trabalhador formal e contribuíam para a previdência social, bem como seus dependentes, tinham direito aos serviços de saúde. Os demais, que não podiam arcar com os custos da saúde privada, eram atendidos pelos poucos serviços públicos e pelas entidades filantrópicas – as conhecidas Santa Casas (ASENSI, 2010).

A afirmação da saúde como direito fundamental na Constituição de 1988, assim como a criação do Sistema Único de Saúde (SUS) é fruto dos movimentos populares e do momento de redemocratização do país, em especial das reinvindicações do movimento Reforma Sanitária, que se organizou a partir da década de 1970, com a premissa da saúde como direito de todos e a universalização do acesso (OLIVEIRA, ANDRADE e MILAGRES, 2014/2015).

O texto constitucional firmou compromisso com o Estado de bem-estar social, e na medida em que positivou o direito à saúde como direito fundamental, também previu instrumentos e instituições necessários para garantir a sua efetividade. Dessa forma, foi assegurado o acesso irrestrito ao Poder Judiciário (art. 5º, XXXV), assim como previstos novos marcos de atuação do poder público, instituições jurídicas e sociedade civil, sendo que entre a atuação das instituições jurídicas, ganha destaque o Ministério Público (TAVARES, 2010; ASENSI, 2010).

2.2.2. PERFIL CONSTITUCIONAL DO MINISTÉRIO PÚBLICO BRASILEIRO

A Constituição Federal de 1988 conferiu novo perfil institucional para o Ministério Público, ao estabelecer, no artigo 127, que se trata de "instituição permanente, essencial à função jurisdicional do Estado, incumbindo-lhe a defesa da ordem jurídica, do regime democrático e dos interesses sociais e individuais indisponíveis".

O legislador constituinte também assegurou aos membros do Ministério Público garantias para o exercício de suas funções com independência dos poderes públicos, como independência e autonomia funcional, autonomia administrativa, unidade e indivisibilidade (art. 127, § 1º, CF). Além disso, também lhes assegurou as mesmas vedações e garantias dos membros do Poder Judiciário, com destaque para a vitaliciedade, inamovibilidade e irredutibilidade de vencimentos (art. 128, § 5º, incisos I, "a", "b" e "c").

O Ministério Público brasileiro abrange o Ministério Público da União, que compreende o Ministério Público Federal, Ministério Público do Trabalho, Ministério Público Militar, Ministério Público do Distrito Federal e Territórios, e os Ministério Públicos dos Estados.

Para cumprir sua missão constitucional, o Ministério Público dispõe e diversos instrumentos de atuação, podendo atuar tanto na esfera judicial como extrajudicial, por meio da propositura de ações civis públicas, instauração de inquéritos civis, celebração de termos de ajustamento de conduta, expedição de recomendações aos órgãos públicos e realização de audiências públicas com a sociedade. Vale frisar que as audiências públicas são mecanismos de grande importância, pois permitem, na esfera extrajudicial, um diálogo com e entre o poder público e a sociedade civil (SILVA e PEDDE, 2018).

2.2 | *O Ministério Público Federal e a tutela do direito à saúde mental*
Cláudia Moraes da Silva | Amélia Cohn |

O novo perfil constitucional do Ministério Público, aliado à ausência de efetividade do direito à saúde conduziu à forte e crescente atuação da instituição na temática sanitária, tornando-o um ator importante na discussão de demandas relativas à organização do SUS e à prestação de serviços de saúde (OLIVEIRA, ANDRADE e MILAGRES, 2014/2015).

2.2.3. REFORMA PSIQUIÁTRICA E A ATUAL POLÍTICA NACIONAL DE SAÚDE MENTAL

No Brasil, a internação em hospitais psiquiátricos ou estabelecimentos congêneres, como medida de cuidado das pessoas com transtornos mentais, remonta ao século XIX.

A partir da década de 1970, por influência do modelo proposto pelo psiquiatra italiano Franco Basaglia, teve início o movimento da Reforma Psiquiátrica, que ainda se encontra em curso. O modelo de cuidado fundado exclusivamente na internação começou a ser repensado para um modelo baseado no tratamento extra hospitalar, com foco no convívio do indivíduo com a família e a comunidade.

Como marco histórico do longo processo de reforma psiquiátrica, em 03 de maio de 1989, apenas alguns meses após a promulgação da Constituição Federal de 1988, o sanitarista e militante do movimento da Reforma Sanitária, David Capistrano Filho, à época Secretário de Saúde do Município de Santos, determinou a intervenção no estabelecimento privado denominado Casa de Saúde Anchieta (AMARANTE e OLIVEIRA, 2004).

A intervenção ocorreu após a Prefeitura receber inúmeras denúncias de maus-tratos e de mortes violentas no interior do mencionado estabelecimento, e demonstrou a possibilidade de construção de uma rede de cuidados efetivamente substitutiva ao hospital psiquiátrico.

Pela primeira vez na história das políticas públicas no Brasil uma intervenção não caminhava somente no sentido de investigar irregularidades, mas assumir a responsabilidade de criar concretamente alternativas (AMARANTE e OLIVEIRA, 2004).

Em 1990, a Declaração de Caracas, firmada na Conferência Regional para a Reestruturação da Assistência Psiquiátrica e da qual o Brasil é signatário, previu a necessidade de modelos alternativos de tratamento para as pessoas com transtornos mentais, centrados na comunidade e dentro de redes sociais, visando a reestruturar a assistência psiquiátrica e abolir o modelo hospitalar.

No ano de 2001, o Brasil, cumprindo o compromisso assumido ao subscrever a Declaração de Caracas, instituiu a Política Nacional de Saúde Mental, com a promulgação da Lei nº 10.216/2001, preconizando um modelo que inclui um tratamento aberto com base comunitária.

A instituição da Lei da Política Nacional de Saúde Mental implicou na restrição de se promover novas internações em hospitais psiquiátricos, na extinção progressiva de leitos e na desinstitucionalização dos indivíduos que se encontravam internados. Por conseguinte, tornou premente a necessidade de participação efetiva da família e da comunidade na prevenção e tratamento dos males que acometem a saúde mental e do uso abusivo de álcool e outras drogas.

Neste contexto, foram editadas inúmeras portarias pelo Ministério da Saúde, normatizando a prestação da assistência no que se refere à saúde mental, e houve avanços em direção à reversão do modelo hospitalocêtrico e asilar instituídos por mais de um século no país.

Entretanto, como um processo social de reforma do modelo psiquiátrico que se traduz em políticas públicas, ele não é linear, e a despeito dos avanços duramente conquistados pelo movimento da Reforma Psiquiátrica, bem como de a política nacional de saúde mental se encontrar positivada na Lei nº 10.126/2001, a qual dispõe expressamente que as internações em hospitais psiquiátricos devem ocorrer somente nos casos em que se esgotarem todas as alternativas terapêuticas ambulatoriais existentes, nos últimos dois anos se verificaram alguns retrocessos, mostrando-se relevante a atuação dos atores sociais que lutam pela defesa do direito de cidadania das pessoas com transtornos mentais, merecendo destaque o Ministério Público Federal.

2.2.4. LEGITIMIDADE DO MINISTÉRIO PÚBLICO FEDERAL PARA ATUAR NA TUTELA DA SAÚDE MENTAL

Ao tempo em que conferiu à saúde o caráter de serviço de relevância pública, a Constituição Federal também atribuiu ao Ministério Público a função institucional de zelar pelo efetivo respeito dos Poderes Públicos e dos serviços de relevância pública aos direitos nela assegurados, promovendo as medidas necessárias a sua garantia, consoante que extrai do artigo 129, II, da Constituição, sendo, pois, este um dos fundamentos que autoriza a atuação da instituição na área da saúde (SILVA, 2019).

2.2 | O Ministério Público Federal e a tutela do direito à saúde mental
Cláudia Moraes da Silva | Amélia Cohn |

Do ponto de vista concreto, desde 1988, o Ministério Público vem agindo de forma mais visível e se destacado na defesa dos direitos sociais. Sua atuação, especificamente no campo da saúde mental, tem se tornado ainda mais relevante porque a Lei nº 10.261/2001 estabelece a criação de uma rede pública de tratamento substitutiva ao modelo manicomial e, em regra, o sistema público de saúde do país é precário, circunstância que exige a atuação do *Parquet*, de sorte a compelir o Estado a adotar medidas tendentes à implantação de políticas públicas de saúde mental efetivas (SILVA, 2019).

Além disso, ainda persiste em nossa sociedade a cultura da segregação e exclusão das pessoas com transtornos mentais como forma de tratamento, fator contributivo para a continuidade da violação dos direitos humanos desses indivíduos, em especial dos que se encontram internados em estabelecimentos psiquiátricos ou congêneres, uma vez que, nos dias atuais, ainda são corriqueiros os abusos, maus-tratos e violências praticadas nestes estabelecimentos.

Há que se considerar, também, que os membros do *Parquet*, por expressa disposição legal (art. 25, VI, da Lei nº 8.625/1993 e art. 8º, V e VI, da Lei Complementar n. 75/93) têm por atribuição fiscalizar os estabelecimentos, sejam estes públicos ou privados, que abrigam as pessoas com transtornos mentais, independentemente de prévia autorização judicial ou da comunicação à entidade (SILVA, 2019).

O Ministério Público Federal, que integra o Ministério Público da União, atuava, até o advento da Constituição de 1988, como representante dos interesses da União, função esta que deixou efetivamente de exercer somente após a criação da Advocacia Geral da União (Lei Complementar 73/93) e a promulgação da Lei Orgânica do Ministério Público da União (Lei Complementar 75/93), quando passou a desempenhar suas atribuições constitucionais na defesa dos interesses difusos e coletivos da sociedade e no zelo pela observância dos direitos constitucionais por parte dos poderes públicos e dos serviços de relevância pública, como é o caso dos serviços de saúde (SILVA, 2019).

O papel do Ministério Público Federal na garantia do direito à saúde mental é de vital relevância, haja vista que o sistema de saúde é único e há solidariedade entre os entes federativos na promoção da saúde. Além disso, a Política Nacional de Saúde Mental é uma ação do Governo Federal, coordenada pelo Ministério da Saúde, que compreende as estratégias e diretrizes adotadas pelo país para organizar a assistência às pessoas com necessidade de tratamento e cuidados específicos (SILVA, 2019).

As estratégias de assistência à saúde mental estabelecem a prestação dos serviços em uma rede de cuidados, a RAPS – Rede de Atenção Psicossocial – que integra o SUS, e, por conseguinte, é financiada com recursos provenientes da União. Os recursos são federais, embora executados pelos Estados, Distrito Federal e Municípios, sendo que a União, por meio da direção nacional do SUS, tem o dever de acompanhar, controlar e avaliar as ações e os serviços de saúde, consoante o disposto no art. 16, XIV e XVII, da Lei nº 8.080/1990 (SILVA, 2019).

Dessa forma, ainda que os serviços de saúde mental sejam prestados de forma direta e imediata pelos Estados ou Municípios por meio da RAPS (Rede de Atenção Psicossocial), como se trata da concretização de um direito fundamental de espectro nacional desenvolvido com instâncias de toda a federação, pois o SUS é uma política de instância única, e que maciça parcela dos recursos públicos que mantém as ações de saúde mental no SUS é de origem federal, sobressai a atribuição do Ministério Público Federal para acompanhar, avaliar, controlar e exigir que as ações e serviços de saúde mental sejam prestadas de forma regular.

Some-se a isto o fato de que, existente verbas do SUS e a obrigação da União em implementar e fiscalizar a prestação do serviço de saúde mental, há inconteste interesse federal a ensejar a legitimidade do Ministério Público Federal.

Pontue-se, por oportuno, que não se está a negar a legitimidade do Ministério Público Estadual para também atuar na tutela da saúde mental no que se refere às ações e serviços municipais e estaduais vinculados ao SUS, mas apenas reconhecendo que o complexo sistema de repartição de responsabilidades do SUS enseja atuação concorrente do Ministério Público Federal, tanto que é comum a atuação conjunta dessas instituições.

2.2.4.1. Exemplos de experiências do Ministério Público Federal

No Planejamento estratégico do Ministério Público Federal elaborado para o período de 2011-2020 foi estabelecida a missão de promover a realização da justiça, a bem da sociedade e em defesa do Estado Democrático de

2.2 | O Ministério Público Federal e a tutela do direito à saúde mental
Cláudia Moraes da Silva | Amélia Cohn |

Direito e a promoção dos direitos fundamentais. Também se estabeleceu o objetivo de, até 2020, ser reconhecido nacional e internacionalmente pela excelência na promoção da justiça e também da cidadania e no combate ao crime e à corrupção, evidenciando o seu compromisso de, na defesa da efetividade dos direitos fundamentais, promover o direito à saúde, em especial a garantia do direito à saúde mental (SILVA, 2019).

Neste contexto, é importante ressaltar que, desde o ano de 2008, quando a Procuradoria Federal dos Direitos do Cidadão (PFDC)[1] elegeu a saúde mental entre seus temas prioritários de atuação, as ações empreendidas pelo Ministério Público Federal com o objetivo de melhor atuar para implementar e fortalecer a política nacional de saúde mental no país, têm ocupado papel de destaque na sua agenda institucional, o que levou à criação, no ano de 2017 de Grupo de Trabalho (GT) específico para a Saúde Mental (Portaria n. 11/2017/PFDC/MPF, de 3 de maio de 2017).

Ao eleger a saúde mental como política institucional, o Ministério Público Federal reconhece e apoia o movimento da Reforma Psiquiátrica. E, desde então, este importante ator social tem empreendido inúmeras medidas com foco em diversas questões, dentre as quais as a seguir citadas:

- Acompanhamento de políticas públicas voltadas para pessoas com transtorno mental, inclusive em decorrência do uso abusivo de álcool e drogas, na perspectiva de recuperação, pela reinserção na família no trabalho e na sociedade.
- Acompanhamento, em conjunto com a sociedade civil, da implementação da rede de atenção à saúde mental, com vistas à desinstitucionalização dos pacientes, tal como preconiza a Lei nº 10.216/2001.
- Defender a aplicação da Lei nº 10.216/2001 às pessoas em conflito com a lei que cumprem medida de segurança, garantindo-lhes o atendimento pelo SUS.

---

1. PFDC – Procuradoria Federal dos Direitos dos Cidadãos – órgão do Ministério Público Federal a quem cabe dialogar e interagir com órgãos de Estado, organismos nacionais e internacionais e representantes da sociedade civil, persuadindo os poderes públicos para a proteção e defesa dos direitos individuais indisponíveis, coletivos e difusos – tais como dignidade, liberdade, igualdade, saúde, educação, assistência social, acessibilidade, acesso à justiça, direito à informação e livre expressão, reforma agrária, moradia adequada, não discriminação, alimentação adequada, dentre outros. Disponível em: http://pfdc.pgr.mpf.mp.br/institucional/sobre-a-pfdc/apresentacao. Acesso em: 13 fev. 2019.

- A atuação do Ministério Público Federal tem influenciado a agenda pública de saúde mental, tanto que, por meio da Portaria n. 2.387/2019, publicada no Diário Oficial em 13/9/2019, o Ministério da Saúde, acolheu recomendação expedida em 29 de março de 2019 pela Procuradoria Federal dos Direitos do Cidadão (PFDC), e revogou a Portaria 3.659, de 14 de novembro de 2018 e a Portaria 3.718, de 22 de novembro de 2018, que suspendiam repasse de recursos orçamentários destinados à manutenção e serviços comunitários de saúde mental em diversos municípios do país.

Importa ressaltar que, tendo o Ministério Público Federal eleito a saúde mental como tema institucional em sua agenda temática, o seu campo de atuação tem se ampliado. Além disso, atualmente a instituição se encontra estruturada em todo o país, de sorte que não se poderia pretender esgotar, neste trabalho, todas as medidas adotadas em prol da proteção e direitos das pessoas com transtornos mentais, razão pela qual a abordagem foi realizada de maneira sintética.

CONSIDERAÇÕES FINAIS

A saúde foi reconhecida como direito de todos e dever do Estado na Constituição Federal de 1988, o que evidencia o seu caráter de direito fundamental e enseja prestações positivas por parte do Estado para a sua efetividade.

Conforme abordado no decorrer do presente trabalho, o Ministério Público Federal, que também ganhou novo perfil institucional com o advento da Constituição Federal de 1988, tem desempenhado importante papel na defesa dos direitos constitucionais, em especial no campo da saúde mental, dada a precariedade dos serviços públicos prestados pelo Estado, bem como da incipiente pública de saúde mental brasileira, que aliada à cultura, ainda persistente na sociedade, de segregação e exclusão das pessoas com transtornos mentais como forma de tratamento, pouco avança no sentido de romper com o modelo manicomial.

Os dados levantados no presente trabalho demonstram que o Ministério Público Federal, instituição permanente e essencial à função jurisdicional do Estado, reconhece e apoia o movimento da Reforma Psiquiátrica, que se iniciou na década de 1970 e ainda está em curso, tendo elencado a saúde mental como tema prioritário em sua agenda institucional desde o ano de 2008.

2.2 | O Ministério Público Federal e a tutela do direito à saúde mental
Cláudia Moraes da Silva | Amélia Cohn |

O resultado demonstrou o protagonismo do Ministério Público Federal na defesa dos objetivos propostos na Política Nacional de Saúde Mental e dos princípios da Reforma Psiquiátrica, que priorizam o tratamento ambulatorial e têm por objetivo a redução/extinção dos hospitais psiquiátricos.

Observou-se que a combativa atuação do Ministério Público Federal, na tutela desta sensível área da saúde pública, revelou ser o referido órgão ministerial um ator de peso na indução de políticas públicas que visam a assegurar o direito de cidadania das pessoas com transtornos mentais, ator com capacidade de se envolver e ser envolvido, bem como influenciar a agenda pública de saúde mental, trazendo benefícios para o campo da saúde pública em geral.

Percebeu-se, por fim, que a despeito de alguns avanços duramente conquistados, a política nacional de saúde mental tem apresentado retrocessos, e neste ponto, mostra-se de fundamental importância a atuação de uma instituição como o Ministério Público Federal, para lutar, junto com os demais atores sociais, na defesa do direito à saúde mental.

REFERÊNCIAS

AMARANTE, Paulo; OLIVEIRA, Walter Ferreira de. A saúde integral e a inclusão da atenção psicossocial no SUS: pequena cronologia e análise do movimento de reforma psiquiátrica e perspectivas de integração. *Dynamis Revista Tecnocientífica (Blumenau)*, v. 12, n. 47, Edição Especial atenção psicossocial na atenção Básica 2, p. 6-21, abr./jun., 2004.

ASENSI, Felipe Dutra. *Indo Além da Judicialização. O Ministério Público e a saúde no Brasil.* Rio de Janeiro: Escola de Direito do Rio de Janeiro da Fundação Getulio Vargas, Centro de Justiça e Sociedade, 2010.

BRASIL. *Constituição da República Federativa do Brasil.* 11. ed. São Paulo: Manole, 2019.

BRASIL. *Lei Complementar nº 75, de 20 de maio de 1993.* Dispõe sobre a organização, as atribuições e o estatuto do Ministério Público da União. DOU 21.05.1993.

BRASIL. *Lei nº 10.216, de 06 de abril de 2001.* Disponível em: http://www.planalto.gov.br/ccivil_03/leis/leis_2001/l10216.htm. Acesso em: 26 ago. 2018.

BRASIL. *Lei nº 13.146, de 06 de julho de 2015.* Disponível em: http://www.planalto.gov.br/ccivil_03/_ato2015-2018/2015/lei/l13146.htm. Acesso em: 26 ago. 2018.

BRASIL. *Lei nº 8.625, de 12 de fevereiro de 1993.* Institui a Lei Orgânica Nacional do Ministério Público. DOU 15.02.1993.

BRASIL. *Lei nº 8.080, de 19 de setembro de 1990*. Dispõe sobre as condições para a promoção, proteção e recuperação da saúde, a organização e o funcionamento dos serviços e dá outras providências. DOU 20.09.1990.

BRASIL. Ministério da Saúde. *Saúde Mental. Legislação. Portaria n. 3.588, de 21 de dezembro de 2017* – altera as Portarias de Consolidação nº 3 e nº 6, de 28 de setembro de 2017, para dispor sobre a Rede de Atenção Psicossocial, e dá outras providências. Disponível em: http://bvsms.saude.gov.br/bvs/saudelegis/gm/2017/prt3588_22_12_2017.html

BRASIL. *Parecer sobre Medidas de Segurança e Hospitais de Custódia e Tratamento Psiquiátrico sob a Perspectiva da Lei n. 10.216/2011*. Procuradoria Federal dos Direitos do Cidadão – PFDC/MPF. Brasília, 2011.

BRASIL. *Procuradoria Federal dos Direitos do Cidadão – PFDC/MPF*. Disponível em: http://pfdc.pgr.mpf.mp.br/temas-de-atuacao/saude-mental/atuacao-do-mpf/nota-publica-gt-saude-mental-pfdc-modificacao-de-diretrizes-das-politicas-de-saude-mental-2017. Acesso em: 27 set. 2018.

BRASIL. *Procuradoria Federal dos Direitos do Cidadão – PFDC/MPF*. Disponível em: http://pfdc.pgr.mpf.mp.br/informativos/edicoes-2019/setembro/ministerio-da-saude-revoga-portarias-que-suspendiam-repasse-orcamentario-a-unidades-de-atencao-psicossocial/. Acesso em: 1 out. 2019.

BRASIL. *Relatório da 8ª Conferência Nacional de Saúde*. Disponível em: http://bvsms.saude.gov.br/bvs/publicacoes/8_conferencia_nacional_saude_relatorio_final.pdf. Acesso em: 08 jan 2019.

COSTA, Augusto Cesar de Farias. *Direito, Saúde Mental e Reforma Psiquiátrica. Direito Sanitário e Saúde Pública. Coletânea de textos*. Volume 1. Brasília: Ministério da Saúde, 2003. p. 135-169.

DALLARI, Sueli Gandolfi. O direito à saúde. *Rev. Saúde Públ. (São Paulo)*, v. 22, p. 57-63, 1988.

GLOBEKNER, Osmir Antonio. A tutela individual e Coletiva do Direito à Saúde pelo Ministério Público. *Revista Jurídica ESMP-SP*, v. 8, p. 129-148, 2015.

MARTINS JUNIOR, Wallace Paiva. *Ministério Público:* a Constituição e as Leis Orgânicas. São Paulo: Atlas, 2015.

OLIVEIRA, Luciano Moreira; ANDRADE, Eli Iola Gurgel; MILAGRES, Marcelo de Oliveira. Ministério Público e Políticas de Saúde: atuação resolutiva e demandista. *R. Dir. Sanit. (São Paulo)*, v. 15, n. 3, p. 142-161, nov. 2014/fev., 2015.

2.2 | *O Ministério Público Federal e a tutela do direito à saúde mental*
Cláudia Moraes da Silva |

ORGANIZAÇÃO MUNDIAL DA SAÚDE (OMS). *Relatório Mundial da Saúde. Saúde mental:* nova concepção, nova esperança. Lisboa: OMS, 2002.

ORGANIZAÇÃO PAN-AMERICANA DE SAÚDE (OPAS). Disponível em: http://www.paho.org/bra/index.php?option=com_content&view=article&id=5263:opas-oms-apoia-governos-no-objetivo-de-fortalecer-e-promover-a-saude-mental-da-populacao&Itemid=839 .Acesso em: 1 set. 2018.

SADEK, Maria Tereza. *A Construção de um novo Ministério Público resolutivo. 2008.* Disponível em: https://aplicacao.mpmg.mp.br/xmlui/handle/123456789/135. Acesso em: 11 abr. 2018.

SILVA, Alexandre José; PEDDE, Valdir. Ministério Público: transformador da realidade social ou reprodutor das estruturas de poder? *Revista Gestão e Desenvolvimento*, v. 15, n. 1, jan-jun., 2018.

SILVA, Cláudia Moraes. O Ministério Público e a Garantia do Direito à Saúde Mental. 2019. Dissertação de Mestrado em Direito da Saúde: Dimensões Individuais e Coletivas. Universidade Santa Cecília – UNISANTA, Santos-SP.

TAVARES, Paulo César Vieira. *Atuação do Ministério Público Estadual de Londrina na área da saúde pública:* análise das demandas e atividades. 2010. Dissertação (Mestrado em Saúde Coletiva) – Universidade Estadual de Londrina, Londrina-PR.

2.3

A mediação como mecanismo de tutela do direito da saúde*

THAÍS DE CAMARGO OLIVA RUFINO ANDRADE
MARCELO LAMY

INTRODUÇÃO

Com a promulgação da Constituição Federal de 1988, o constituinte optou pelo modelo de Estado de Bem-Estar Social, cujas diretrizes indicam uma atuação ativa do Estado na garantia de condições mínimas de dignidade para o ser humano, dentre as quais, o direito à saúde.

Isto significa que o indivíduo pode exigir do Estado prestações positivas e ações e serviços de saúde, uma vez que é dever do Estado assegurar o direito à saúde.

Neste diapasão, identifica-se a influência dos preceitos de direitos humanos consagrados pela Declaração Universal de Direitos Humanos de 1948 e pelo Sistema Interamericano de Direitos Humanos, através do Pacto de San José da Costa Rica, de 1969, ratificado pelo Brasil desde 1992, que consagram como garantia da pessoa humana o direito à saúde, cabendo ao Estado assegurar a efetivação de referido preceito.

Todavia, a assistência à saúde no Brasil convive com problemas estruturais decorrentes da insuficiência de recursos para o atendimento de todas as

---

* A dissertação de mestrado da pesquisadora Thaís de Camargo Oliva Rufino Andrade, desenvolvida sob a orientação do Prof. Dr. Marcelo Lamy, relaciona-se intrinsecamente com a pesquisa que essa autora continuou a desenvolver depois de encerrado o ciclo do mestrado. Há, em razão disso, ideias e alguns trechos de textos da autora presentes em sua pesquisa anterior que foram replicados e atualizados aqui. Cf. ANDRADE, Thaís de Camargo Oliva Rufino. A mediação sanitária como mecanismo de tutela do direito à saúde, 2019. Dissertação (Mestrado em Direito da Saúde) – Universidade Santa Cecília, Santos, 2019.

2.3 | A mediação como mecanismo de tutela do direito da saúde
Thaís de Camargo Oliva Rufino Andrade | Marcelo Lamy |

demandas, e com deficiências técnicas que têm gerado crescentes conflitos envolvendo a falta de efetivação desse direito.

Assim, muitas vezes, a assistência à saúde só consegue ser efetivada por meio da intervenção do Poder Judiciário. Nos últimos anos, inclusive, houve um aumento exponencial do número de processos judiciais, em sua maioria de demandas que exigem uma atuação judicial individualizada, sem a devida apreensão dos problemas do sistema como um todo.

Diante do cenário exposto, se apresenta relevante o estudo e aprimoramento de novos modelos de solução de conflitos, em especial na área da saúde, alternativos ao clássico modelo de judicialização. É neste contexto que tem surgido como alternativa, para efetivação do direito fundamental à saúde, a chamada mediação sanitária, apta a solucionar de outra forma as demandas individuais e, mais ainda, para garantir nova forma de resolver problemas coletivos de saúde.

A elaboração do presente trabalho ancorou-se em pesquisas bibliográficas e em dados fornecidos através dos relatórios Justiça em Números do Conselho Nacional de Justiça (CNJ) relacionados à garantia pelo Estado do direito fundamental à saúde e do direito de acesso à justiça.

A pesquisa buscou identificar indícios sobre a amplitude e a relevância da estratégia "mediação sanitária" na efetivação do direito fundamental à saúde, notadamente do ponto de vista coletivo.

O fenômeno da judicialização, traduzido em números, serviu para identificar a crescente demanda ao Poder Judiciário em questões envolvendo o direito à saúde.

A teoria dos métodos adequados de solução de conflitos, serviu para fazer uma avaliação inicial sobre a adequação da mediação sanitária como método para o tratamento coletivo de conflito sanitários, dispensando eventualmente a judicialização de demandas individuais.

2.3.1. JUDICIALIZAÇÃO DA SAÚDE

Após análise dos documentos referenciais apontados, identificou-se o aumento exponencial da judicialização das demandas em saúde.

Na 15ª edição do relatório Justiça em Números, do Conselho Nacional de Justiça (CNJ, 2019), é possível identificar as demandas sobre a judicialização da saúde (de natureza cível, não criminal), considerando os processos ajuizados até 31/12/2018 e em trâmite no 1º grau, no 2º grau, nos juizados especiais, no Superior Tribunal de Justiça, nas turmas recursais e nas turmas regionais de uniformização. O referido relatório aponta um total de 2.228.53 processos em tramitação, até dezembro de 2018.

Segundo Clênio Jair Schulze (2019), comparando com os números dos anos anteriores, houve significativo aumento em 2019. Com efeito, a evolução dos números de demandas deu-se da seguinte forma: 1.778.269 em 2018; 1.346.931 em 2017; 854.506 em 2016; 392.921 em 2014 e 240.980 em 2011.

É importante anotar que, em 2019, foram acrescidas duas novas categorias no relatório: fornecimento de medicamento (planos de saúde) e taxa de saúde suplementar (tributário). Ambas não estavam relacionadas, pelo menos em separado, nos relatórios anteriores.

A judicialização de demandas que envolvem a saúde há anos está consolidada e se enraíza profundamente no Brasil. Aparentemente é cotidiana, excessiva, focada em reivindicações individuais e não em discutir as políticas públicas de saúde (muitas vezes relacionadas com os pedidos individuais).

A partir do conceito ampliado de saúde definido pela Organização Mundial de Saúde (OMS) como sendo "um estado de completo bem-estar físico, mental e social e não somente ausência de doença e enfermidade" (ONU, 1948), a consciência mundial despertou e gradativamente enraizou-se na percepção de que a saúde depende de determinantes sociais e ambientais; mais ainda, de que a saúde não é apenas um valor individual, mas um valor da coletividade. Esse olhar, o olhar coletivo, ainda não se vê traduzido no fenômeno da judicialização de demandas da saúde no país.

De qualquer forma, o número elevado e crescente de ações judiciais individuais envolvendo a saúde, sem o correspondente crescimento dos órgãos julgadores, fez que o Judiciário inevitavelmente ficasse cada vez mais como vagaroso e ineficaz em suas respostas. Razão pela qual tornou-se imperioso construir soluções alternativas, sob pena de se frustrar as conquistas consagradas pela Carta Constitucional de 1988 na matéria.

Assim nasceu a Resolução nº 125 do CNJ, instituindo, em 2010, a "Política Judiciária Nacional de Tratamento Adequado de Conflitos". A doutrina, por sua vez, tem propugnado um sistema chamado de "pluriprocessual", configurado pela presença de diversos mecanismos para tratar os conflitos; identificando, em cada caso específico, qual mecanismo é mais adequado para sua solução. Assim, considera-se possível "que se reduzam as ineficiências inerentes aos mecanismos de solução de disputas" (AZEVEDO, 2002 *apud* TARTUCE, 2018, p. 72). Neste diapasão, alinha-se também o CPC/2015, ao estabelecer no art. 3º, § 2º "que o Estado promoverá, sempre que possível, a solução consensual dos conflitos".

2.3.2. ACESSO À JUSTIÇA

No paradigma Estado democrático de Direito, o direito de acesso à Justiça passou a fazer parte do rol de direitos e garantias fundamentais, representando a garantia de uma proteção conferida pelo Estado de maneira eficaz (FERREIRA, 2007).

> A expressão "acesso à Justiça" pode ser definida de três formas: I) em sentido restrito, diz respeito ao "acesso à tutela jurisdicional" de direitos - acesso a um juiz natural para a composição de litígios; II) em sentido mais amplo, embora insuficiente, refere-se ao "acesso à tutela", jurisdicional ou não, de direitos – acesso a mecanismos judiciais ou extrajudiciais de solução de conflitos e; III) em acepção integral, significa "acesso ao Direito" – acesso à ordem jurídica justa, conhecida e implementável. (BENJAMIN, 1995, p. 77.)

Para garantir o efetivo acesso à Justiça enquanto um direito constitucionalmente assegurado, o Estado deve garantir uma tutela jurisdicional adequada a cada caso concreto, assegurando às partes uma igualdade real. Assegurando as partes "resultados efetivos, solucionando os conflitos, restabelecendo a paz social e entregando concretamente quem tem razão o bem da vida pretendido" (PAROSKI, 2006, p. 207).

Não se deve considerar o acesso à Justiça simplesmente como acesso ao Poder Judiciário. O acesso à Justiça não significa somente ter acesso aos tribunais, mas sim, obter concretamente a tutela jurisdicional buscada. E o ideal de acesso à Justiça objetiva não unicamente alcançar a solução jurisdicional para os conflitos de interesses, mas também colocar todo o ordenamento jurídico à disposição das pessoas, oferecendo outras alternativas como meios para esta solução (PAROSKI, 2006).

A partir da Constituição Federal de 1988, enraizada culturalmente a noção de acesso à Justiça, o Poder Judiciário tem o dever de multiplicar as portas de acesso à proteção dos direitos reivindicados (NALINI, 2000, p. 32).

Esta perspectiva está claramente abraçada pelo CPC/2015 que, após enunciar a garantia do acesso à Justiça, explicitou uma porta de acesso preferencial (TARTUCE, 2018): "o Estado promoverá, sempre que possível, a solução consensual dos conflitos" (art. 3º, § 2º).

A ideia de que cada indivíduo tenha à sua disposição um conjunto complexo de caminhos para solucionar um conflito, a partir de diferentes métodos, é rotineiramente intitulado "sistema multiportas". Os métodos podem ser heterocompositivos (adjudicatórios) e autocompositivos (consensuais), com ou sem a articulação ou a participação estatal. Doutrinadores falam também em um sistema "pluriprocessual", caracterizado pela presença de diversos mecanismos para tratar os conflitos; identificando, em cada caso específico, qual é o mais adequado para a solução. Assim, considera-se possível "que se reduzam as ineficiências inerentes aos mecanismos de solução de disputas" (AZEVEDO, 2002 apud TARTUCE, 2018, p. 72).

Em um sistema multiportas estatal, o Poder Judiciário exerce o papel de orientar os litigantes sobre os diversos meios possíveis para a solução dos conflitos, sugerindo qual seria a medida mais adequada a cada caso. O Estado, neste modelo, encarrega-se de encaminhar as partes no sistema multiportas de forma gratuita, orientando-as antes de uma demanda Judicial.

Niceto Alcalá Zamora y Castillo propõe a trilogia clássica, adaptada por Lamy *et al.* (2018, p. 313), que explica uma espécie de linha evolutiva cronológica dos métodos para a solução de conflitos (Quadro 1):

QUADRO 1 – Apresentação dos métodos para Solução de Conflitos

	Responsável pela Solução	Instrumento Utilizado	Exemplos
AUTOTUTELA	Um dos envolvidos no conflito	imposição da força (física, econômica, social, intelectual)	• Subjugação do mais fraco. • Legítima defesa, inclusive da posse. • estado de necessidade. • consumidor.gov.br
HETEROTUTELA	Um terceiro imparcial	imposição do Direito ou da equidade	• Jurisdição estatal– • Jurisdição privada (arbitragem).
AUTOCOMPOSIÇÃO	Os próprios envolvidos no conflito	consenso, com ou sem a presença de um facilitador	• Negociação (mesas redondas, acordos e convenções coletivos). • Conciliação. • mediação.

Fonte: Lamy *et al.* (2018)

2.3 | A mediação como mecanismo de tutela do direito da saúde
Thaís de Camargo Oliva Rufino Andrade | Marcelo Lamy |

O objetivo principal do emprego dos mecanismos extrajudiciais de resolução de conflitos "é a facilitação do acesso à Justiça, e não a violação de tal direito. Solucionar conflitos a partir da reflexão, do diálogo participativo e da cooperação entre os envolvidos é o objetivo principal" (SILVA; MASSON, 2014, p. 152).

Os chamados Métodos Alternativos para a Solução de Conflitos (MASC's)[1] surgiram com a intenção de solucionar conflitos de maneira mais eficaz do que os mecanismos judiciais tradicionais que, por sua vez, já não respondiam satisfatoriamente ao papel de mecanismo de pacificação social (LAMY *et al.*, 2018).

Segundo Delduque (2015), em muitos conflitos em matéria de saúde o acesso à assistência de saúde é o objeto material da demanda. Um demandante enfermo busca insumos de saúde em face do Estado, provedor de serviços públicos de saúde que, por razões de ausência do serviço ou da não previsibilidade deste nas políticas públicas, deixa de oferecê-los.

Havendo ilegítima omissão do Estado, o direito individual à saúde tem de ser efetivado por meio da intervenção do Poder Judiciário (heterocomposição). Em grande parte dos conflitos envolvendo direitos individuais, o que está em jogo são conflitos retributivos ou bipolares (BORGES, UGÁ, 2009), em que uma parte ganha e outra parte perde algo. Para esses casos, o tratamento do conflito deve ser heterocompositivo.

Nos conflitos de direitos sociais, entretanto, em que os problemas são distributivos (BORGES, UGÁ, 2009) e não envolvem somente duas partes (em que uma delas é sagrada vencedora), mas implicam ganho ou perda para a sociedade como um todo (BORGES, UGÁ, 2009), o tratamento do conflito deve ser autocompositivo.

O direito à saúde está incluído no rol dos direitos sociais. E dessa classificação decorrem duas características (RAMOS, 2005): por um lado, os direitos sociais possuem um caráter objetivo, pois integram o "ordenamento jurídico objetivo da coletividade" (RAMOS, 2005, p. 148), exigindo do Estado a organização da rede de prestação dos serviços de saúde (AITH, 2010) e, por outro lado, dispõem de um caráter subjetivo, que garante um direito individual

---

1. Há distintas nomenclaturas para o mesmo fenômeno no amálgama doutrinário: desde Métodos ou Meios, Adequados ou Alternativos, até de Conflitos ou de Controvérsias; há, ainda, a denominação Resolução Apropriada de Disputas (RADs).

e o respectivo dever do Estado de assegurá-lo. Dizer que o direito à saúde é um direito social significa, pois, que o indivíduo pode exigir do Estado prestações positivas de ações e serviços de saúde individuais e coletivas.

2.3.3. MEDIAÇÃO SANITÁRIA

Indica-se a mediação para os casos em que as partes (sabedoras disso ou não) ainda vão se relacionar uma com a outra no futuro, mas que devido seu envolvimento emocional com o problema, estão fechadas à negociação. Para Tartuce (2018, p. 209), "A proposta da mediação é dar espaço para a comunicação e a cooperação". A mediação é uma porta de tratamento de conflitos focada na conscientização sobre o problema, na transformação das posturas agressivas das partes para uma atitude de diálogo, na solução que brota do agir comunicativo, do consenso (OLIVEIRA, 2012). Nela, o mediador facilitará a comunicação, estimulando o diálogo, auxiliando na resolução dos conflitos, mas nada decidirá (Lei de Mediação, nº 13140/2015, artigo 2º). Quando o conflito a ser mediado é relativo ao tema saúde, se está diante do procedimento de mediação sanitária (D'ANTONIO, 2016, p. 16).

Alguns desenhos de meios de resolução alternativa de disputas voltados para a solução de conflitos relacionados ao direito à saúde foram implantados em nosso país. Exemplificamos: o Comitê Interinstitucional de Resolução Administrativa de Demandas da Saúde (CIRADS) do Estado do Rio Grande do Norte, o projeto "Mediação Sanitária: direito, saúde e cidadania" do Ministério Público do Estado de Minas Gerais, a Câmara Permanente Distrital de Mediação de Saúde (CAMEDIS) do Distrito Federal.

De modo geral, essas iniciativas consistem na formação de comitês que reúnem representantes das Secretarias de Saúde e da Defensoria Pública, seja estadual ou da União, cujos objetivos são os de facilitar a solução de pedidos de ações ou serviços de saúde, por meio de tratativas entre os representantes dos órgãos e os usuários do SUS, e sem que se faça necessário ajuizar uma ação.

Essas formas de mediação sanitária visam discutir os desafios (problemas-causas) coletivos de saúde no âmbito micro ou macrorregional, a partir de iniciativas próprias (não necessariamente provocadas), em uma agenda que possa envolver todos os atores do sistema – jurídicos ou não –, mediante a construção de espaços democráticos, compartilhados, com respeito aos

2.3 | A mediação como mecanismo de tutela do direito da saúde
Thaís de Camargo Oliva Rufino Andrade | Marcelo Lamy |

diversos saberes, de forma a reduzir a tensão e o confronto entre eles, cuja resultante possa levar à construção de políticas públicas de saúde que sejam universais, integrais e igualitárias (ASSIS, 2015, p. 4).

É natural à mediação que o mediador não ofereça solução, apenas possibilite que as partes envolvidas construam, elas mesmas, as soluções.

Nessas mediações sanitárias mencionadas, no entanto, há, muitas vezes, confusão na figura do mediador e da parte envolvida. Por isso, essas ações representam mais uma atuação institucional preventiva e democrática, permitindo a implantação de uma agenda positiva, com planejamento regionalizado e serviços de saúde descentralizados (ASSIS, 2015, p. 6), do que uma mediação pura.

CONSIDERAÇÕES FINAIS

Além dos grandes avanços alcançados nos últimos tempos pelo SUS, ainda se convive com problemas estruturais, com sérias deficiências técnicas, gerando além de um número elevado de demandas judiciais, a recorrente falta de efetivação do direito constitucional à saúde.

Muitas vezes, o direito à saúde só consegue ser efetivado por meio da intervenção do Poder Judiciário, pois o "processo jurisdicional deve produzir resultados efetivos, solucionando os conflitos, restabelecendo a paz social e entregando concretamente quem tem razão o bem da vida pretendido" (PAROSKI, 2006, p. 207).

Diante do número elevado e crescente de demandas relacionadas à saúde (em grande parte provocada pela ineficiência do Executivo), contexto que faz o Judiciário inevitavelmente dar também mostras de ineficiência, é necessário pensar em métodos alternativos de solução de conflitos.

Constatamos algumas experiências de mediação sanitária no país que, segundo relatam os envolvidos com as mesmas, produziram efeitos muito positivos. Ocorre que essas experiências de mediação mais se aproximam da dinâmica dos orçamentos participativos, da dinâmica da governança democrática, do que do instrumental da mediação.

Nada obstante isso, parece-nos que a mediação sanitária pode representar um valioso instrumento alternativo de solução para os conflitos que envolvem o direito à saúde.

É preciso, no entanto, inserir a mediação sanitária como etapa processual das demandas judiciais que envolvam a saúde, especialmente quando for possível identificar que a questão em pauta tem de ser resolvida pela ótica da justiça distributiva. As questões apresentadas em juízo que possuam natureza retributiva precisam continuar a serem resolvidas pelos instrumentais da heterocomposição.

REFERÊNCIAS

AITH, Fernando. A saúde como direito de todos e dever do estado: o papel dos poderes executivo, legislativo e judiciário na efetivação do direito à saúde no Brasil. In: AITH, Fernando et al. (org.). *Direito Sanitário:* saúde e direito, um diálogo possível. Belo Horizonte: ESP-MG, 2010. p. 73-105.

ASSIS, Gilmar de. A ação institucional de Mediação sanitária: Direito, Saúde e Cidadania. Anais do III Congresso IberoAmericano de Direito Sanitário e do II Congresso Brasileiro de Direito Sanitário. *Cuadernos Iberoamericanos de Derecho Sanitario*, v. 2, n. 2, 2013. Disponível em: < https://www.cadernos.prodisa.fiocruz.br/index.php/cadernos/article/download/98/140>.

AZEVEDO, André Gomma de. *Autocomposição e Processos Construtivos:* uma breve análise de projetos-piloto de mediação forense e alguns de seus resultados. v. 3. Brasília: Brasília Jurídica, 2002.

BENJAMIN, Antônio Herman V. A insurreição da aldeia global contra o processo civil clássico: apontamentos sobre a opressão e a libertação judiciais do meio ambiente e do consumidor. In: MILARÉ, Édis (coord.). *Ação Civil Pública – Lei 7.347/85:* reminiscências e reflexões após dez anos de aplicação. São Paulo: Revista dos Tribunais, 1995. p. 77-78.

BORGES, Danielle da Costa Leite; UGÁ, Maria Alicia Dominguez. Conflitos e impasses da judicialização na obtenção de medicamentos: as decisões de 1ª instância nas ações individuais contra o Estado do Rio de Janeiro, Brasil, em 2005. *Cadernos de Saúde Pública (Rio de Janeiro)*, v. 26, n. 1, p. 59-69, jan. 2010.

BRASIL. (1988). *Constituição da República Federativa do Brasil.* Brasília, DF: Senado, 1988. Disponível em: <http:://www.planalto.gov.br/ccivil_03/Constituicao/Constituicao.htm>. Acesso em: 26 mar. 2018.

BRASIL (2010). *Resolução nº 125, de 29 de novembro de 2010.* Disponível em:<https://www.trtsp.jus.br/geral/tribunal2/Trib_Sup/STF/CNJ/Res_125_10.html>. Acesso em: 29 jun. 2019.

2.3 A mediação como mecanismo de tutela do direito da saúde
Thaís de Camargo Oliva Rufino Andrade | Marcelo Lamy |

BRASIL. (2015). *Lei nº 13.140 de 26 de junho de 2015*. Dispõe sobre Mediação e dá outras providências. Disponível em: < http://www.planalto.gov.br/ccivil_03/_ato2015-2018/2015/Lei/L13140.htm >. Acesso em: 26 mar. 2019.

BRASIL. Conselho Nacional de Justiça. Justiça em números 2019: ano-base 2018. Disponível em: https://paineis.cnj.jus.br/QvAJAXZfc/opendoc.htm?document=qvw_l%2FPainelCNJ.qvw&host=QVS%40neodimio03&anonymous=true&sheet=shResumoDespFT. Acesso: 14 nov. 2019.

BRASIL. Conselho Nacional de Justiça. *Justiça em Números 2018:* ano-base 2017/ Conselho Nacional de Justiça - Brasília: CNJ, 2018. Disponível em: http://www.cnj.jus.br/programas-e-acoes/pj-justica-em-numeros. Acesso: 05 jan. 2019.

CUNHA, José Ricardo Ferreira; SCARPI, Vinícius. Os direitos econômicos, sociais e culturais: a questão da sua exigibilidade. *Direito, Estado e Sociedade*, n. 31, p. 69-85, jul/dez. 2007.

D'ANTONIO, Suzete Souza. Mediação sanitária: diálogo e consenso possível. *Cad. IberAmer. Direito. Sanit. (Brasília)*, v. 5, n. 2. abr/jun, 2016. Disponível em: < https://www.cadernos.prodisa.fiocruz.br/index.php/cadernos/article/view/255>. Acesso em: 21 jun. 2019.

DE ASSIS, Gilmar. Mediação sanitária: direito, saúde e cidadania. *Revista Tendências em Direitos Fundamentais:* Possibilidades de Atuação do Ministério Público, volume 1/ Conselho Nacional do Ministério Público. Brasília: CNMP, 2016. p. 29-36.

DECLARAÇÃO UNIVERSAL DOS DIREITOS HUMANOS. Promulgada em 10 dez. 1948. Disponível em: <http://www.ohchr.org/EN/UDHR/Documents/UDHR_Translations/por.pdf>. Acesso em: 10 jan. 2018.

DELDUQUE, Maria Célia; CASTRO, Eduardo Vazquez de. A Mediação Sanitária como alternativa viável à judicialização das políticas de saúde no Brasil. *Saúde Debate (Rio de Janeiro)*, v. 39, n. 105, p. 506-513, Jun. 2015. Disponível em: <http://www.scielo.br/scielo.php?script=sci_arttext&pid=S0103-11042015000200506&lng=en&nrm=iso>. Acesso em: 21 jun. 2019.

DINIZ, Maria Gabriela Araújo. Direito Social em favor dos pobres: perspectivas da adoção de meios alternativos de solução de controvérsias nos conflitos de direito à saúde. *Cadernos Ibero-Americanos de Direito Sanitário (Brasília)*, v. 2, n. 2, 2013.

LAMY, Marcelo et al. Mediação em Conflitos de Saúde: fundamentos teóricos e paradigmas jurídicos. In: LAMACHIA, Claudio; GONÇALVES, Sandra Kreiger (orgs.). *Direito Médico e da Saúde:* o direito, a saúde e a Justiça : cenários e desafios. Brasília: OAB, Conselho Federal, 2018. viii, 521 p.

MASSON, Daiane Garcia; SILVA, Rogério Luiz Nery. Uma primeira aproximação à Mediação de conflitos como alternativa à judicialização de direitos sociais. In: *Global Mediation Rio 2014. Mediação e Direitos Humanos*. Rio de Janeiro, 2014. p. 139-152.

NALINI. *O Juiz e o Acesso à Justiça*. São Paulo: Revista dos Tribunais, 2000.

RAMOS, Marcelene Carvalho da Silva. O direito fundamental à saúde na perspectiva da Constituição Federal. *A & C: Revista de Direito Administrativo e Constitucional (Belo Horizonte)*, v. 5, n. 22. p. 147-165, out. 2005.

ORGANIZAÇÃO DAS NAÇÕES UNIDAS (ONU). Declaração Universal dos Direitos Humanos (Adotada e proclamada pela resolução 217 A (III) da Assembleia Geral das Nações Unidas em 10 de dezembro de 1948). Disponível em: < https://nacoesunidas.org/wp-content/uploads/2018/10/DUDH.pdf>. Acesso em: 10 jan. 2017.

PAROSKI, Mauro Vasni. A Constituição e os Direitos Fundamentais: do Acesso à Justiça e suas Limitações no Brasil. Dissertação de Mestrado em Direito. Universidade Estadual de Londrina: Londrina-PR, 2006.

TARTUCE, Fernanda. *Mediação nos Conflitos Civis*. Rio de Janeiro: Método, 2018.

SCHULZE, Clenio Jair; LIMA JUNIOR, Arnaldo Hossepian. *Os números do CNJ sobre a judicialização da saúde em 2019*. Empório do Direito. 2 set. 2019. Disponível em: https://emporiododireito.com.br/leitura/numeros-de-2019-da-judicializacao-da--saude-no-brasil. Acesso em: 14 nov. 2019.

SCHULZE, Clenio Jair; LIMA JUNIOR, Arnaldo Hossepian. *Os números do CNJ sobre a judicialização da saúde em 2018*. Consultor Jurídico. Disponível em: https://www.conjur.com.br/2018-nov-10/opiniao-numeros-judicializacao-saude-2018. Acesso em: 14 nov. 2019.

SCHULZE, Clenio Jair; *Números atualizados da judicialização da saúde no Brasil*. Empório do Direito. 11 set. 2017. Disponível em: https://emporiododireito.com.br/leitura/numeros-atualizados-da-judicializacao-da-saude-no-brasil-por-clenio-jair-schulze. Acesso em: 14 nov. 2019.

SCHULZE, Clenio Jair; *Novos números sobre a judicialização da saúde*. Empório do Direito. 24 out. 2016. Disponível em: https://emporiododireito.com.br/leitura/novos-numeros-sobre-a-judicializacao-da-saude-por-clenio-jair-schulze. Acesso em: 14 nov. 2019.

2.4

Impactos da Lei de Liberdade econômica sobre as sociedades médicas Ltda. e a EIRELI*

José Carlos Massarelli Jr.
Verônica Scriptore Freire e Almeida

INTRODUÇÃO

Em um momento de necessárias modificações econômicas que envolvem hodiernamente o Brasil, o governo tem procurado promover alterações legislativas. Tais mudanças ocorrem na tentativa de tornar o Brasil mais atrativo para investimentos e negócios, uma vez que a flexibilização e modernização das normas visam ampliar a liberdade econômica.

Nesse contexto, aprovou-se em 20 de setembro de 2019, a chamada "Declaração de Direitos de Liberdade Econômica", Lei nº 13.874/2019 (BRASIL, 2019), com vistas a promover um ambiente que proporcione proteção a livre iniciativa e liberdade econômica, protegendo o patrimônio da empresa em relação ao de seu instituidor e/ou investidor.

Como é de conhecimento comum, o Congresso Nacional promove, não poucas vezes, alterações legislativas que ampliam os conflitos judiciais em razão de seus efeitos reflexos em situações já existentes.

De fato, esta lei trouxe alterações em diversos dispositivos legais, dentre os quais destacamos o Código Civil, mais especificamente nas regras da sociedade limitada. Surge, assim, um possível conflito entre as novas regras da sociedade limitada e as regras da empresa individual de responsabilidade limitada (EIRELI).

---

* Destaque-se que o presente texto foi premiado como o melhor trabalho científico do 2º Congresso Internacional de Direito da Saúde, realizado em novembro de 2019, na UNISANTA.

2.4 | Impactos da Lei de Liberdade econômica sobre as sociedades médicas Ltda. e a EIRELI
José Carlos Massarelli Jr | Verônica Scriptore Freire e Almeida |

Estas questões podem atingir, diretamente, o profissional médico que se vê obrigado a instituir uma sociedade para trabalhar nos hospitais e clínicas (fenômeno conhecido como pejotização), afetando a responsabilidade deste profissional em relação a estas empresas e aos pacientes.

Neste trabalho, iremos perscrutar a responsabilidade do médico nas diversas possibilidades de configuração da pessoa jurídica prestadora de serviços médicos. Vamos estudar os impactos das novas implementações legislativas à luz das regras que estavam em vigor e de possíveis alterações em curso para as sociedades médicas em nosso país.

2.4.1. TIPOS DE SOCIEDADES MÉDICAS

Em nosso sistema jurídico, as roupagens jurídicas que poderiam ser utilizadas na formação de empresas societárias médicas eram as seguintes: (a) sociedade simples; (b) sociedade simples limitada; (c) sociedade empresarial limitada; (d) empresa individual de responsabilidade limitada (EIRELI).

Destas, as três últimas formações têm sua responsabilidade limitada ao capital social da empresa. O objetivo da formação de empresas com responsabilidade limitada é proteger o capital pessoal dos sócios em uma possível busca do patrimônio da empresa, diante de um eventual revés financeiro da sociedade. Esta proteção é formalizada pelo princípio da autonomia patrimonial, conforme apontado por várias doutrinas (NEGRÃO, 2018; TOMAZETTE, 2017), baseado no artigo 982, parágrafo único do Código Civil (BRASIL, 2002).

Anteriormente, era admissível a existência de uma "sociedade" simples e unipessoal de responsabilidade limitada apenas temporariamente, por 180 dias. Este período era determinado pela legislação civil, no artigo 1.033, inciso IV, como tempo necessário para se encontrar novo sócio ou extinguir a sociedade definitivamente (BRASIL, 2002).

Entretanto, existia uma necessidade entre os empresários de se criar uma sociedade limitada que fosse constituída de uma única pessoa e que protegesse o capital pessoal do investidor, dando azo ao Projeto de lei complementar PLC 18/2011. A leitura de parecer agregado a esse projeto demonstra este intento do legislador, quando afirma ter "o objetivo de permitir ao empresário, individualmente, explorar atividade econômica **sem colocar em risco seus bens particulares**" (BRASIL, 2011, grifo nosso).

Com efeito, no ano de 2011, o PLC 18/2011 foi aprovado e, alterando Código Civil, surgiu a possibilidade de formação de uma empresa unipessoal de responsabilidade limitada, implementada com a Lei n° 12.441/2011.

Esta alteração permitiu a formação da denominada EIRELI que, a partir de 2012, teve ampla aceitação da jurisprudência, a exemplo do Enunciado 3 do CJF que apontou que a "EIRELI não é sociedade unipessoal, mas um novo ente, distinto da pessoa do empresário e da sociedade empresária" (BRASIL, 2012).

Assim, tanto a lei como a jurisprudência passaram a entender que uma empresa unipessoal, nos moldes da EIRELI, tem seu patrimônio distinto do patrimônio da pessoa que a forma, possibilitando a "blindagem" do patrimônio pessoal do empreendedor, por meio do Princípio da Autonomia Patrimonial da Pessoa Jurídica (NEGRÃO, 2018; TOMAZETTE, 2017).

Observe-se, no entanto, que o empresário individual tem de integralizar o capital social com, no mínimo, 100 (cem) salários mínimos vigentes, nos termos do artigo 980-A do Código Civil (BRASIL, 2011), para que possa formalizar a EIRELI e produzir tal "blindagem". O capital social não se presta, somente, para a abertura legal da sociedade simples ou limitada, ele tem três funções básicas após a integralização (TOMAZETTE, 2017; TOCACH, 2001): (a) função de garantia; (b) função de delimitar a posição societária; (c) função de produtividade. Segundo Tomazette, por conta da primeira "função é que se exigiu o capital mínimo de cem vezes o maior salário mínimo vigente no país, cujo valor pode ser discutível, mas representa a ideia da garantia mínima para os credores" (TOMAZETTE, 2017). Desta forma, o capital social serve para salvaguardar o credor, em tese, o que é de suma importância para a estabilidade das relações societárias e empresariais, bem como para cumprir a função social da empresa, em especial, no Brasil.

Logicamente, esta "blindagem" tem limites, e pode ser ultrapassada pela implementação de alguns quesitos dispostos no artigo 50 do Código Civil e/ou artigo 28 do Código de Defesa do Consumidor e/ou artigo 34 da Lei n° 12.529/2011 (Lei Antitruste).

O artigo 50 do Código Civil foi alterado em 2019, com vistas a dificultar a desconsideração da pessoa jurídica por parte da judicatura que utilizava amplamente tal instituto (NOGUEIRA, 2016). Esta alteração procurou delimitar o desvio de finalidade e a confusão patrimonial para a desconsideração

2.4 | Impactos da Lei de Liberdade econômica sobre as sociedades médicas Ltda. e a EIRELI
José Carlos Massarelli Jr | Verônica Scriptore Freire e Almeida |

da personalidade jurídica, com lastro na teoria menor da desconsideração da Pessoa Jurídica (VENOSA, 2018; NEGRÃO, 2019). Para o desvio de finalidade, o legislador delimitou esta interpretação para os casos em que a sociedade tenha o propósito de lesar credores e praticar atos ilícitos (BRASIL, 2002). Já para a confusão patrimonial, restou delimitada em (BRASIL, 2002): (a) cumprimento repetitivo de obrigações dos sócios ou administradores, pela empresa, ou vice-versa, a exemplo de pagamentos de contas de consumo ou cartões de créditos pessoais no caixa da empresa (a palavra "repetitivo" deixa margem para a prática destas condutas de forma eventual); (b)transferências de ativos e passivos sem contraprestações, salvo de valor, proporcionalmente, insignificante, a exemplo de transferência de veículos ou bens móveis para sócios ou terceiros (a palavra "proporcionalmente" deixa margem para valores duvidosos, porquanto, uma empresa com faturamento de R$ 1 milhão de reais, poderá transferir valores de R$ 10.000,00 sem contraprestação, afinal, isto representa 1% do faturamento e isto é insignificante, entretanto, é um significativo desvio de verba); (c) Outros atos de descumprimento da autonomia (ficará a critério do juiz a análise dos "outros atos").

Com a entrada em vigor da Declaração de Direitos de Liberdade Econômica, foram feitas alterações significativas para a formação da sociedade limitada, relacionadas ao artigo 1052 do CC, como segue:

> Art. 1.052. Na sociedade limitada, a responsabilidade de cada sócio é restrita ao valor de suas quotas, mas todos respondem solidariamente pela integralização do capital social.
> § 1º **A sociedade limitada pode ser constituída por 1 (uma) ou mais pessoas**. (Incluído pela Lei nº 13.874, de 2019).
> § 2º Se for unipessoal, aplicar-se-ão ao documento de constituição do sócio único, no que couber, as disposições sobre o contrato social. (Incluído pela Lei nº 13.874, de 2019) (BRASIL, 2002, grifo nosso.)

Este artigo é associado à formação da sociedade simples limitada, que se distingue do que é chamado, pela doutrina, de sociedade simples simples ou sociedade simples pura (CRUZ, 2019), por limitar a responsabilidade sobre o capital da sociedade ou empresa, protegendo o patrimônio dos sócios.

Com essa alteração, é possível criar uma sociedade unipessoal LTDA, não temporária, distinta da EIRELI e da sociedade simples pura, em contraposição ao entendimento anterior, esvaziando o artigo 1.033, inciso IV do Código Civil. Ademais, o § 2º do artigo 1.052 do Código Civil, coloca como subsidiária as disposições do contrato social da sociedade plural em relação a sociedade unipessoal, o que reforça o entendimento de uma nova sociedade unipessoal no ordenamento jurídico. Estas observações não estão relacionadas às EIRELIs, portanto, é uma alteração na formação da sociedade plural que passa a poder contar com a modalidade unipessoal.

Esta nova modalidade, pela falta de formalidades, possivelmente, esvaziará a figura da EIRELI, que exige 100 salários mínimos para sua formação, não permite sócio Pessoa Jurídica e a criação de mais de uma EIRELI por pessoa, (artigo 980-A § 2º), ao contrário das outras sociedades.

Assim, podemos perceber que, além das opções existentes, teremos uma nova modalidade de empresa unipessoal, a **sociedade unipessoal limitada**. Neste ponto, é preciso analisar a responsabilidade do médico em relação à escolha da modalidade societária e suas consequências, bem como em relação ao paciente.

2.4.2. RESPONSABILIDADE CIVIL DAS SOCIEDADES MÉDICAS

Um dos maiores desafios no universo das relações médicas atuais é a pejotização da massa trabalhista médica. A pejotização é uma palavra utilizada, há tempos, pela jurisprudência e pela doutrina, para identificar a contratação de serviços pessoais exercidos por pessoas físicas, com subordinação, onerosa e não eventual, que passam a ser exercidos por pessoa jurídica criada para este fim (RENAULT, 2008; BRASIL, 2007).

Atualmente, existe um grande movimento de hospitais que impõem a pejotização médica (CFM, 2019), ou seja, a transformação dos profissionais médicos em sociedades médicas para relativizar a relação trabalhista e diminuir os encargos tributários e sociais.

Ao que parece, este movimento foi realizado por outros seguimentos e não tem convencido algumas autoridades de sua legitimidade, a exemplo do Conselho Administrativo de Recursos Fiscais (CARF) (BRASIL, 2018; BRASIL, 2019), embora exista um *"contraditio in terms"* entre a Justiça do Trabalho (BRASIL, 2017) e as decisões do CARF.

2.4 | Impactos da Lei de Liberdade econômica sobre as sociedades médicas Ltda. e a EIRELI
José Carlos Massarelli Jr | Verônica Scriptore Freire e Almeida |

No meio deste conflito, temos o profissional de medicina que, na tentativa de continuar dentro do mercado de trabalho, se vê obrigado a abrir uma sociedade com outra pessoa (muitos contratantes não aceitam EIRELIs para essa relação negocial, pois precisam elidir a pessoalidade da prestação de serviços).

Esta "outra pessoa", para o médico, em muitos casos, é uma pessoa que figurará na empresa simplesmente pela necessidade da formação societária. Muitos não se dão conta das implicações que decorrem desta escolha, afinal, qualquer implicação no nome do sócio, muitas vezes, afeta os outros sócios da sociedade e a própria sociedade. Podemos citar, como exemplo, a questão de busca por financiamentos, pois todo banco, ao ofertar uma determinada linha de crédito faz uma pesquisa, financeira e jurídica, dos sócios e da sociedade e, caso haja apontamento, o crédito não é liberado.

As relações entre os sócios e a sociedade podem ser afetadas por diversas intercorrências, sejam de ordem tributária, trabalhista, penal, cível ou administrativa. Estas intercorrências citadas ainda podem ser, objetivas e subjetivas, solidárias ou subsidiárias, a depender da área e da situação fática envolvida.

Em linhas gerais temos que a responsabilidade objetiva é aquela que prescinde da culpa, a subjetiva exige a culpa para sua concretude. A responsabilidade solidária é aquela que determina que qualquer pessoa envolvida deverá arcar com a responsabilidade, independentemente de ordem ou do "quantum" devido por cada responsável, sendo determinada por lei. Na responsabilidade subsidiária somente a pessoa responsável responde, podendo, eventualmente, outra pessoa responder, a depender da situação.

Em regra, os profissionais da saúde não têm a *expertise* para fazer a escolha mais apropriada e, não poucas vezes, se envolvem em situações desconcertantes por força de suas escolhas.

É importante esclarecer que o fundamento da responsabilidade civil dos profissionais liberais tem como base a responsabilidade subjetiva. O artigo 14, § 4º do CDC e artigos 948 a 951 do CC, determinam a verificação da culpa para que haja a responsabilização do profissional, entendimento compartilhado pelo STJ e STF:

[...] 3. Os artigos 951 do Código Civil e 14, § 4°, do Código de Defesa do Consumidor adotaram a teoria da culpa como fundamento da responsabilidade civil dos profissionais liberais, a exemplo dos médicos, cuja caracterização fica condicionada à comprovação de que os danos sofridos decorreram de um serviço culposamente mal prestado (negligência, imprudência e imperícia). (BRASIL, 2019.)

EMENTA: - Recurso extraordinário. Indenização. Responsabilidade objetiva do Estado. 2. Acórdão que confirmou sentença de improcedência da ação, determinando que somente se admite o direito a indenização se ficar provada a culpa subjetiva do agente, e não a objetiva. 3. Alegação de ofensa ao art. 107, da EC n.° 01/69, atual art. 37, § 6°, da CF/88. 4. Aresto que situou a controvérsia no âmbito da responsabilidade subjetiva, não vendo configurado erro médico ou imperícia do profissional que praticou o ato cirúrgico [...]. (BRASIL, 2002)

A prova para este tipo de responsabilidade cabe ao paciente, contanto que o profissional da saúde tenha procedido dentro dos limites protocolares da profissão e agido de forma coerente com a situação.

Entretanto, esta responsabilidade passa a ser objetiva, conforme aponta Gagliano, em relação aos hospitais e clínicas médicas, pois prescinde da análise da culpa (GAGLIANO, 2019), bastando ao paciente demonstrar o nexo de causalidade.

A responsabilidade objetiva funda-se, também, na responsabilidade pela escolha e pela vigilância que a empresa deve manter sobre seus colaboradores, culpa *in eligendo* e *in vigilando*, neste diapasão temos o Enunciado n° 191 do CJF/STJ, onde aponta que "a instituição hospitalar privada responde, na forma do art. 932, III, do CC, pelos atos culposos praticados por médicos integrantes de seu corpo clínico" (BRASIL, 2012).

A responsabilidade do médico será subjetiva, ou seja, se o paciente buscar o ressarcimento de prejuízos advindos da conduta do profissional deverá provar a culpa advinda de negligência, imprudência ou imperícia. Entretanto, para o médico que presta serviços por empresa preposta, do próprio médico, para hospital ou para clínica, a responsabilidade será objetiva para a empresa do médico e não para o hospital, salvo em caso de erro do próprio hospital ou sua equipe, a exemplo de uma infecção hospitalar (GAGLIANO, 2019).

Neste caso, caberá a empresa do médico, preposta de serviços, provar que houve ingerência na prestação do serviço contratado por esta empresa, pelo hospital ou clínica, para que haja responsabilização destes.

Podemos citar como exemplo o hospital que fornece equipe auxiliar médica para que a empresa médica contratada ou que "aluga" o espaço médico prestar o serviço, neste caso, a falha da equipe médica será de responsabilidade do hospital e a falha da empresa médica que presta o serviço será da empresa médica (NADER, 2016).

Observe que as relações contratuais se tornam muito mais complexas, tornando o paciente cada vez mais hipossuficiente nesta relação, pois não é razoável que o paciente fique perscrutando as relações empresariais de seu médico para, eventualmente, ressarcir-se dos possíveis prejuízos.

Para o paciente, não existem duas empresas, somente o hospital e o médico que estão prestando o serviço. Assim, a responsabilidade, do médico, em relação ao paciente e a prestação do serviço, é subjetiva, conforme aponta Pereira quando afirma que caso o médico não pertença ao quadro do hospital será pessoal a responsabilidade (PEREIRA, 2018; NADER, 2016). Caso faça parte do quadro de colaboradores do hospital, a responsabilidade será do hospital (PEREIRA, 2018), conforme explanado acima.

Entretanto, para o médico empresário, a relação muda completamente. Para o hospital, existe uma empresa intermediando as relações entre o paciente e o mesmo, esta empresa tem responsabilidade objetiva (NADER, 2016) para com o paciente, em relação a prestação do serviço executado. Já não estamos tratando de um preposto do hospital ou clínica, mas de uma empresa que presta serviços para outra empresa.

Em relação aos tipos societários, a responsabilidade do médico será equivalente ao tipo societário escolhido; desta forma, teremos a responsabilidade limitada ao patrimônio (capital social) para as empresas de responsabilidade limitada. Portanto, para a sociedade simples pura ou simples simples, a responsabilidade será ilimitada, podendo alcançar todo o patrimônio dos sócios da empresa. Já para a empresa de sociedade simples limitada e a EIRELI, a responsabilidade será limitada ao capital social.

Entretanto, o caso tem sido confrontado em relação à cobrança de ISS, e a resposta dos juízes do Superior Tribunal de Justiça tem sido pela impossibilidade de limitação da responsabilidade, como segue:

5. O fato de ser constituída como sociedade por quotas de responsabilidade limitada, não é suficiente, por si só, para determinar que seja tida como empresária, devendo-se considerar o seu objeto, a sua forma e a sua natureza. Neste caso, o que caracteriza a sociedade como uniprofissional, é o fato de ser formada por Profissionais da Medicina, que exerçam atividades em nome da sociedade e estejam habilitados ao seu exercício.

6. No presente caso, **trata-se de sociedade de prestação de serviços profissionais por meio de atendimentos médicos realizados diretamente pelos sócios, que assumem a responsabilidade pessoal em razão da própria natureza do labor médico**, portanto, amparados pelo art. 9º, § 3º do DL 406/1968. (BRASIL, 2018, grifo nosso.)

O Tribunal de Justiça do Estado de São Paulo, tem entendimento diverso ao explicitado anteriormente, como segue:

Tributário – Apelação – Ação Declaratória de Existência de Relação Jurídico Tributária c/c Pedido Incidental de Anulação de Ato Administrativo – ISS – Exercício de 2013 a 2016 – Município de São Paulo – Sentença que julgou improcedente o pedido formulado pela autora – Recurso interposto pela autora. Nulidade do Processo Administrativo – Inocorrência – Desenquadramento retroativo de ofício da apelante do regime especial de recolhimento do ISS destinado às sociedades uniprofissionais – Verificação do descumprimento dos requisitos legais – Exercício da autotutela administrativa – Ausência de irregularidade – Precedente deste E. Tribunal. ISS – Regime Especial de Tributação – Pretensão de recolhimento do ISS com base no art. 9º, parágrafos 1º e 3º do Decreto-Lei nº. 406/68 – Para fazer jus a esse regime de tributação, a sociedade deve: (a) ser uniprofissional, afastando-se o "efeito multiplicador" que se verifica quando a produção de determinada sociedade exceder a soma das produções individuais dos profissionais; (b) preservar a marca da pessoalidade na relação entre prestador e tomador; e (c) não possuir caráter empresarial. Sociedade Limitada – Impossibilidade de enquadramento no regime especial de tributação... (BRASIL, 2019.)

Embora os julgados estejam relacionados à questão de tributos, ISS, fica notório, pela leitura dos acórdãos, que existe uma tendência a manter a responsabilidade ilimitada, a despeito de sua configuração empresarial limitada.

2.4 Impactos da Lei de Liberdade econômica sobre as sociedades médicas Ltda. e a EIRELI
José Carlos Massarelli Jr | Verônica Scriptore Freire e Almeida |

Esta questão é relevante para a área cível, porquanto pode ensejar o alcance do patrimônio pessoal do médico, sócio da empresa médica, a despeito da configuração jurídica da empresa constituída.

Para deixar mais clara a informação, proponho a tabela abaixo, que mostra os tipos societários estudados, suas responsabilidades em relação ao patrimônio dos sócios e a possibilidade da desconsideração da PJ para alcançar o patrimônio dos mesmos:

Tabela 1 – Tabela de tipos societários relacionados
à responsabilidade do sócio

Tipos Societário		Responsabilidade		Desconsideração da PJ
		Limitada	Ilimitada	
Sociedade Empresária	Sociedade Limitada			Poderá responder com o patrimônio pessoal
	EIRELI			
Sociedade Simples	Sociedade Limitada			
	Sociedade Simples (Simples ou Pura)			Responde com o patrimônio pessoal

Agora, a questão é mais pujante, diante da possibilidade de qualquer sociedade se tornar unipessoal com a alteração do artigo 1.052 do CC, conforme apontado, sem a necessidade de incrementação de capital social por valor definido, como acontece com a EIRELI, podemos ter a fragilização dos credores, por força da função inerente do capital social.

Então teríamos, para as empresas envolvidas, sociedade médica e hospital, uma responsabilidade distinta da responsabilidade existente entre o hospital, a sociedade médica e o paciente.

A relação entre as sociedades é empresarial, fundada no contrato, e passa a ser uma responsabilidade subjetiva.

A relação entre as sociedades ou empresas e o paciente é lastreada no CDC, sendo uma relação de consumo e, é protegida de forma diferenciada pelo ordenamento, sendo a responsabilidade destas empresas objetiva em relação ao paciente.

CONSIDERAÇÕES FINAIS

Conforme pudemos observar, as relações empresariais que envolvem os profissionais da saúde têm passado por diversas transformações. Estas transformações têm obrigado os médicos a buscarem outras formas de exercício de sua profissão, especialmente relacionadas à formação de sociedades, com vistas a manter-se no mercado de trabalho. Estas novas formas de trabalhar alteram as implicações da responsabilidade do médico e fragilizam a proteção de seu patrimônio pessoal, apesar da nomenclatura que é utilizada pelas formações societárias observadas. Assim, é preciso que o profissional da saúde esteja atento para a formação da sociedade médica, levando-se em consideração as limitações que cada modelo impõe, observando atentamente quem irá compor a sociedade e quais as implicações para a responsabilidade civil tanto em relação às empresas que contrataram seus serviços como em relação aos pacientes.

Neste diapasão, pudemos observar que a responsabilidade do médico, embora subjetiva na sua essência, na formação de sociedade médica passa a ter outras nuances, sendo objetiva para o paciente que se utiliza dos serviços desta sociedade. O hospital ou a clínica passam a ter uma relação empresarial com a sociedade médica o que altera a configuração da responsabilidade entre eles, embora fique claro que, para o paciente, a responsabilidade das empresas envolvidas será objetiva. Desta forma, podemos perceber que são os grandes hospitais e centros médicos, que contratam os serviços de "empresas" médicas "familiares" ou pequenas, que buscam se proteger das implicações tributárias e civis relacionadas à contratação direta de médicos.

REFERÊNCIAS

BRASIL, Tribunal de Justiça do Estado de São Paulo; Apelação Cível 1003997-48.2019.8.26.0053; Relator (a): Eurípedes Faim; Órgão Julgador: 15ª Câmara de Direito Público; Foro Central - Fazenda Pública/Acidentes - 8ª Vara de Fazenda Pública; Data do Julgamento: 03/10/2019; Data de Registro: 03/10/2019. Disponível em: https://esaj.tjsp.jus.br/cjsg/getArquivo.do?cdAcordao=12943794&cdForo=0. Acesso em: 19 out. 2019.

BRASIL. Conselho Administrativo de Recursos Fiscais (CARF). Processo 16682.721028/2015-87, julgado em 6 de agosto de 2019. Relator Denny Medeiros da Silveira. Disponível em: http://carf.fazenda.gov.br/sincon/public/pages/ConsultarInformacoesProcessuais/consultarInformacoesProcessuais.jsf. Acesso em: 19 out. 2019.

BRASIL. Conselho Administrativo de Recursos Fiscais (CARF). Processo 10166.728615/2011-26, julgado em 3 de outubro de 2018. Relator Denny Medeiros da Silveira. Disponível em: http://carf.fazenda.gov.br/sincon/public/pages/ConsultarInformacoesProcessuais/consultarInformacoesProcessuais.jsf. Acesso em: 19 out. 2019.

2.4 | *Impactos da Lei de Liberdade econômica sobre as sociedades médicas Ltda. e a EIRELI*
José Carlos Massarelli Jr | Verônica Scriptore Freire e Almeida |

BRASIL. I Jornada de Direito Comercial, [23-24 de outubro de 2012, Brasília]. Brasília: Conselho da Justiça Federal, Centro de Estudos Judiciários, 2013. Disponível em: https://www.cjf.jus.br/cjf/corregedoria-da-justica-federal/centro-de-estudos--judiciarios-1/publicacoes-1/jornadas-de-direito-comercial/livreto-i-jornada-de--direito-comercial.pdf. Acesso em: 12 out. 2019.

BRASIL. Jornadas de direito civil I, III, IV e V: enunciados aprovados. Ministro Ruy Rosado de Aguiar (coord.). Brasília: Conselho da Justiça Federal, Centro de Estudos Judiciários, 2012. Disponível em: https://www.cjf.jus.br/cjf/corregedoria--da-justica-federal/centro-de-estudos-judiciarios-1/publicacoes-1/jornadas-cej/EnunciadosAprovados-Jornadas-1345.pdf. Acesso em: 19/10/2019.

BRASIL. *Lei nº 10.406, de 10 de janeiro de 2002*. Institui o Código Civil. Publicado no D.O.U. de 11.1.2002. Disponível em: http://www.planalto.gov.br /ccivil_03/LEIS/2002/L10406.htm. Acesso em: 12 out. 2019.

BRASIL. *Lei nº 13.874, de 20 de setembro de 2019*. Institui a declaração de direitos de liberdade econômica. Publicado no DOU de 20.9.2019 - Edição extra-B. Disponível em: http://www.planalto.gov.br/ccivil_03/_ato2019-2022/2019/lei/L13874 .htm. Acesso em: 12 out. 2019.

BRASIL. *Mensagem nº 438, de 20 de setembro de 2019*. Publicado no DOU de 20.9.2019 - Edição extra-B. Disponível em: http://www.planalto.gov.br/ccivil_03 /_ato2019-2022/2019/Msg/VEP/VEP-438.htm. Acesso em: 12 out. 2019.

BRASIL. Superior Tribunal de Justiça. AREsp 1173334, 20170110084492APC, Relator Des. Luís Gustavo B. De Oliveira, 4ª Turma Cível, data de julgamento: 22/5/2019, publicado no DJe: 27/5/2019. Disponível em: https://ww2.stj.jus.br/processo/revista/documento/mediado/?componente=ATC&sequencial=4842878&num_registro=200602494160&data=20090330&tipo=5&formato=PDF. Acesso em: 01 set. 2019.

BRASIL. Superior Tribunal de Justiça. AREsp nº 838.175 - SP (2015/0328064-3). Relator Ministro Napoleão Nunes Maia Filho. Data de julgamento: 14 de fevereiro de 2018, publicado no DJe: 02/03/2018. Disponível em: https://ww2.stj.jus.br/processo /monocraticas/decisoes/?num_registro=201503280643&dt_publicacao=02/03/2018. Acesso em: 19 out. 2019,

BRASIL. Superior Tribunal de Justiça. Resp 1145728 MG, Relator o Ministro JOÃO OTÁVIO DE NORONHA, DJe de 28.6.2011. Disponível em: https://ww2.stj.jus.br/processo/revista/documento/mediado/?componente=ATC&sequencial=16370 520&num_registro=200901182632&data=20110908&tipo=5&formato=PDF. Acesso em: 19/10/2019.

BRASIL. Supremo Tribunal Federal. RE 217389, Relator: Min. Néri Da Silveira, Segunda Turma, julgado em 02/04/2002, DJ 24-05-2002 PP-00069 EMENT VOL-02070-03 PP-00606. Disponível em: http://redir.stf.jus.br/paginadorpub/ paginador.jsp?docTP=AC&docID=247244. Acesso em 01 set. 2019.

BRASIL. Tribunal Regional do Trabalho da 10ª Região. RO 0001447-21.2016.5.10.0014. Relação de emprego. Inexistência. A CLT, em seu art. 3º, considera empregado "toda pessoa física que prestar serviços de natureza não eventual a empregador, sob dependência deste e mediante salário". É de se esperar que tais elementos estejam necessariamente presentes em um contrato de trabalho, que, na definição de Orlando Gomes, é "[...] a convenção pela qual um ou vários empregados, mediante certa remuneração e em caráter não eventual, prestam trabalho pessoal em proveito e sob direção de empregador." (Contrato individual de trabalho. Forense, 1994. p. 118). Para a Justiça do Trabalho, o elemento definidor da existência de relação de emprego é a presença de subordinação jurídica entre as partes, o que não se verificou nos presentes autos. *In casu*, a inexistência de relação de emprego entre os litigantes emergiu, de modo inconteste, do conjunto probatório. Recurso ordinário conhecido e desprovido. Desembargadora Márcia Mazoni Cúrcio Ribeiro. Julgado em 07 de fevereiro de 2017. Disponível em: https://pje.trt10.jus.br /consultaprocessual/detalhe-processo/00014472120165100014. Acesso em: 19 out. 2019.

BRASIL. Tribunal Superior do Trabalho. TST-RR-554/2004-023-04-00.0. Contratação de trabalho técnico mediante constituição de pessoa jurídica – prova da fraude visando a escapar de encargos sociais – reexame da prova vedado pela Súmula nº 126 do TST. Ministro Ives Gandra Martins Filho. Julgado em 14 de fevereiro de 2007. Disponível em: http://aplicacao5.tst.jus.br/consultaDocumento/acordao.do? anoProcInt=2006&numProcInt=183778&dtaPublicacaoStr=09/03/2007%20 00:00:00&nia=4155910. Acesso em: 19 out. 2019.

CFM. Conselho Federal de Medicina. Pejotização é uma realidade entre os médicos. 24 de julho de 2019. Disponível em: https://portal.cfm.org.br/index.php?option=com_content&view=article&id=28354:2019-07-24-23-38-04&catid=3. Acesso em: 19/10/2019.

CRUZ, André Santa. *Direito Empresarial*. 9. ed. Rio de Janeiro: Forense; São Paulo: Método, 2019.

GAGLIANO, Pablo Stolze; PAMPLONA FILHO, Rodolfo. *Novo Curso de Direito Civil*. Volume 3: responsabilidade civil. 17. ed. São Paulo: Saraiva Educação, 2019.

NADER, Paulo. *Curso de Direito Civil*. Volume 7: responsabilidade civil. 6. ed. rev. atual. e ampl. Rio de Janeiro: Forense, 2016.

NEGRÃO, Ricardo. *Manual de Direito Empresarial*. 9. ed. São Paulo: Saraiva Educação, 2019.

NOGUEIRA, Márcio Roberto Villanova. *Estadão – Política, 26/11/2016*. Disponível em: https://politica.estadao.com.br/blogs/fausto-macedo/a-banalizacao-da-desconsideracao-da-personalidade-juridica-2/. Acesso em: 12 out. 2019.

PEREIRA, Caio Mário da Silva; TEPEDINO, Gustavo. *Responsabilidade Civil*. 12. ed. rev. atual. e ampl. Rio de Janeiro: Forense, 2018.

RENAULT, Luiz Otávio Linhares; COUTO FILHO, Eduardo Soares do. *A "pejotização" e a precarização das relações de trabalho no Brasil*. 2008. Disponível em: https://katybrianezi.jusbrasil.com.br/artigos/121934275/pejotizacao-voce-sabe-o-que-significa. Acesso em 19/10/2019.

TOCACH, Regis. Os aumentos de capital nas sociedades anônimas e limitadas e suas implicações. Monografia para graduação em direito na Universidade Federal do Paraná, 2001. Disponível em: https://acervodigital.ufpr.br/bitstream/handle/1884/ 38032/M080.pdf?sequence=1&isAllowed=y. Acesso em: 12 out. 2019.

TOMAZETTE, Marlon. *Curso de Direito Empresarial:* teoria geral e direito societário. 8. ed. rev. e atual. São Paulo: Atlas, 2017.

VENOSA, Sílvio de Salvo; RODRIGUES, Cláudia. *Direito empresarial*. 8. ed. São Paulo: Atlas, 2018.

Parte 3

Direito da saúde e Tutela trabalhista

3.1

Gestão sustentável da jornada de trabalho no sistema bancário e seus impactos no direito à saúde*

RICARDO BEZERRA DE OLIVEIRA
ROSA MARIA FERREIRO PINTO

INTRODUÇÃO

A PROMULGAÇÃO da Constituição da República Federativa do Brasil de 1988 é o marco temporal para a consolidação dos direitos sociais (artigo 6º da CRFB/88), fundamentais e humanos: como a dignidade (artigo 1º, inciso III), o direito à saúde no trabalho (170, inciso VI), no meio ambiente ecologicamente equilibrado (artigo 225, *caput*), a proteção à vida (artigo 5º, *caput*) e o direito ao valor social do trabalho (artigo 1º, inciso IV) como bens jurídicos indisponíveis e que irradiam – enquanto mandamentos de otimização constitucional – todas as leis, decisões e políticas públicas estatais.

Para Fialho e Oliveira (2018), o direito à saúde é indispensável à vida plena e está conectado ao rol dos demais direitos sociais. Construído e desenvolvido através das políticas públicas, que são ações governamentais que

---

* A pesquisa desenvolvida durante o mestrado pelo pesquisador Ricardo Bezerra de Oliveira, sob orientação da Profa. Dra. Rosa Maria Ferreiro Pinto, relaciona-se intrinsecamente com os estudos que esse autor continuou a desenvolver depois de encerrado o ciclo do mestrado. Há, em razão disso, trechos de textos do autor presentes em suas pesquisas anteriores que foram replicados e atualizados aqui. Cf. OLIVEIRA, Ricardo Bezerra; FIALHO, Marcelito Lopes; REIS, Karina Pregnolato et al. O direito constitucional do trabalho com o advento da reforma trabalhista (Lei nº 13.467/2017): uma abordagem à luz do direito da saúde. Revista científica integrada UNAERP, 2018, v. 4, n. 1; OLIVEIRA, Ricardo Bezerra. Gestão sustentável da jornada de trabalho no sistema bancário e seus impactos no direito à saúde, 2019. Dissertação (Mestrado em Direito da Saúde) – Universidade Santa Cecília, Santos, 2019.

objetivam a prevenção e combate aos diversos agravos e doenças em geral, inclusive no meio ambiente do trabalho.

Com o advento da reforma trabalhista (Lei nº 13.467/2017), condições adversas para a duração e jornada do trabalho poderão ser sentidas pelos trabalhadores do Brasil e seus direitos, historicamente conquistados, como sáude, proteção e integridade física poderão sofrer restrições, flexibilizações e mudanças.

A gestão do contrato de trabalho – seja tradicional, estratégica ou a sustentável – encontra amparo legal nos poderes gerais do empregador encontrados no artigo 2º do Decreto-Lei nº 5452 de 1º de maio de 1943 – a Consolidação das Leis Trabalhistas – que assim dispõe, em seu artigo 2º, que "Considera-se empregador a empresa, individual ou coletiva, que, assumindo os riscos da atividade econômica, admite, assalaria e dirige a prestação pessoal de serviço" (BRASIL, 1943).

Como mandamento constitucional, o Sistema Único de Saúde, deverá participar e colaborar, de forma intersetorial, com a implementação de políticas de gestão sustentável no meio ambiente do trabalho em parceria com o setor privado, aqui representado pelo sistema bancário nacional. É o que se depreende do artigo 200 da Carta Magna de 1988.

É preciso asseverar que os índices de acidentes de trabalho são grandes e crescentes, sobretudo, no ambiente corporativo das empresas financeiras e bancárias, como o será, aqui, delineado.

Por isso, o objeto deste trabalho é avaliar a gestão sustentável da jornada de trabalho no sistema bancário, enquanto direito e política de saúde no âmbito da jornada de trabalho, levando em considerações as alterações da reforma trabalhista.

O objetivo geral foi avaliar a gestão estratégica e sustentável da jornada de trabalho no sistema bancário e seus impactos para o direito à saúde, com o advento da reforma trabalhista, tendo por estudo de caso e paradigma o Banco do Brasil S.A. Além disso, como objetivos específicos, este trabalho buscou caracterizar as políticas de sustentabilidade e promoção do direito à saúde para a redução dos agravos e doenças ocupacionais em virtude da jornada de trabalho, levando em considerações os diplomas normativo-constitucionais, legais e convencionais; identificar as consequências e condições adversas negativas das más práticas em gestão para a saúde e segurança no trabalho no sistema bancário.

Assim, analisou-se, de fato, se o Banco do Brasil, representando neste trabalho o sistema bancário nacional, enquanto integrante da administração pública indireta, segue os desígnios da gestão sustentável da jornada de trabalho através da análise dos fatos descritos em documentos oficiais e institucionais. Fizemos, portanto, o levantamento, a leitura e a análise destes documentos; extraímos os elementos significativos e pertinentes à problemática da gestão sustentável e à saúde dos trabalhadores e analisamos os respectivos dados e resultados na perspectiva do direito à saúde (artigos 6º, 196, *caput* e 200 da CRFB/88) e das políticas e diretrizes internacionais da Organização Internacional do Trabalho quanto à saúde e segurança no meio ambiente do trabalho.

De cunho descritivo-explicativa, a presente pesquisa analisou, observou, registrou e classificou os fatos sociais que permeiam a história do capitalismo, as lutas de classes e os efeitos da gestão sustentável da jornada de trabalho. Buscou recortar, por meio da historiografia, os fatos históricos da sustentabilidade como paradigma para a educação e gestão da ética no trabalho.

Dentre as instituições bancárias que fazem parte do sistema bancário e financeiro brasileiro – para análise da gestão estratégica e sustentável da jornada de trabalho, com os impactos advindos da reforma trabalhista – selecionou-se – como estudo de caso e paradigma para as demais instituições – o primeiro e o maior conglomerado econômico-financeiro e público do país – ora denominado Banco do Brasil S.A (em razão de seu valor e de sua posição estratégica para o progresso econômico e social do país).

O método de análise da pesquisa foi o método histórico-dialético onde o fator econômico e o social enfrentam-se numa ponderação de valores. Recorreu-se também a referenciais teóricos e fontes documentais, numa revisão de literatura.

O processo de avaliação da gestão sustentável da jornada de trabalho do sistema bancário foi mensurado tendo por base e paradigma, o teor jurídico--social de documentos oficiais do banco que envolvem a matéria em questão: Código de ética e de normas de conduta, Estatísticas oficiais da Previdência Social sobre a instituição financeira, Instruções normativas internas, Código de normas e procedimentos de atuação do Banco do Brasil (ICVM 505), Proposta político-pedagógica para atuação em gestão de pessoas, Editais de seleção e recrutamento, Estatutos jurídicos do banco e outros documentos oficiais, numa espécie de *compliance* trabalhista.

Seguiu-se desenho de investigação qualitativa, pois o teor jurídico-social e os aspectos formais e materiais dos documentos oficiais encontrados foram analisados de forma crítica, dialógica; avaliando se, de fato, sob o ponto de vista formal e jurídico, o Banco do Brasil S.A. atende às diretrizes da gestão sustentável da jornada de trabalho em face do ordenamento jurídico vigente e das políticas internacionais de saúde no trabalho.

3.1.1. O DIREITO HUMANO E FUNDAMENTAL À JORNADA DE TRABALHO

Segundo Pinto e Oliveira (2018), delineando-se a história do Direito Constitucional do Trabalho, verificamos que, do ponto de vista científico e jurídico estruturante, a promulgação da Constituição da República Federativa do Brasil de 1988 é um marco para a constitucionalização de todos os institutos, regras e princípios específicos do Direito do Trabalho.

Um rol de direitos constitucionais trabalhistas é fixado como "prestações positivas do Estado, que deverá implementar a igualdade jurídica, política e social entre os sujeitos que compõe o desnivelado tecido social" (MASSON, 2017, p. 281).

Os direitos sociais são, nessa perspectiva, aqueles relacionados com o trabalho, o seguro social, a subsistência, o amparo à doença e a velhice (MORAES, 2018, p. 45).

Outro marco teórico que caracteriza o Direito Constitucional do Trabalho brasileiro, é a possibilidade, segundo Novelino (2019), da inserção de normas internacionais, com o *status* de supralegalidade, em nosso ordenamento jurídico, desde que o Poder Executivo e o Legislativo sigam o devido processo constitucional legal preconizado na Carta Magna de 1988. Nada obstante, para Moraes (2018), esses diplomas normativos internacionais já incorporados no Brasil ainda carecem de aplicação imediata e de instrumentos políticos e jurídicos de aplicação.

Segundo Fialho e Oliveira (2018), o Direito do Trabalho, é o ramo do direito privado, com a peculiaridade de, entre suas normas de natureza privatista, contemplar disposições estatais de ordem pública que disciplinam o comportamento social entre empregador e trabalhador nas mais variadas configurações de contrato de trabalho. Desta forma, o ramo jurídico jus laboral tem por principal finalidade a "melhoria das condições de pactuação da força de trabalho na ordem socioeconômica" (DELGADO, 2018, p. 54).

É preciso asseverar que, segundo lições de Pinto e Oliveira (2018), todas as normas que envolvem o tema de duração do trabalho estão dentro da temática envolvendo a saúde, segurança e medicina do trabalho.

A Constituição Federal confere, no que diz respeito à duração do trabalho, "direitos de ordem pública, impedindo as partes de renunciar, transacionar ou dispor de qualquer benesse que a lei tenha conferido ao empregado" (BOMFIM, 2018, p. 602), para se promover a saúde do trabalhador.

Com relação às doenças causadas pela prorrogação desregrada da jornada de trabalho ou relacionadas aos fatores que permeiam a duração do trabalho, Cassar (2018), Leite (2017) e Martinez (2018), apresentam três aspectos a serem considerados. O primeiro estaria relacionado diretamente à promoção do direito à saúde do trabalhador, ligado diretamente à integridade física e mental, segundo Martinez (2018). O segundo, relacionado aos "fundamentos da ordem social e familiar" (LEITE, 2017, p. 495), pois a extrapolação da jornada e o trabalho excessivo podem impactar negativamente na convivência e no desfrute familiar. O terceiro é um fator econômico, pois o trabalhador valorizado, protegido, feliz e revestido de qualidade de vida no trabalho estará muito mais atento, disposto e equipado emocionalmente para os grandes desafios (CASSAR, 2018).

No dia 23/12/2016, com o suposto argumento de modernização e flexibilização das relações de trabalho, além de uma possível melhoria e ampliação do índice de emprego no Brasil, o Poder Executivo Federal, representado pelo então Presidente da República, Michel Temer, apresentou à Câmara dos Deputados o Projeto de Lei de nº 6.787/2016 (PINTO; OLIVEIRA, 2018).

Segundo os autores Neves Delgado (2018), Delgado (2018), Carvalho (2017) e Cassar (2017), essa reforma trabalhista peca pela falta de integração, participação e organicidade de todos os sujeitos envolvidos em sua tramitação, tais como: representantes de empregados, empregadores, governo, entidades e associações de classe, organizações não-governamentais, centrais sindicais e entidades internacionais como a ONU e OIT, que guarnecem as diretrizes básicas e mundiais para alterações em legislações trabalhistas. Por isso, afirmam que tal reforma, é um instrumento claro de "exclusão, segregação e sedimentação da desigualdade entre as pessoas humanas e grupos sociais" (DELGADO, 2018, p. 40).

O gerenciamento, o controle e a supervisão da vida do trabalhador são, sem dúvidas, as tarefas mais árduas a serem desempenhadas pelos diretores e gestores nos estabelecimentos empresariais, sobretudo naquelas tarefas relacionadas a acompanhamento, controle e supervisão da duração do trabalho e da produtividade, pois a verdadeira gestão é aquela que "tende a personalizar e a visualizar as pessoas como seres humanos e dotados de habilidades e capacidades intelectuais" (CHIAVENATO, 2014, p. 11), considerando-os, assim, sujeitos e detentores de direitos e garantias, dentre os quais, destacamos, os relacionados ao direito à saúde (medida de promoção e cumprimento do princípio da dignidade da pessoa humana).

A teoria da gestão estratégica e tradicional da empresa, da proteção ao nome e da imagem do estabelecimento empresarial e da segurança e inviolabilidade de sua propriedade privada (contratos, lucros e condições) tem de ser relacionada diretamente – na filosofia do Direito e no sistema constitucional de garantidas fundamentais – à teoria do garantismo jurídico que defende a formação de um Estado de Direito em que se assegure – de forma prioritária – a tutela e um conjunto de liberdades individuais em face do Estado e das demais instituições.

O absenteísmo estatal não é suficiente; tem de dar lugar, progressivamente, a um Estado desenvolvimentista, um Estado que seja capaz de, através de um planejamento estratégico, melhorar a situação – através de políticas públicas e estatais positivas – de "urbanização dos espaços, do assalariamento das relações de trabalho, e da burocratização das grandes organizações estatais e privadas" (PERISSINOTO, 2014, p. 60).

Além disso, o SUS é colaborador direto das políticas de gestão sustentável da jornada de trabalho, no âmbito das empresas privadas, através da previsão e dicção do artigo 6º da Lei nº 8.080/1990, quando preleciona, em seu § 3º, inciso VI a "participação na normatização, fiscalização e controle dos serviços de saúde do trabalhador nas instituições e empresas públicas e privadas" (BRASIL, 1988).

3.1.2. DIREITO E POLÍTICA DE SAÚDE NO MEIO AMBIENTE DO TRABALHO

A configuração jurídico-administrativa e estrutural da gestão sustentável da jornada de trabalho, no sistema bancário, tem de ser vista como direito humano, como direito fundamental e como política.

A Organização Internacional do Trabalho, criada em 1919, sob os auspícios do Tratado de Versalhes, é um organismo e agência de defesa, promoção e fiscalização das questões relacionadas aos "direitos" humanos do trabalhador, dentre os quais é possível vislumbrar-se a jornada de trabalho (CAMARGOS, 2017).

A Convenção de n° 155 é o instrumento normativo que nos traz as diretrizes gerais acerca da Segurança, Higiene e Meio ambiente do trabalho. Diretrizes que complementam as disposições da Convenção de n° 161 que traz em sua corporificação normativa temas mais específicos em matéria de Medicina e Segurança do trabalho.

Em paralelo, a Constituição elenca expressamente a proteção à jornada de trabalho de todos os trabalhadores do setor privado (art. 7, XII) e público (art. 39, § 2°). Os direitos fundamentais contidos na Constituição, identificáveis explícita ou implicitamente no texto constitucional, como os relacionados a proteção e saúde do trabalho (arts. 6°, *caput;* 7°, *caput*, XIII, XXII, XXVIII da CRFB/88 entre outros), exigem máxima efetividade constitucional (LAMY; OLIVEIRA, 2018).

Enquanto política, a gestão da jornada de trabalho pode ser vista como: *Política Pública* (ações, projetos e programas, executados por entidades da administração pública direta ou indireta ou por empresas do setor privado que têm por missão alterar a realidade social dos trabalhadores) ou como *Política de Estado* (medidas de sustentabilidade no trabalho que independem do governo para que possam ser previstas e realizadas, pois tais medidas são mandamentos constitucionais de Estado e que tem de contar compulsoriamente com a sistemática, logística e financiamento do aparelho estatal), ou como *Política de Governo* (quando o eleito implanta plataforma política que tomou para si como fundamental ou prioritária).

A natureza de direito humano e fundamental às condições dignas de trabalho, parece-nos exigir que se privilegiem os olhares da gestão da jornada como política de Estado ou como política pública, e não somente como política de governo.

De qualquer forma, a gestão sustentável preconiza, como combate a essas iniquidades, a implementação da organização e do planejamento de tarefas no trabalho, a capacitação do trabalhador, a conquista do bem estar e da melhoria do clima organizacional nas relações horizontais e hierárquicas de poder, a busca por uma comunicação empresarial eficaz e, por fim, o investimento contínuo e progressivo na formação e capacitação do trabalhador para a cidadania, que contribui, com isso, para a produção e desenvolvimento econômico do país, sob o fundamento e substrato da ética e do respeito à diversidade cultural e pela valorização pessoal e profissional de cada sujeito envolvido no processo – muitas vezes desigual e injusto – de produção.

Exemplificando. Para combater as síndromes advindas do estresse, causadas pela falta de uma política de qualidade de vida no trabalho, como a de Burnout, é necessário um conjunto de medidas que o empregador – por determinação constitucional, legal e convencional – em parceria com todos os colaboradores, deverá implementar, no meio ambiente do trabalho, o que denominamos de Políticas de combate e administração do estresse. Para reduzir o estresse, por exemplo, costuma ser necessária a implantação, no âmbito da empresa, de atividades de ginástica laboral, nas quais os trabalhadores – sob a orientação de um profissional devidamente qualificado em Educação Física – podem praticar exercícios físicos, dinâmicas de grupo envolvendo músicas, movimentos, controle da respiração, aquecimentos e exercícios de relaxamento.

3.1.3. RESULTADOS EMPÍRICOS

O Banco do Brasil S.A. é uma sociedade de economia mista com espírito de governança pública que investe e implementa, seja no eixo ambiental, educacional ou de assistência social, uma política empresarial de responsabilidade social com seus colaboradores, clientes e consumidores.

Apesar de todos os problemas estruturais e comuns do setor bancário, atende, objetivamente, às determinações e diretrizes da gestão sustentável do trabalho – quando aprovou, como ponto de partida para uma política de sustentabilidade, por meio de seu Conselho de Administração, as "Normas e Procedimentos de atuação do Banco do Brasil" ICVM 505, artigo 4º e § 7º.

O controle de jornada de trabalho do Banco do Brasil – enquanto diretriz de gestão sustentável (com fulcro no controle e limitação de jornada, determinado pelo artigo 7°, XIII da CRFB/88; bem como na instituição da obrigatoriedade do controle de jornada de trabalho, determinada pelos artigo 74, § 2° da CLT, Portarias n° 3.626/1991 e 1.510/2009 do MTE) – conta com sistemas eletrônicos de gestão (SISBB, Intranet BB e Plataforma GAM entre outros) ágeis e economicamente viáveis.

As políticas de gestão sustentável do Banco do Brasil S.A. se corporificam (metodologicamente e de forma pragmática) com a Carta de Princípios e Diretrizes de Atuação do Banco do Brasil (2007), publicada e acessível a todos em seu *site* institucional oficial.

Esse modelo de gestão traz em suas disposições, de fato, um Programa de Qualidade de Vida no Trabalho – QVT (sustentabilidade na saúde) contando, em seu bojo, com um conjunto de medidas e de práticas laborais de qualidade de vida (verba QVT, verba de aprimoramento dos funcionários, descontos em serviços médicos).

Sob o ponto de vista da Ética e da Responsabilidade Social, que permeiam as relações intrajornada, o banco está de acordo com os modais aceitáveis de políticas de gestão.

É notório que ele aprovou e corporificou, em 2008, o Código de Ética e Normas de Conduta do Banco do Brasil (sistematizando padrões de comportamento adequados), publicado em 2018 e criou, segundo Nota Oficial da Associação dos Aposentados e Funcionários do Banco do Brasil S.A. (2010), o Programa BB 2.0, realizando o desafio de se gerir a jornada de trabalho com alteridade, aumentando, através deste projeto piloto, os postos de trabalho em todas as agências do Brasil, a melhora nas estruturas prediais e dando segurança e transparência às relações entre consumidor e bancário, e entre empregador e trabalhador.

O Banco do Brasil S.A. é uma instituição pública que deve servir de modelo e paradigma para todas as demais empresas do sistema bancário, especialmente em razão de seu programa de responsabilidade social e de gestão estratégica dos contratos de trabalho. Essas políticas garantem, inclusive, aumento da produtividade para o desenvolvimento econômico e cultural do país, estabelecimento equilibrado de metas e resultados para a empresa; respeitando, assim, o tripé da sustentabilidade.

O Programa BB 2.0 (fruto de lutas e conquistas sindicais nas campanhas salariais), contribui para um ambiente socialmente justo (alcançado quando a gestão promove justiça, igualdade e proteção no trabalho). Quando o banco investe nesse âmbito (pelo bem-estar e valorização das condições de trabalho), os funcionários sentem-se satisfeitos e impulsionados a trabalhar de formais eficiente e produtiva.

Portanto, o Banco do Brasil, como paradigma para o Sistema Bancário Nacional, atinge de forma satisfatória e em conformidade com os diplomas legais e regulamentares que envolvem o direito à saúde, as diretrizes estratégicas de gestão dos contratos de trabalho, cumprindo, ainda que com grandes desafios e limitações, o desafio da gestão sustentável da jornada e do contrato de trabalho, contribuindo para um meio ambiente do trabalho seguro e saudável para estas e para as futuras gerações.

CONSIDERAÇÕES FINAIS

A gestão sustentável da jornada de trabalho – direito e política de saúde (responsabilidade e dever do Estado em parceria com as empresas do setor privado na gestão de seus contratos) no âmbito dos contratos de trabalho – depende da valorização e da promoção dos direitos de saúde do trabalhador a fim de que seja alcançado – no trabalho e fora dele – o conteúdo axiológico da dignidade da pessoa humana, da proteção à integridade física e mental dos empregados (artigo 7º, inciso XXII; 196 e 197 da Carta Magna de 1988).

O empregador precisa enfrentar, administrar e superar os conflitos que causam o estresse dos trabalhadores, advindos da má gestão da jornada de trabalho, promovendo – através de medidas preventivas e eficazes (exames periódicos, ginástica laboral, tempo extra para descanso e refeição, divisão justa e igualitária das tarefas) – a melhora do clima organizacional do trabalho.

A gestão sustentável da jornada de trabalho torna-se concreta quando o empregador administra e gerencia o tempo do trabalho de forma razoável e planejada, dentro dos limites físicos, psicológicos e de saúde do trabalhador, através da disponibilização de ambientes de trabalho salubres, com condições térmicas e estruturais adequadas (normas regulamentadoras 24, 26 e 28).

Contudo, com um movimento sinérgico de inconstitucionalidade chapada e progressiva, a Reforma Trabalhista, surge para, *a priori*, reduzir as ações de sustentabilidade na empresa, pois irá impactar – com seus dispositivos restritivos e inconstitucionais que desconsideram as determinações internacionais da OIT (convenções de nº 155 e 161 da OIT que estruturam a Política Nacional sobre Segurança e Saúde dos Trabalhadores e Meio Ambiente) – as Políticas de Gestão Sustentável já consolidadas no Banco do Brasil e nos demais estabelecimentos empresariais do Sistema Bancário Nacional.

A reforma trabalhista inclusive, vai mais além, modifica as regras relacionadas ao inadimplemento de horas extras pelo empregador. O empregado agora tem de comprovar, no bojo da reclamatória trabalhista, as horas extras realizadas, não registradas e não quitadas pelo empregador, advindas de divergências ou omissões de registro da jornada de trabalho nos sistemas eletrônicos de gestão da jornada, gerando, com isso, o fim da inversão automática do ônus da prova em benefício do trabalhador hipossuficiente (artigo 790, § 3º e 4º; 790-B, *caput* e § 4º da CLT) que deverá arcar com a incumbência de comprovar, totalmente, a existência de seu direito.

A prevalência das normas negociais sobre as normas constitucionais e legais de proteção ao trabalho – o negociado sobre o legislado, em toda e qualquer situação, inclusive para renúncia, extinção ou redução de direitos relacionados à duração do trabalho, sem a correspondente contraprestação (artigo 611-A da CLT) prejudicará o regime constitucional protetivo de emprego e lançará muitos bancários a jornadas intensas e exaustivas de trabalho.

REFERÊNCIAS

AAFBB. *Banco do Brasil apresenta programa bb 2.0.* Disponível em: < http://www.aafbb.org.br/index.php/banco-do-brasil-apresenta-programa-bb-20/>. Acesso em: 01 dez. 2018.

BANCO DO BRASIL S.A. *Normas e Procedimentos de atuação do Banco do Brasil ICVM 505.* Disponível em: <https://www.bb.com.br/docs/pub/difin/icvm505201701.pdf>. Acesso em: 05 ago. 2018.

BRASIL. *Constituição (1988).* Constituição da República Federativa do Brasil. Brasília: Senado, 1988.

_____. *Decreto Lei nº 5452 de 1 de maio de 1943.* Institui a Consolidação das leis do trabalho. Disponível em: <http://www.planalto.gov.br/ccivil_03/decreto-lei/Del5452.htm>. Acesso em: 30 mar. 2018.

BOMFIM, V. *Direito do Trabalho.* 16. ed. Rio de Janeiro: Forense, 2018.

CAMARGOS, P. H. *A convenção 155 da OIT e sua aplicação pelo TST nos casos relativos a compensação de jornada em atividades insalubres.* Disponível em: <https://pedrocamargos.jusbrasil.com.br/artigos/509904079/a-convencao-n-155-da-oit-e-

sua- aplicacao-pelo-tst-nos-casos-relativos-a-compensacao-de-jornada-em-atividades-insalubres>. Acesso em: 20 dez. 2018.

CASSAR, V. B. *Direito do Trabalho*. 16. ed. Rio de Janeiro: Forense, 2018.

CHIAVENATO, I. *Gestão de Pessoas:* o novo papel dos recursos humanos nas organizações. 4. ed. São Paulo: Manole, 2014.

DELGADO, M. G. *Curso de Direito do Trabalho*. 17. ed. São Paulo: LTR, 2018.

FIALHO, M.; OLIVEIRA, R. B. de. *A Gestão sustentável da jornada de trabalho como direito e política de saúde pública:* uma abordagem à luz dos impactos da lei 13.467/2017 (reforma trabalhista) e da educação ambiental. Disponível em: < https://www.uniaraxa.edu.br/ojs/index.php/juridica/article/view/618>. Acesso em: 06 jul. 2019.

LAMY, M.; OLIVEIRA, F. A. *Legitimidade da Defensoria Pública para promover ação civil pública por improbidade administrativa decorrente da omissão de políticas de saúde.* Disponível em: <https://periodicos.ufsm.br/revistadireito/article/view/29661/pdf>. Acesso em: 30 jan. 2018.

LAMY, M.; OLIVEIRA, F. P.; OLIVEIRA, R. B. de. *A constitucionalidade das políticas de saúde no contexto do campo: visões preliminares do direito da saúde.* Revista Científica Intr@ciência, v. 15, jul. 2018. Disponível em: <http://uniesp.edu.br/sites/_biblioteca/revistas/20180925134114.pdf>. Acesso em: 06 jul. 2019.

LEITE, C. H. *Curso de Direito do Trabalho*. 9. ed. São Paulo: Saraiva Jur, 2018.

MARTINEZ, L. *Curso de Direito de Trabalho:* relações individuais, sindicais e coletivas de trabalho. 9. ed. São Paulo: Saraiva, 2018.

MASSON, N. *Manual de Direito Constitucional*. 5. ed. São Paulo: Jus Podivm, 2017.

MORAES, A. *Direito Constitucional*. 34. ed. São Paulo: Atlas, 2018.

NOVELINO, M. *Curso de Direito Constitucional*. 14. ed. Salvador: Jyspodium, 2019.

PERISSINOTTO, R. *O conceito de estado desenvolvimentista e sua utilidade para os casos brasileiro e argentino.* Disponível em: <http://www.scielo.br/scielo.php?script=sci_arttext&pid=S0104-44782014000400005>. Acesso em: 09 jul. 2019.

PINTO, R. M. F.; OLIVEIRA, R. B. de. *A seguridade social como direito e conquista democrática para a população transexual:* uma abordagem constitucional à luz da dignidade da pessoa humana. Disponível em: <http://periodicos.unisanta.br/index.php/lss/article/view/1712>. Acesso em: 06 jul. 2019.

SARAIVA, R.; SOUTO, R. T. *Direito do Trabalho para Concursos Públicos*. 21. ed. São Paulo: Saraiva, 2018.

3.2

Síndrome de *burnout*: assédio moral e causalidade*

EDSON HENRIQUE DE CARVALHO
MAURO DA CUNHA FILHO
ROSA MARIA FERREIRO PINTO

INTRODUÇÃO

A SÍNDROME de *burnout* é um distúrbio ou um transtorno psíquico caracterizado pelo esgotamento físico e mental do trabalhador que se desenvolve no ambiente laboral, muitas vezes associado ao estresse de um espaço competitivo que exige metas agressivas e inatingíveis, que por sua vez exigem intensa dedicação à vida funcional desprovida de descansos regulares. São esses fatores conhecidos e apontados pelas pesquisas acadêmicas que dão o *start* e desenvolvem a síndrome. Os termos *"burn"* e *"out"* vêm do idioma inglês e, unidos, significam queimar por completo, referindo-se ao intenso desgaste físico e mental.

Reconhecida pelo comportamento depressivo de quem sofre estresse elevado no trabalho, os empregados das mais variadas profissões estão vulneráveis a essa enfermidade, em especial aqueles que atendem pessoas, como profissionais da saúde, da educação, do judiciário, advogados, policiais, bancários etc.

Apontaremos, no presente texto, suas principais características e causas, bem como o tratamento atual que o Direito do trabalho dá a essa síndrome.

---

* A dissertação de mestrado do pesquisador Edson Henrique de Carvalho, desenvolvida sob a orientação da Profa. Dra. Rosa Maria Ferreiro Pinto, relaciona-se intrinsecamente com a pesquisa que esse autor continuou a desenvolver depois de encerrado o ciclo do mestrado. Há, em razão disso, ideias e alguns trechos de textos do autor presentes em sua pesquisa anterior que foram replicados e atualizados aqui. Cf. CARVALHO, Edson Henrique. Síndrome de burnout condições de trabalho e problemas jurídicos, 2019. Dissertação (Mestrado em Direito da Saúde) – Universidade Santa Cecília, Santos, 2019.

3.2 | *Síndrome de burnout: assédio moral e causalidade*
Edson Henrique de Carvalho | Mauro da Cunha Filho | Rosa Maria Ferreiro Pinto |

3.2.1. DA SÍNDROME DE *BURNOUT*

O médico e psicólogo alemão Herbert Freudenberger (1926-1999), viciado em trabalho ou *"workaholic"*, a descreveu pela primeira vez e a diagnosticou em si mesmo em 1974. Desde então, vê-se que o apego demasiado à atividade profissional é comum nas pessoas diagnosticadas com *burnout*. O desejo imoderado de ser o melhor e de demonstrar alto grau de atuação no ofício pode ser uma das suas causas, especialmente para quem modela sua autoestima pelo sucesso profissional e não o atinge.

Os acometidos pela síndrome apresentam fadiga, cansaço constante, distúrbios do sono, dores musculares e de cabeça, irritabilidade, alterações de humor e de memória, dificuldade de concentração, falta de apetite, depressão e perda de iniciativa. Seus efeitos interferem em nível individual, profissional e organizacional, assim como provoca prejuízos na esfera pessoal e afetiva, atingindo até mesmo a esfera institucional e familiar.

Para Benevides-Pereira (2002), os problemas de relacionamento com colegas, clientes e chefes, a falta de cooperação entre os colegas de trabalho, de equilíbrio entre a vida profissional e pessoal e também de autonomia são grandes causadores de níveis elevados de estresse, ambiente propício para o desenvolvimento da síndrome. Fortes candidatos para a síndrome são os *workaholics*, pois dedicam muitas horas de seus dias ao trabalho e respondem a níveis de exigência muito altos.

Esse modelo de trabalho, com requintes impostos pelos interesses econômicos, regulado pela competitividade desenfreada em busca de metas agressivas, somados à ameaça de desemprego, às exigências constantes de qualificação, faz surgir, como consequência, pessoas com elevada carga de estresse. Nesse padrão de exigência desumanizado os trabalhadores vivem esgotamentos físico, mental e emocional, que podem evoluir para a depressão, e posteriormente para o *burnout*.

O empregado que apresenta esta síndrome se vê abatido, sem energia vital, perde o sentido valorativo do trabalho, revela escassez na realização pessoal, sofre um processo de despersonalização.

O desconhecimento dessa síndrome é grande, o que pode explicar a dificuldade de diagnóstico e de obtenção de dados sobre os afastamentos que decorrem dela.

Em verdade, a civilização moderna evidencia e repercute ambivalências. Se, por um lado, o desenvolvimento científico e a globalização são motivos de orgulho; por outro, a ausência de princípios éticos e o desgaste de todas as formas de qualidade de vida pelo excesso de estresse sugerem que o futuro da espécie humana está seriamente comprometido.

"O estresse relacionado ao trabalho afeta os trabalhadores de todas as profissões em países desenvolvidos e em desenvolvimento da mesma maneira. Ele pode seriamente prejudicar não apenas a saúde dos trabalhadores, mas também, e com frequência, o bem-estar de suas famílias", afirma o Diretor-Geral da Organização Internacional do Trabalho, Guy Ryder.

É bom destacar que o trabalho ocupa um lugar fundamental na dinâmica do investimento afetivo das pessoas; portanto, o reconhecimento do esforço pessoal realizado pelo trabalhador tem sido identificado na literatura como importante requisito de uma relação laboral saudável, pois proporciona prazer, saúde e bem-estar. O não reconhecimento, por sua vez, muitas vezes gera o efeito contrário: doenças, quadros depressivos, esgotamentos.

Recentemente, esta síndrome passou a integrar o rol de doenças ocupacionais do Ministério do Trabalho e Emprego e foi inserida no Anexo II do Regulamento da Previdência Social. O mencionado anexo identifica os agentes patogênicos causadores de doenças profissionais ou do trabalho, conforme previsão do artigo 20 da Lei nº 8.213/1991. Entre os transtornos mentais e de comportamento relacionados ao trabalho (Grupo V da CID-10) consta, no item XII, a síndrome de *burnout* – "Sensação de Estar Acabado (Síndrome de Burnout, Síndrome do Esgotamento profissional)", que na CID-10 é identificado pelo número Z73.0.

3.2.2. RECONHECIMENTO JUDICIAL DA SÍNDROME DE *BURNOUT*

No Tribunal Regional do Trabalho da 2ª Região/SP, em pesquisa realizada em junho de 2018, os autores desse texto examinaram 49 demandas judiciais transitadas em julgado nos últimos 10 anos que mencionaram a síndrome.

Dos processos estudados, 29 foram iniciados por mulheres, sendo 10 com decisões procedentes, e 19 com sentenças de improcedências. Já os homens iniciaram 20 ações dentre as 49, sendo que 5 decisões receberam

3.2 | Síndrome de burnout: assédio moral e causalidade
Edson Henrique de Carvalho | Mauro da Cunha Filho | Rosa Maria Ferreiro Pinto |

procedência e 15 tiveram seus pedidos negados. Parece que as mulheres são mais atingidas pela síndrome, talvez por exercerem dupla jornada laboral (fora e dentro de casa).

3.2.3. ASSÉDIO MORAL, CAUSA PREPONDERANTE DA SÍNDROME DE *BURNOUT*

Nas 15 ações julgadas procedentes, o reconhecimento do *assédio moral* pelo Tribunal *foi a causa preponderante da síndrome*. Por outro lado, nas ações julgadas improcedentes, o Tribunal considerou, de modo geral, que o estresse emocional foi desencadeado por reflexos da vida pessoal, turvando as perícias médicas.

Nos acórdãos proferidos pelo Tribunal ficam evidentes as dificuldades dos psicólogos ou médicos em diagnosticar a síndrome, a depender, inclusive, do estágio em que se encontra a doença.

O Tribunal Superior do Trabalho e o Conselho Superior da Justiça do Trabalho desenvolvem uma Política de Prevenção e Combate ao Assédio Moral (Ato Conjunto TST.CSJT.GP 8, de 21 de março de 2019). Trata-se de um programa voltado à conscientização sobre o assédio moral e as formas de preveni-lo.

A prática do assédio moral é deveras degradante ao ambiente de trabalho, posto que, com os comportamentos, palavras, atos, gestos e escritos direcionados à vítima, além de desestabilizá-la, lhe gera um desgaste emocional, culminando com sérios prejuízos à saúde mental e física, inclusive marginalizando-a, progressivamente, do processo produtivo e da organização do trabalho (ALKIMIN, 2006, p. 38).

Hirigoyen (2002; p. 17), conceitua assédio moral como "comportamentos, palavras, atos, gestos, escritos que possam trazer dano à personalidade, à dignidade ou à integridade física ou psíquica de uma pessoa, pôr em perigo seu emprego ou degradar o ambiente de trabalho".

> O assédio moral corresponde a um fenômeno típico da sociedade atual, não se restringindo a um local específico, mas, antes, constitui um problema de amplitude global.
>
> Apesar disso, a forma como ele se manifesta varia de local para local, o que acaba por dificultar sua definição e estabelecer uma só terminologia.

Trata-se de uma psicologia do terror, ou, simplesmente, psicoterror, que se manifesta no ambiente de trabalho por uma comunicação hostil direcionada a um indivíduo ou mais. A vítima, por seu turno, como forma de defesa, reprime-se, desenvolvendo um perfil que somente facilita ao agressor a prática de outras formas de assédio moral. (FERREIRA, 2004, p. 42).

3.2.4. ESTRESSORES DA RELAÇÃO LABORAL

Não há dúvidas de que existem fatores no ambiente de trabalho que levam ao desenvolvimento da síndrome de *burnout* mas, para que haja responsabilização do empregador, é preciso comprovar a existência de nexo de casualidade entre fatos ou atos ocorridos no bojo das atividades laborais e a síndrome. Somente assim o empregado pode usufruir de benefícios previdenciários previstos na Lei nº 8.213/1991, artigo 118, e ser afastado para tratamento da sua saúde.

A jurisprudência trabalhista está atenta às normas, leis e decisões no âmbito de trabalho que amparam as vítimas acometidas pela síndrome de *burnout*. Nada obstante a isso, é difícil a prova para o trabalhador, seja no tocante ao assédio moral ou no que diz respeito aos reflexos para a sua saúde.

Além do diagnóstico da síndrome (ponto em que evoluímos significativamente, do ponto de vista médico e jurídico, inclusive com a inserção da síndrome no rol de doenças profissionais), é preciso verificar ou demonstrar se o aparecimento da patologia se deve a fatores estressores da relação laboral. Veja-se o seguinte exemplo:

> No caso em tela, o acórdão recorrido consignou que o perito do juízo constatou que os sintomas apresentados pelo autor são característicos da Síndrome de Burnout ou Síndrome de Esgotamento Profissional, bem como registrou que, para o aparecimento de tal patologia, não concorrem outros fatores além de estressores de natureza laboral, estando citada síndrome catalogada entre as doenças mentais relacionadas ao trabalho, segundo o Decreto 3.048 de 06.05.1999, do Ministério da Previdência Social. Consta, ainda, do laudo pericial que o Reclamante foi afastado do trabalho, estando, até os dias atuais, em gozo de benefício previdenciário e que fatores de ordem organizacional da Reclamada contribuíram para o aparecimento da sua doença. Ressaltou a Corte de origem que ficou demonstrada a efetiva ocorrência de tratamento humilhante ao Reclamante pela forma como eram feitas

3.2 | Síndrome de burnout: assédio moral e causalidade
Edson Henrique de Carvalho | Mauro da Cunha Filho | Rosa Maria Ferreiro Pinto |

> as cobranças excessivas da empregadora em relação às metas estipuladas. Destacou o Órgão a quo que a Reclamada não comprovou, em nenhum momento da instrução processual, que sua cobrança por metas era adequada, escorreita e que buscava motivar seu empregado. Desse modo, diante do quadro fático relatado pelo Tribunal Regional, desponta o dever de indenizar o Reclamante pela patologia adquirida. (TST - AIRR: 13161120125030037. Relator: Mauricio Godinho Delgado Data de Julgamento: 01/10/2014, 3ª Turma, Data de Publicação: DEJT 03/10/2014.)

CONSIDERAÇÕES FINAIS

Quando o meio ambiente laboral é portador de agentes estressores, tornando o local de trabalho hostil e permeado por indiferenças, há forte probabilidade de os trabalhadores serem acometidos pela síndrome de *burnout*, o que contribui para torná-los incapacitados para o exercício do seu ofício, de forma temporária ou permanente (a depender do grau de severidade manifestado pela doença).

O empregador responsável deve estar atento às mudanças de comportamento de seus empregados, principalmente quando aparentarem sensação de esgotamento físico ou emocional.

A relação com o trabalho e a forma como este é executado, tanto do ponto de vista físico, funcional, como também organizacional, são fatores desencadeantes e dão origem à síndrome, portanto, fazem surgir ou agravam as condições físicas e psíquicas dos trabalhadores. Para reverter o quadro é preciso o enfrentamento direto do problema o quanto antes.

Foi possível detectar que há um avanço considerável no Direito brasileiro com relação à síndrome, já que existem regulamentações que apontam a síndrome como responsável pela incapacitação de profissionais, abrindo precedentes para ser reconhecida como doença ocupacional e equiparada ao acidente de trabalho.

Existem fatores no ambiente de trabalho que levam ao desenvolvimento desta doença, mas para que haja responsabilização do empregador é preciso comprovar a existência do nexo de casualidade entre o quadro clínico e fatores estressores do ambiente laboral.

REFERÊNCIAS

ALKIMIN, M.A. *Assédio Moral na Relação de Emprego*. 2. ed. Curitiba: Juruá, 2006.

BENEVIDES-PEREIRA, A. M. T. *Burnout:* quando o trabalho ameaça o bem-estar do trabalhador. São Paulo: Casa do Psicólogo, 2002.

BRASIL. Ministério do Trabalho e Emprego. Anexo II do Regulamento da Previdência Social. Este Anexo identifica os agentes patogênicos causadores de doenças profissionais ou do trabalho, conforme previsão do artigo 20 da Lei n° 8.213/1991.

CID-10, item XII do Grupo V - Z73.0. Transtorno mental de comportamento relacionado ao trabalho. "Sensação de Estar Acabado (Síndrome de Burnout, Síndrome do Esgotamento profissional)". Tribunal Regional do Trabalho da 2ª Região/SP.

FERREIRA, H. D. B. *Assédio Moral nas Relações de Trabalho*. Campinas: Russel Editores, 2004. p. 42.

FREUDENBERGER, H. J.. Staff Burn-Out. *Journal of Social Issues*, v. 30, p. 159-165, 1974.

HIRIGOYEN, M. F. *Mal-Estar no Trabalho:* redefinindo o assédio moral. Tradução de Rejane Janowitzer. Rio de Janeiro: Bertrand Brasil, 2002. p. 17.

RICCO, Flavio. Justiça determina que Globo reintegre jornalista Izabella Camargo. *Uol*, 04/07/2019. Disponível em: <https://tvefamosos.uol.com.br/colunas/flavio--ricco/2019/07/04/justica-determina-globo-a-reintegrar-jornalista-izabella-camargo.htm>. Acesso em: 10 jul. 2019.

RYDER, Guy. "Estresse no local de trabalho: É hora de aliviar o fardo", afirma o Diretor-Geral da OIT. *ORGANIZAÇÃO INTERNACIONAL DO TRABALHO* (OIT), 27/04/2016. Disponível em: <http://www.ilo.org/brasilia/noticias/>. Acesso em 10 jul. 2018.

Parte 4

Direito da saúde e Meio ambiente

4.1

Poluição atmosférica e saúde física e mental humana*

ROSILMA MENEZES ROLDAN

MARCELO LAMY

INTRODUÇÃO

A ORGANIZAÇÃO Mundial da Saúde (WHO), criada em 1946, apresenta a saúde, desde a elaboração do Preâmbulo de sua Constituição, como um estado de total bem-estar físico, social e mental, muito mais do que a mera ausência de doenças. Esse conceito mais abrangente de saúde, incluindo o bem-estar, aparece, também, na Declaração Universal dos Direitos Humanos, de 1948, que reconhece o direito de toda pessoa a ter um padrão de vida capaz de assegurar a si mesmo e à sua família a saúde e o bem-estar (art. XXV, 1). Ocorre que o bem-estar físico, social e mental dependem de determinantes sociais, econômicos, culturais, políticos e ambientais, tais como condições dignas de trabalho, alimentação adequada, moradia higiênica, educação e informação plenas, repouso, lazer e segurança. Dependem sobremaneira, veremos, de ambientes saudáveis.

A prevenção às doenças pode ser alcançada na medida em que se conhecem as suas causas diretas e indiretas, onde estão presentes com maior

---

* A pesquisa desenvolvida durante o mestrado pela pesquisadora Rosilma Menezes Roldan, sob a orientação do Prof. Dr. Marcelo Lamy, relaciona-se intrinsecamente com os estudos que essa autora continuou a desenvolver depois de encerrado o ciclo do mestrado. Há, em razão disso, ideias e alguns trechos de textos da autora presentes em suas pesquisas anteriores que foram replicados e atualizados aqui. Cf. ROLDAN, Rosilma Menezes. A Poluição Atmosférica e o Direito à Mitigação de seus Impactos na Saúde Humana por Coberturas Vegetadas e por Arborização Urbana, 2019. Dissertação (Mestrado em Direito da Saúde) – Universidade Santa Cecília, Santos, 2019.

4.1 | *Poluição atmosférica e saúde física e mental humana*
Rosilma Menezes Roldan | Marcelo Lamy |

intensidade, os efeitos nocivos de cada uma delas sobre a saúde humana, as formas de mitigação existentes etc. Assim, é possível criar e implantar políticas públicas, ações de alteração da realidade. Por isso, a Constituição Federal de 1988 dispõe expressamente e com grande acerto que o direito à saúde é de todos e deve ser garantido por políticas públicas sociais e econômicas (art. 197), que as ações do Estado têm de ser prioritariamente preventivas (art. 198, II).

Sob esse contexto silogístico, defendemos alhures (notadamente em nossa dissertação de mestrado) que mitigar os danos que a poluição atmosférica projeta sobre a saúde humana por meio de coberturas vegetadas ou da arborização é um direito de todos. Ademais, que a prevenção (reconhecida pelo ordenamento jurídico como dever estatal prioritário), além de afastar ou mitigar os danos (por vezes irreparáveis, permanentes e até incapacitantes), desonera o sistema de saúde.

O presente texto é o relato de resultados de pesquisa bibliográfica efetivada pela autora antes e depois de encerrar seu mestrado, visando explicitar indagações respondidas pela pesquisadora também durante e depois desse ciclo formativo: (1) O direito à saúde física e mental e o direito ao meio ambiente saudável e equilibrado são direitos humanos ou fundamentais? (2) Quais são os impactos na saúde física e mental humana provocados pela poluição atmosférica? (3) Quais são as possíveis medidas de mitigação? (4) Em que medida se conhecem os benefícios da implantação de medidas de mitigação frente aos impactos nocivos da poluição atmosférica sobre a saúde mental humana?

4.1.1. DIREITOS FUNDAMENTAIS E HUMANOS À SAÚDE E AO MEIO AMBIENTE

Como resposta à primeira indagação, sobre se o direito à saúde física e mental é direito fundamental, a Constituição Federal de 1988 dispõe, em seu artigo 6º, sobre o direito à saúde, como direito social, a todos os cidadãos. O direito ao meio ambiente saudável e equilibrado é também direito fundamental, garantido pela Constituição Federal, em seu artigo 225. São, ambos, direitos humanos, por estarem previstos e garantidos, também, por inúmeros tratados, declarações e convenções internacionais.

4.1.2. IMPACTOS NA SAÚDE FÍSICA E MENTAL HUMANA PROVOCADOS PELA POLUIÇÃO ATMOSFÉRICA

Como resposta à segunda indagação, verificamos que a poluição do ar causa milhões de mortes a cada ano — 7 milhões de mortes prematuras no mundo, segundo a Organização Mundial de Saúde (WHO). Partículas finas, conhecidas como material particulado, inaladas durante algum tempo, estão associadas a problemas cardiovasculares, metabólicos e pulmonares, como câncer, acidentes vasculares cerebrais, infartos, enfisemas, asma, bronquites, diabetes, hipotireoidismo, e até doenças e transtornos mentais, como Alzheimer e Parkinson. Relatórios recentes da ONU informam sobre a morte de cerca de 600 milhões de crianças, em todo o mundo, causadas pela poluição atmosférica (ROLDAN, 2019).

A poluição do ar está relacionada a efeitos nocivos sobre o cérebro. Durante a última década, pesquisas realizadas tanto em animais como em humanos associaram a poluição atmosférica a ansiedade, falta de atenção e déficit de memória, principalmente em crianças (JAMA PSYCHIATRY, 2015; AMERICAN JOURNAL OF PUBLIC HEALTH, 2019; ENVIRONMENTAL RESEARCH, 2019).

Um estudo recente na China analisou testes de linguagem (34 questões) e de cálculo (24 questões) realizados em 20 mil pessoas, com dez anos ou mais, entre 2010 e 2014. Os pesquisadores compararam os resultados dos testes com os registros de material particulado fino, dióxido de azoto e dióxido de enxofre, e chegaram à conclusão de que, quanto maior o tempo de exposição ao ar poluído, maiores os danos cognitivos, afetando, principalmente, a capacidade verbal (XUE; ZHU; ZHENG *et al.*, 2019).

Nesse estudo, observou-se que os homens são mais afetados do que as mulheres, o que pode ter a ver, também, com as diferenças entre o cérebro feminino e masculino. Essa diferença de gênero evidencia-se entre as pessoas com menor nível de escolaridade. Além disso, a perda cognitiva é mais perceptível com o avançar da idade, em especial nos homens com nível de escolaridade mais baixo, o que pode trazer graves consequências, na medida em que se tomam as decisões mais importantes, inclusive financeiras, quanto mais avançada a idade.

Esses pesquisadores afirmam que os danos da poluição do ar no cérebro do idoso traduzem potenciais custos econômicos e de saúde, minimizados

4.1 | Poluição atmosférica e saúde física e mental humana
Rosilma Menezes Roldan | Marcelo Lamy |

pelo Poder Público, que ainda não percebeu a real dimensão de seu efeito nocivo e as implicações políticas e socioeconômicas. Quanto à dimensão do problema, os pesquisadores avaliaram que o ar poluído pode fazer com que se perca o equivalente a um nível de ensino, o que é muito significativo.

A poluição do ar está associada a perdas cognitivas. O estudo seguiu os mesmos indivíduos, ao longo de vários anos, o que permitiu eliminar alguns fatores que, *ab initio*, poderiam ser responsáveis por essa perda. Concluiu-se que a poluição do ar tem impacto de curto prazo, o que pode ter consequências importantes para os jovens que têm de prestar provas ou concursos, nos dias em que a poluição atmosférica esteja em níveis mais elevados.

O material particulado fino, com 2,5 mícrons de largura ou menos, ou seja, 30 vezes mais fino que a espessura de um fio de cabelo, quando inalado, pode chegar a áreas profundas do pulmão, entrar na corrente sanguínea e ser transportado para o cérebro. Essas partículas são suficientemente pequenas, a ponto de atravessar a barreira hematoencefálica, que só consegue impedir a entrada dos poluentes de maior dimensão. Inaladas, as partículas finas podem chegar ao cérebro, por meio do nervo olfativo (nariz).

Quando essas partículas chegam ao cérebro — o estudo foi realizado no cérebro de roedores — as células imunes neurais, as microglias, mobilizam-se para destruir as partículas, o que também pode ocorrer em cérebros humanos. No entanto, não há certeza de que a microglia possa remover todas as partículas, o que pode permitir sua acumulação, levando a inflamações e a consequentes distúrbios cerebrais, com efeitos nocivos sobre a cognição (PAYNE-STURGES, 2019).

Os cientistas alertam para esses efeitos, principalmente em crianças, que têm barreiras sanguíneas mais permeáveis. Por isso, alguns pesquisadores estão começando a usar exames de ressonância magnética para analisar os impactos desses poluentes no desenvolvimento neurológico e para mostrar as alterações reais no cérebro (PAYNE-STURGES, 2019).

A poluição atmosférica pode estar associada ao aumento do risco de ansiedade, como demonstra estudo recente realizado na Universidade de Cincinnati (EUA). Brunst *et al.* (BRUNST; RYAN; ALTAYE *et al.*, 2019), num dos primeiros estudos a vincular a poluição do tráfego a alterações funcionais no cérebro e associadas à ansiedade, pesquisaram sobre como a poluição atmosférica causada pelo trânsito poderia estar relacionada ao desenvolvimento da saúde mental, principalmente das crianças. Embora os cientistas já tivessem documentado associações entre ansiedade e poluição do ar antes, este trabalho, publicado em agosto de 2019 na Environmental Research, foi fundamental para demonstrar até que ponto o cérebro poderia ser afetado.

Brunst *et al.* compararam exames de ressonância magnética de 145 crianças de 12 anos, levando em consideração o local onde vivem, para avaliar a duração, a frequência e a intensidade da exposição à poluição, não só de poluentes gasosos como de material particulado, assim também o *status* socioeconômico e a origem genética, para afastar outros fatores que pudessem ser responsáveis pelos efeitos estudados. Observou-se que as crianças com grau mais elevado de exposição à poluição relataram sintomas de ansiedade mais importantes. Essas crianças apresentavam um nível mais alto de mio-inositol (substância química) na área do cérebro que processa as emoções, o córtex cingulado anterior. Em níveis normais, o mio-inositol não causa qualquer alteração, mas níveis elevados dessa substância estão associados a distúrbios cerebrais. Brunst *et al.* concluíram, em seu estudo, que a poluição do ar pode resultar em aumento de risco para ansiedade (BRUNST; RYAN; ALTAYE *et al.*, 2019).

O Transtorno de Déficit de Atenção e Hiperatividade (TDAH) também pode estar associado à poluição. Payne-Sturges, Marty e Perera e outros realizaram vários estudos sobre os efeitos da exposição à poluição, principalmente sobre as minorias (PAYNE-STURGES; MARTY; PERERA *et al.*, 2019). Em uma pesquisa com 40 crianças de minorias da cidade de Nova York (EUA) e suas mães, pesquisadores analisaram se a poluição poderia afetar a cognição e a externalização (reações de agressão ou hostilidade). Esse trabalho (PETERSON; RAUH; BANSAL *et al.*, 2015), publicado em 2015 no JAMA Psychiatry, analisou a exposição pré-natal das crianças aos hidrocarbonetos aromáticos policíclicos (PAH, em inglês). Segundo os autores, o PAH é um componente do material particulado liberado no ar pela queima de combustíveis fósseis, lixo, tabaco e madeira, e é comum em comunidades minoritárias e de baixa renda, que também atravessa facilmente a placenta.

Os pesquisadores pediram que as mulheres usassem monitores por dois dias, durante o terceiro trimestre da gestação, para estimar a exposição crônica à PAH. Quando as crianças atingiram entre 7 e 9 anos de idade, foram

4.1 | Poluição atmosférica e saúde física e mental humana
Rosilma Menezes Roldan | Marcelo Lamy |

levadas à Universidade de Columbia para testes acadêmicos, questionários e exames de ressonância magnética. De acordo com os pesquisadores, as crianças com maior exposição pré-natal à PAH apresentaram menor volume de substância branca no lado esquerdo do cérebro. Payne-Sturges, Marty e Perera *et al.* (2019) definem a matéria branca como um material pálido e gorduroso que isola os neurônios, ajudando-os a se comunicar uns com os outros, por meio de sinais eletroquímicos. Esse estudo correlacionou os menores volumes de substância branca com maior número de comportamentos externalizantes, sintomas de TDAH e velocidade mais lenta de processamento. No entanto, alerta a autora, esses resultados não podem ser estendidos para todas as crianças, pois foram estudadas apenas 40 crianças, concentrada a análise na exposição a poluentes, apenas durante um lapso temporal pré-natal limitado.

A poluição atmosférica é apenas um dos fatores que influenciam as populações de baixa renda e minorias, embora se saiba que esses fatores se sobrepõem e, por essa razão, se potencializam. Em 2018, Payne-Sturges, Marty e Perera *et al.* examinaram uma amostra demograficamente semelhante de 351 crianças e notou que, aquelas com alta exposição ao PAH, que também sofriam de desnutrição, falta de moradia e vestuário, apresentaram sintomas mais importantes de TDAH, do que as que não passaram por essas carências. Payne-Sturges, Marty e Perera *et al.* chegaram à conclusão de que a poluição potencializa seus efeitos sobre a saúde humana, quando atua junto a estressores sociais, afetando o neurodesenvolvimento.

Payne-Sturges, Marty e Perera *et al.* (2019) reafirmam que o propósito dessas pesquisas é obter um controle mais hábil e efetivo sobre os riscos que a poluição atmosférica representa para as crianças e os jovens, visando a orientar políticas públicas ambientais e para a saúde humana. Embora ainda não haja certeza de que maneira precisa o material particulado fino pode afetar o cérebro, os estudos publicados demonstram evidências de uma associação causal. Na versão preliminar da Avaliação Científica Integrada para Substâncias Particuladas (U.S. EPA, 2018), publicada em outubro de 2018, alguns pesquisadores da Agência de Proteção Ambiental concluíram, pela primeira vez, que a associação causal entre a exposição à poluição do ar, durante um longo período, e problemas do sistema nervoso é muito provável.

Payne-Sturges, Marty e Perera *et al.* (2019) alertam para o fato de que, enquanto não houver políticas públicas e intervenções eficientes praticadas pelo Estado, as pessoas mais afetadas pela poluição do ar, tais como as crianças de famílias de baixa renda e as minorias étnico-sociais, continuarão a sofrer o maior impacto, já que fontes poluidoras, vias de tráfego intenso e ausência de formas de mitigação frequentemente se sobrepõem, principalmente nessas comunidades (ROLDAN, 2019).

Um trabalho baseado em estudos epidemiológicos (MCGUINN; WINDHAM; KALKBRENNER *et al.*, 2020) publicado US National Library of Medicine National Institutes of Health PubMed relatou associações entre exposição pré-natal e pós-natal precoce à poluição do ar e transtorno do espectro do autismo (TEA); os resultados divergem, conforme o poluente ao qual houve a exposição e a época observada (janela de desenvolvimento). Foram examinadas associações entre exposição precoce à PM2,5 (material particulado fino) e ao ozônio com associação ao TEA, em várias regiões dos EUA. Foram estudadas e acompanhadas 674 crianças com diagnóstico de TEA confirmado e analisados 855 controles populacionais do Study to Explore Early Development, especializado em controle de casos, em vários locais, de crianças nascidas entre 2003 a 2006, nos Estados Unidos. Foi utilizado um modelo baseado em satélite para atribuir médias de exposição a poluentes do ar, durante vários períodos do neurodesenvolvimento, a saber, três meses antes da gravidez, cada trimestre da gravidez, a gravidez inteira, e o primeiro ano de vida. A regressão logística foi usada para estimar *odds ratio* (OR) e intervalos de confiança de 95% (IC), ajustando-se ao local do estudo, idade materna, educação materna, etnia materna, tabagismo materno e mês e ano de nascimento (MCGUINN *et al.*, 2019).

Nessa pesquisa, as associações de poluição do ar e o TEA parecem variar, de acordo com o período de exposição. A exposição ao ozônio, durante o terceiro trimestre, foi associada ao TEA, com uma OR de 1,2 (IC95%: 1,1, 1,4) por aumento de 6,6 ppb no ozônio. Observou-se, também, a associação positiva com a exposição ao PM2,5, durante o primeiro ano de vida [OR = 1,3 (IC 95%: 1,0, 1,6) por aumento de 1,6 μg / m no PM2,5], o que vem corroborar os achados anteriores de associação positiva entre a exposição precoce à poluição atmosférica e o TEA, identificando potencial (janela crítica) período maior de risco de exposição, durante o pré-natal tardio e o pós-natal precoce (MCGUINN *et al.*, 2019).

4.1.3. MEDIDAS DE MITIGAÇÃO E SEUS BENEFÍCIOS

Como resposta à terceira e à quarta indagações, sobre quais são as possíveis medidas de mitigação aos danos causados à saúde humana por um meio ambiente do trabalho desequilibrado e em que medida se conhecem os benefícios da implantação de medidas de mitigação frente aos impactos nocivos da poluição atmosférica sobre a saúde mental humana, resgataremos parte do já apresentamos em nosso mestrado (ROLDAN, 2019).

Floresta urbana é a vegetação existente nas cidades, que se podem apresentar sob várias formas, como árvores, arbustos, trepadeiras, herbáceas, plantas de forração, plantas aquáticas, dentre outras.

São cinco as funções das florestas urbanas: social, estética, ecológica, educativa e psicológica. A função social das florestas urbanas surge quando elas funcionem como opção de lazer à população; a função estética, como paisagem e embelezamento das cidades; a função ecológica, como instrumento de melhoria no clima, na qualidade do ar, da água e do solo das cidades, e o consequente sadia qualidade de vida e bem-estar dos indivíduos; a função educativa, para o desenvolvimento de atividades educativas; a função psicológica, na realização de exercícios físicos, lazer, recreação e outras atividades que funcionem como atividades contra a ansiedade e o estresse e de relaxamento.

As florestas urbanas geram benefícios salutogênicos e ecossistêmicos: diminuição da temperatura; do escoamento superficial da água e da concentração de poluentes atmosféricos e de ruídos, de impactos dos ventos, da incidência solar em pavimentos e construções e proporcionam uma economia três vezes maior que o custo da manutenção tradicional dessas áreas.

Moreira (2018), em sua tese de doutorado, defendida em março de 2018, demonstra a associação entre a floresta urbana e 26 indicadores de saúde humana, em pesquisa realizada na cidade de Belo Horizonte (MG). Entre eles, a ocorrência de síndrome do intestino irritável, que, no citado estudo, diminuiu à medida que a área de floresta urbana aumentava. Houve também diminuição da incidência de ansiedade, depressão, obesidade, enxaqueca e hipertensão, em relação ao aumento da floresta urbana. Esses resultados foram melhores, na floresta urbana, quanto mais próxima ela ficava das residências dos participantes. Ansiedade, hipertensão e as doenças cardíacas tiveram diminuição do número de ocorrências, à medida que aumentava o número de árvores, no entorno de onde as pessoas residiam. Os indicadores que apresentaram maiores respostas associativas com diminuição da sua incidência frente aos dados ambientais referentes à floresta urbana foram aqueles que são categorizados como doenças psicológicas, ou geralmente originadas por processos psicológicos ou distúrbios mentais.

Não se pode ignorar a importância desses espaços – ou representados pelos parques ou apenas uma praça, ou árvores encontradas ao longo dos logradouros, ou jardins ou fragmentos florestais, para a população que vive nas cidades, principalmente nos centros urbanos. O fato é que estes espaços, com ênfase para as Unidades de Conservação, a exemplo dos parques urbanos, proporcionam um ambiente que melhora a umidade do ar e diminui a temperatura, preserva elementos naturais e a biodiversidade no meio urbano, diminui os poluentes sonoros e atmosféricos, dentre outros benefícios e serviços ambientais, que contrapõe aos aspectos de artificialidade, típicos dos ambientes urbanos. Soma-se, ainda, o fato de que estes espaços oferecem à população um ambiente para lazer e sociabilização, podendo contribuir, por exemplo, para a saúde, a autoestima e o bem-estar de múltiplas formas. Cabe destacar que os indicadores de saúde, como os de doenças cardíacas, hipertensão, síndrome do intestino irritável, enxaqueca e obesidade, doenças que podem ser afetadas por processos psicológicos, demonstraram uma associação com a floresta urbana (MOREIRA, 2018).

Ao reconhecer a floresta urbana como agente para diminuir a incidência de algumas doenças, percebe-se a necessidade de valorização desses ambientes e de investimento em recuperação e conservação das áreas verdes, como áreas protegidas, parques e praças arborizadas, para garantir o aumento e manutenção das florestas urbanas, como questão de saúde pública. Os gastos com a criação e manutenção destas áreas podem contribuir efetivamente para a melhoria na qualidade de vida da população e, consequentemente, gerar uma economia nos investimentos em saúde pública, haja vista que o dano ao meio ambiente gera prejuízo à saúde pública (MOREIRA, 2018).

CONSIDERAÇÕES FINAIS

Estudos científicos publicados demonstram que a poluição do ar pode estar associada a danos à saúde física, como também afetar diretamente o cérebro humano. Pesquisas futuras podem vir a confirmar sobre quais

4.1 | *Poluição atmosférica e saúde física e mental humana*
Rosilma Menezes Roldan | Marcelo Lamy |

efeitos e em que medida os poluentes gasosos e, principalmente, o material particulado, podem ter sobre o bem-estar físico, mental e social humano.

A poluição atmosférica e seus efeitos na saúde humana, associando a poluição a diversas morbidades e à mortalidade precoce, baixo peso ao nascer, doenças cardiovasculares e respiratórias, câncer, diabetes, obesidade, e até transtornos mentais, e alterações climáticas relevantes, demonstram que o meio ambiente equilibrado e a sadia qualidade de vida física e mental parecem estar em risco.

As políticas públicas ambientais, industriais e de saúde têm por objetivo regular as emissões de poluentes (gases e material particulado), não só reduzindo seus efeitos nocivos, como também minorando o acesso desigual aos recursos naturais, que podem não funcionar tão bem nos grupos mais vulneráveis, as chamadas minorias.

A intervenção por mitigação por coberturas vegetadas ou arborização resulta em diminuição da poluição atmosférica, com consequente redução dos índices de mortalidade precoce e de morbidade cardiovascular e respiratória, além de outras, como câncer, diabetes, obesidade e até estresse e transtornos mentais.

O direito à mitigação da poluição atmosférica decorre do direito humano fundamental ao meio ambiente ecologicamente equilibrado, disposto no artigo 225, da Constituição Federal, intrinsecamente ligado ao direito à sadia qualidade de vida, princípio também insculpido no mesmo mandamento, a ser garantido pelo Estado, segundo o princípio da obrigatoriedade da intervenção do Poder Público (ROLDAN, 2019).

O meio ambiente é determinante e condicionante da saúde, e tanto a Constituição Federal quanto a lei infraconstitucional dispõem que incumbe ao Estado realizar ações que garantam às pessoas e à coletividade bem-estar físico, mental e social.

Os resultados obtidos neste trabalho, inseridos no Projeto Respirando Vida, podem levar à criação e à implementação de políticas públicas sociais e ambientais mais abrangentes, que possam garantir o direito humano fundamental à preservação da saúde física e mental, da vida e à prevenção da doença.

O direito ao meio ambiente ecologicamente equilibrado e à sadia qualidade de vida deve ser fiscalizado pelo cidadão, que deve defender o bem comum, e pelo Estado, obrigado constitucionalmente a proteger, por meio de políticas públicas sociais, econômicas, culturais e ambientais, os recursos naturais, o meio ambiente e a qualidade de vida física e mental.

REFERÊNCIAS

BRUNST, Kelly; RYAN, Patrick H.; ALTAYE, Mekibib et al. Myo-inositol mediates the effects of traffic-related air pollution on generalized anxiety symptoms at age 12 years. *Environmental Research*, v. 175, p. 71-78, Ago 2019. https://doi.org/10.1016/j.envres.2019.05.009

MCGUINN, L. A.; WINDHAM, G. C.; KALKBRENNER, A. E. Early life exposure to air pollution and autism spectrum disorder: findings from a multisite case-control study. *Epidemiology*, v. 31, n. 1, p. 103-114, Jan. 2020. DOI: 10.1097/EDE.0000000000001109.

MOREIRA, G. F. Associação entre floresta urbana e indicadores da saúde humana. Tese apresentada à Universidade Federal de Viçosa, como parte das exigências do Programa de Pós-Graduação em Ciência Florestal, para obtenção do título de Doctor Scientiae. Viçosa, MG, 2018.

PAYNE-STURGES, Devon C.; MARTY, Melanie A.; PERERA, Frederica et al. Healthy air, healthy brains: advancing air pollution policy to protect children's health. *American Journal of Public Health*, v. 109, p. 550_554, Apr. 2019. https://doi.org/10.2105/AJPH.2018.304902

PETERSON, Bradley S.; RAUH, Virginia A.; BANSAL, Ravi et al. Effects of prenatal exposure to air pollutants (polycyclic aromatic hydrocarbons) on the development of brain white matter, cognition, and behavior in later childhood. *JAMA Psychiatry*, v. 72, n. 6, p. 531-540, 2015. doi:10.1001/jamapsychiatry.2015.57

ROLDAN, R. M. A poluição atmosférica e o direito à mitigação de seus impactos na saúde humana por coberturas vegetadas e por arborização. Dissertação de Mestrado apresentada em 13.02.2019, como exigência parcial para obtenção do título de Mestre em Direito da Saúde, Universidade Santa Cecília, orientador: Prof. Dr. Marcelo Lamy.

XUE, Tao; ZHU, Tong; ZHENG, Yixuan et al. Declines in mental health associated with air pollution and temperature variability in China. *Nature Communications*, v. 10, n, 2165, 2019. https://doi.org/10.1038/s41467-019-10196-y

UNITED STATES ENVIRONMENTAL PROTECTION AGENCY (U.S. EPA). Integrated Science Assessment (ISA) for Particulate Matter (External Review Draft). U.S. Environmental Protection Agency, Washington, DC, EPA/600/R-18/179, 2018.

4.2

Responsabilidade socioambiental das instituições financeiras no financiamento para aquisição de ônibus movidos a combustíveis fósseis[*]

OSWALDO LUÍS CAETANO SENGER

MARCELO LAMY

INTRODUÇÃO

DURANTE um século a sociedade serve-se do petróleo e de seus derivados como combustível gerador de energia para movimentar os veículos automotores. No entanto, além dela ser finita, sabe-se que a combustão necessária para gerar a energia automotiva produz elementos altamente poluentes que são lançados na atmosfera, tais como ozônio, dióxido de nitrogênio, material particulado e dióxido de enxofre.

A poluição do ar gerada pela queima de combustíveis fósseis é mais acentuada em áreas urbanas. Como a população brasileira vive predominantemente nessas áreas, ela sofre maiores impactos pela inalação dessas substâncias tóxicas.

Ao longo dos últimos anos, algumas ações mitigadoras da poluição do ar foram adotadas: emprego de tecnologias mais avançadas no desenvolvimento

---

[*] A pesquisa desenvolvida durante o mestrado pelo pesquisador Oswaldo Luís Caetano Senger, sob a orientação do Prof. Dr. Marcelo Lamy, relaciona-se intrinsecamente com os estudos que esse autor continuou a desenvolver depois de encerrado o ciclo do mestrado. Há, em razão disso, ideias e alguns trechos de textos do autor presentes em suas pesquisas anteriores que foram replicados e atualizados aqui. Cf. SENGER, Oswaldo Luís Caetano. Ônibus elétricos utilizados no transporte público como paradigma de política pública no combate à poluição atmosférica em Santos, 2018. Dissertação (Mestrado em Direito da Saúde) – Universidade Santa Cecília, Santos, 2018.

e fabricação dos motores, utilização obrigatória de catalizadores nos veículos, redução do teor de enxofre na produção de combustíveis, dentre outras.

Outra forma de mitigar esses danos ao meio ambiente e à saúde passa pela priorização do transporte público. Ocorre que a maioria dos ônibus urbanos utiliza propulsores movidos a óleo diesel. Alternativas oriundas de fontes renováveis já são adotadas, como a utilização de etanol e biodiesel como combustível. Mas, ainda que em menor quantidade, a queima desses combustíveis ainda gera significativa emissão de poluentes. Mais recentemente, foram empreendidas experiências com a utilização de veículos movidos a hidrogênio. Ocorre que, apesar de não emitirem poluentes, os custos para produção e desenvolvimento desta tecnologia ainda são muito elevados. A alternativa ambiental e tecnologicamente mais adequada, atualmente, de um meio de transporte coletivo urbano que seja eficiente e não emita poluentes é a utilização de ônibus autônomos movidos a energia elétrica.

Assim como outras, esta inovação provavelmente vai necessitar de financiamento bancário, e é desejável uma redução dos juros nessas linhas de crédito. Além desse aspecto, não poderá ser esquecida eventual responsabilização socioambiental das instituições financeiras que financiarem a aquisição de ônibus movidos a combustíveis fósseis e que venham a causar danos ao meio ambiente e à saúde.

Com base em julgamento proferido pelo Superior Tribunal de Justiça (STJ), há mais de doze anos, verificaremos que é possível construir entendimento de que uma instituição financeira que financiar a aquisição de meios de transporte em massa, movidos a combustíveis fósseis, pode ser responsabilizada, no âmbito socioambiental, por danos causados ao meio ambiente e à saúde da população urbana.

4.2.1. RESPONSABILIDADE DAS INSTITUIÇÕES FINANCEIRAS POR DANOS AMBIENTAIS

Baseando-se no fato de que o dinheiro que financia a produção e o consumo ficam ligados à moralidade e à legalidade dessa produção e consumo, Machado (2014) afirma que nem o dinheiro privado e nem o dinheiro público podem financiar a poluição e a degradação da natureza, pois o *caput* do artigo 192 da Constituição determina que o sistema financeiro nacional deverá servir aos interesses da coletividade.

A Lei nº 4.595, de 31 de dezembro de 1964, indica que o Conselho Monetário Nacional deve orientar a aplicação de recursos das instituições financeiras de modo a propiciar condições favoráveis ao desenvolvimento harmônico da economia nacional, para não apenas diminuir as desigualdades regionais como também o desenvolvimento sustentável, que estabelece equidade entre as presentes e futuras gerações.

O artigo 12 da Lei de Política Nacional do Meio Ambiente impõe que as entidades e órgãos de financiamento e incentivos governamentais deverão condicionar a aprovação de projetos habilitados a benefícios ao cumprimento das normas, dos critérios e dos padrões expedidos pelo Conselho Nacional do Meio Ambiente (CONAMA), devendo, também, fazer constar dos projetos a realização de obras e aquisição de equipamentos destinados ao controle de degradação ambiental e à melhoria da qualidade do meio ambiente. Isso seria a razão para a inserção desses financiamentos e incentivos, na atividade de fiscalização do Banco Central do Brasil.

Considerando que a exigência de licenciamento ambiental pode partir dos órgãos competentes federais, estaduais e, se existirem, municipais, as instituições financeiras deverão tomar conhecimento do leque de estabelecimentos e atividades para os quais há exigência desses licenciamentos, de modo a estarem aptos para exigi-los dos pretendentes ao benefício ou financiamento.

Essa também é a posição de Mirra (2017), segundo o qual

> o regime específico da responsabilidade civil ambiental está fundado na responsabilidade objetiva do degradador do meio ambiente, ou seja, responsabilidade que independe da culpa do agente, fundada no simples risco ou no simples fato da atividade causadora do dano ambiental. Assim, nessa matéria, basta a comprovação (i) do dano causado ao meio ambiente; (ii) de uma atividade ou omissão degradadora; e (iii) do nexo causal entre o dano e o fato da atividade degradadora, sendo irrelevante discutir se houve culpa ou não do agente.

O autor (MIRRA, 2017) afirma ainda que

> o Superior Tribunal de Justiça consagrou o entendimento de que, na responsabilidade civil ambiental, tem aplicação a teoria do risco integral, de sorte

que não podem ser invocadas, como causas excludentes da responsabilidade civil do degradador do meio ambiente, a licitude da atividade, o caso fortuito, a força maior e o fato de terceiro. O agente responde invariavelmente pelo simples fato, pela simples existência ou pela simples presença da atividade lesiva ao meio ambiente por ele desenvolvida.

Nessa linha de entendimento, como "no Direito ambiental brasileiro [...] se adotou a responsabilidade civil fundada no risco integral, a teoria que mais bem se adapta à matéria é a da equivalência das condições, estendendo-se a responsabilidade civil a todos aqueles que, de alguma forma, deram causa ao dano ambiental" (MIRRA, 2017).

Mirra prossegue, citando uma paradigmática decisão proferida nos autos do Recurso Especial nº 650.728/SC, de 23/10/07 no sentido de que

> havendo mais de um causador do dano ambiental — direto ou indireto —, todos serão solidariamente responsáveis pela reparação do dano, nos termos do artigo 942 do Código Civil, podendo o ressarcimento ser exigido indistintamente de um, de alguns ou de todos. Na fórmula empregada pelo STJ, que ficou célebre em julgado relatado pelo ministro Herman Benjamin, sob a ótica do nexo de causalidade, para fins de responsabilização civil pelo dano ambiental, equiparam-se quem faz, quem não faz quando deveria fazer, quem deixa fazer, quem não se importa que façam, que financia para que façam, e quem se beneficia quando outros fazem.

Nessa linha, o articulista é categórico:

> Trata-se, portanto, de hipótese de responsabilidade objetiva solidária do agente financeiro, já que, sem o financiamento, a atividade que se revelou degradadora não teria se realizado e, consequentemente, o dano ambiental não teria sido causado.

Sobre o momento em que incide a responsabilidade civil do financiador pelo dano ambiental causado pela atividade financiada, Mirra defende que

> a partir da orientação estabelecida pelo Superior Tribunal de Justiça, à luz da disciplina legal da matéria, segundo acima anotado, o financiador deve ser considerado como responsável solidário com o degradador pelo simples fato de ter financiado o empreendimento, na condição de poluidor indireto. E essa

responsabilidade perdura enquanto a atividade financiada se desenvolver, de sorte que qualquer dano ambiental decorrente da atividade financiada vai ensejar a responsabilização civil do financiador, ainda que o contrato já se encontre findo ou extinto.

Nessa linha de entendimento, observada em termos estritos a jurisprudência do STJ, mesmo quando haja, por exemplo, o inadimplemento contratual por parte do tomador do empréstimo, que não paga o valor mutuado ou descumpre o dever de observar as normas ambientais, na forma a que se havia obrigado, com a subsequente resolução do ajuste, caracterizada estará a responsabilidade civil do financiador, ainda mais se já tiver havido a entrega da totalidade do dinheiro para o exercício da atividade. A única ressalva admissível é a da possibilidade de o financiador voltar-se regressivamente contra o financiado, a fim de ressarcir-se junto a este último pelas obrigações que lhe tiverem sido impostas na qualidade de poluidor indireto e responsável solidário pela degradação ambiental.

Já Gadelha (2017) entende de modo diverso, indicando que há necessidade de uma adequação legislativa sobre o tema:

> Primeiro, porque os bancos já são signatários do Protocolo Verde, datado de 1992 e do *Equator Principles*, de 2003. Hoje, os projetos considerados de alto ou médio risco ambiental exigem, para fins de financiamento, a elaboração de um documento de avaliação ambiental do projeto e que aborde, ainda, os métodos de prevenção e controle dos impactos ambientais esperados.
>
> Segundo, porque a responsabilidade civil ambiental além de objetiva é também solidária, de tal sorte que as instituições financeiras costumam ser alvo de ações judiciais por danos ambientais antes mesmo dos verdadeiros poluidores, a despeito de serem considerados pela própria legislação como poluidores *indiretos*.
>
> A essas duas razões anteriores há que se somar uma terceira, que, na prática, reforça os argumentos já apresentados: a de que os bancos não possuem poder de polícia administrativa e não podem, por conseguinte, realizar uma fiscalização intensa e profunda das atividades que financiam. É dizer: as instituições financeiras não são legalmente autorizadas a supervisionar os empreendimentos que financiam; logo os dados ambientais que obtém ou têm origem exclusiva nas informações repassadas pelo empreendedor ou em fiscalizações previstas apenas contratualmente, isto é, bastante limitadas.

Quem também segue essa linha da não responsabilização é Antunes (2016). Ao se referir ao Recurso Especial já mencionado, ele expõe que:

> Embora em nenhum desses dois casos haja menção expressa à responsabilidade ambiental de instituições financeiras, eles são ordinariamente indicados como precedentes para a possibilidade jurídica (ainda que em tese) de responsabilização integral de instituições financeiras por danos ambientais, na condição de poluidores indiretos.
>
> A decisão judicial examinada resultou em um nexo de causalidade meramente teórico, nada tendo a ver com uma situação real que possa indicar vínculo concreto entre uma ação ou omissão e um evento danoso. Constituiu-se, portanto, um nexo de causalidade puramente especulativo, distante do mundo fenomenológico. Admite-se, em tese, que uma opção legislativa pudesse ter gerado essa circunstância, pois, em tal caso, haveria uma opção política da sociedade, que, por mais discutível que seja, encontra um grau de legitimidade social e, principalmente, de previsibilidade incomparável com o grau quase lotérico das decisões judiciais em temas de responsabilidade ambiental. Ademais, dado que o direito brasileiro não se prende ao sistema de precedentes judiciais, não há que se atribuir força quase normativa às decisões mencionadas, que, nos termos de nosso regime jurídico, devem se restringir aos casos concretos.

Antunes faz menção à chamada *deep pocket doctrine* (de origem norte-americana, e que é entendida como Teoria do Bolso Profundo), indicando que ela pode gerar distorção dos custos de responsabilização ambiental para os maiores agentes econômicos e fomentar a irresponsabilidade de agentes intermediários de cadeias produtivas.

Para tanto, lembra do entendimento de Rômulo Sampaio (2013, p. 31):

> Se o poluidor direto sabe de antemão que na hipótese de dano ambiental a reparação será imputada ao indireto que financiou o empreendimento segundo uma preferência implícita pelos legitimados da ação civil pública por aqueles que, aparentemente, detém mais recursos, o poluidor direto não tem qualquer incentivo para internalizar deveres de cuidado. O indireto pode cobrar mais pelo financiamento e o direto, sabendo que está pagando mãos e que pode se desincumbir da responsabilidade por interpretações judiciais a técnicas, assumirá riscos maiores e não internalizará deveres de cuidado por acreditar que alguém estará sempre pronto para arcar, via decisão judicial, com eventual prejuízo do dano.

Para corroborar seu entendimento, Antunes cita decisão proferida pela Ministra Marga Tessler (então Juíza convocada do TRF 4ª Região), nos autos do Agravo nº 1.433.170, de 09/12/2014, que indeferiu a antecipação de tutela requerida pelo Ministério Público Federal, contra, dentre outros fatores, decisão proferida pelo MM. Juiz Federal da 13ª Vara Cível de São Paulo, SJ/SP, Dr. Wilson Zauhy Filho, que excluiu do polo passivo o Banco Interamericano de Desenvolvimento (BID), por não existir nexo de causalidade entre a liberação dos recursos para a obra, concedido pelo BID, e a ausência ou erro dos estudos acerca do impacto ambiental do projeto.

Guilhardi (2015) também advoga contra a responsabilização das instituições financeiras:

> Efetivamente, a concessão do empréstimo nem sequer resvala na ocorrência do dano, sendo certo que o tomador do empréstimo é quem atuará de maneira a degradar o meio ambiente. Em outras palavras, ainda que fosse suprimido o empréstimo da cadeia de causalidade, a ação da pessoa tomadora do empréstimo, por si só, é que causa a degradação ambiental, sem que o empréstimo de qualquer forma atue na sua ocorrência.

Em se tratando de financiamentos de projetos que causem degradação ambiental, Lanner (2018) defende que existe a possibilidade da aplicação de duas teorias com o objetivo de imputar, ou não, responsabilidade indireta à instituição financeira: teoria do risco integral e teoria do risco criado.

Pela teoria do risco integral, a instituição financeira responde de forma solidária com o empreendedor, pois ela não admite excludentes de responsabilidade. Independentemente da conduta do financiador, incide sua reponsabilidade, já que seus recursos contribuíram para que o dano ocorresse, pois sem o financiamento o empreendedor não teria condições de executar o projeto. Por outro lado, pela teoria do risco criado, são admissíveis causas excludentes de responsabilidade, como caso fortuito, força maior e ato de terceiro.

A autora conclui seu estudo afirmando que esta última teoria, "revela-se mais eficiente que a teoria do risco integral, pois estimula o gerenciamento dos riscos socioambientais e, consequentemente, a minimização de impactos negativos ao meio ambiente."

Numa linha bem diferente, Yoshida (2017) menciona a existência de uma outra modalidade de risco a que estão expostas as instituições financeiras: a de reputação. Citando Blank e Brauner, informa que ela "é decorrente da pressão da opinião pública, investidores, organizações não governamentais, para adoção, pelas mesmas instituições, de política de financiamento e investimento ambientalmente correta, sob pena de prejuízo à sua reputação".

Até aqui foram abordados, apenas, os aspectos atinentes à responsabilidade das instituições financeiras por danos causados por empreendimentos oriundos de financiamentos (operações de crédito nas quais se conhece a destinação do recurso emprestado). No entanto, não foram mencionados os empréstimos, desde que realizados a pessoas físicas ou jurídicas em razão de atividade empresarial.

De forma inovadora, Souza (2018) pondera que,

> no caso de operações de crédito em que os recursos financeiros (ou mesmo o bem adquirido, como nos financiamentos ou *leasing* de veículos ou outros equipamentos) não se destinam a uma finalidade específica, como no caso de empréstimos de capital de giro, certamente o nível de diligência que haverá de ser exigido da instituição financeira é muito menor, de modo que o risco de sua responsabilização é também proporcionalmente menor.
>
> Isso não significa, entretanto, que, quando se tratar de operações firmadas com pessoas jurídicas com fins lucrativos, nas quais não se pode supor que a utilização será outra que não o desenvolvimento regular de suas atividades, um grau mínimo de diligência não deva estar presente. Nada impede que seja verificada pela instituição financeira, por exemplo, a existência de licenciamento ambiental vigente (quando o setor em que o empreendimento financiado opera requer o licenciamento) e/ou que sejam verificados a existência, número e natureza de eventuais autuações por infrações ambientais e trabalhistas.

Assim, com base nessas diferentes opiniões, discute-se a tese da responsabilização das instituições financeiras por danos causados à saúde da população, em decorrência da emissão de poluentes na atmosfera, pelos ônibus movidos a combustíveis fósseis.

4.2.2. POLÍTICA DE RESPONSABILIDADE SOCIOAMBIENTAL (PRSA)

O Banco Central do Brasil tornou pública a resolução do Conselho Monetário Nacional nº 4.327, de 25 de abril de 2014, que dispôs sobre as diretrizes que devem ser observadas no estabelecimento e na implementação da Política de Responsabilidade Socioambiental pelas instituições financeiras e demais instituições autorizadas a funcionar pela Autarquia Federal.

Segundo Antunes (2016), esse normativo foi editado em razão da preocupação da autoridade monetária "com os riscos decorrentes de operações realizadas por instituições financeiras". Na sequência, o autor afirma que a "iniciativa do Bacen é consistente com o Acordo da Basileia II e reconhece que o risco socioambiental é uma variável a ser inserida na análise do macrorrisco da instituição financeira."

No artigo 6º dessa Resolução, encontram-se as seguintes ações de gerenciamento do risco socioambiental: (i) estabelecimento de sistemas, rotinas e procedimentos de identificação, classificação, avaliação, monitoramento e mitigação; (ii) registro de dados; (iii) avaliação prévia de impactos socioambientais; e (iv) readequação dos procedimentos a alterações legislativas.

Nesse contexto, o Normativo nº 14, aprovado em 28 de agosto de 2014, do Sistema de Autorregulação Bancária (SARB), buscou definir diretrizes e procedimentos para as práticas socioambientais de instituições financeiras. A iniciativa autorregulatória tem por objetivos: (i) demonstrar diligência e comprometimento das instituições financeiras na avaliação de impactos socioambientais em suas operações e atividades; (ii) definir patamar mínimo de procedimentos e práticas, evitando disparidades da concorrência; (iii) instrumentalizar procedimentos para a análise de risco socioambiental nas atividades e operações das instituições; (iv) servir de parâmetro para fiscalização do regulador; e (v) constituir elementos de defesa em demandas judiciais.

Para Antunes, essas iniciativas seguem a racionalidade da Lei Anticorrupção (Lei Federal nº 12.846, de 1º de agosto de 2013), como também "a tendência jurídica de estabelecimento de mecanismos e procedimentos internos de controle e auditoria que demonstrem a adoção de cautelas compatíveis com o papel que instituições financeiras exercem na sociedade."

A Federação Brasileira de Bancos (FEBRABAN), elaborou um guia prático para a elaboração e implementação da política de responsabilidade socioambiental, onde são apresentados seis passos importantes para a construção de uma PRSA. Dentre eles, cabe destacar que:

ao abordar a Política de Responsabilidade Socioambiental, a Resolução deixa claro que o documento deve conter princípios e diretrizes que norteiam as ações socioambientais nos negócios e na relação com as partes interessadas. A transversalidade da PRSA em todas as áreas da instituição financeira fica evidente uma vez que deve estar presente nos negócios e nas relações com todos os públicos que possam ser afetados pela atuação da instituição (ex. clientes, usuários, colaboradores, fornecedores e comunidades). A PRSA deve ser um instrumento de gestão integrada tratando da estrutura de governança, da gestão do risco socioambiental, das atividades e operações que devem ser priorizadas de acordo com sua relevância, proporcionalidade e eficiência, integrando-se as demais estratégias, políticas e normativos da instituição financeira.

Num outro ponto, o guia afirma que, além da análise de risco socioambiental para os clientes corporativos, de forma geral, a destinação de recursos a projetos específicos requer uma análise mais detalhada. Como o crédito é destinado a uma operação específica, o risco de corresponsabilidade da instituição financeira por danos socioambientais causados pelos clientes financiados é maior.

Existe um acordo específico que considera o tema socioambiental no financiamento a projetos, chamado de "Princípios do Equador", que traz como base padrões de desempenho da Corporação Financeira Internacional (IFC da sigla em inglês), integrante do Grupo Banco Mundial, e a maior instituição de desenvolvimento voltada para o setor privado. Esses padrões de desempenho são direcionados aos clientes, fornecendo orientação sobre o modo de identificar riscos e impactos e destinam-se a ajudar a evitar, minimizar e gerenciar riscos e impactos, como forma de fazer negócios de maneira sustentável, incluindo o engajamento das partes interessadas e as obrigações de divulgação por parte do cliente, no que se refere a atividades no âmbito do projeto.

Dentre os padrões de desempenho, é importante mencionar três, que dizem respeito ao presente estudo: eficiência de recursos e prevenção da poluição; saúde e segurança da comunidade; e conservação da biodiversidade e gestão sustentável de recursos naturais vivos.

4.2.3. APLICAÇÃO DA PRSA NO FINANCIAMENTO PARA AQUISIÇÃO DE ÔNIBUS

Estudo da Bloomberg New Energy Finance, elaborado pela analista Aleksandra O'Donovan, divulgado no início de fevereiro de 2018 e noticiado no *site* da Eletrabus (empresa nacional que fabrica ônibus elétricos nas versões trólebus = rede aérea, híbrido = grupo motor gerador + baterias, e elétrico puro = baterias), afirma que o preço inicial de um ônibus totalmente elétrico no mercado mundial ficará igual ao de um similar movido a óleo diesel dentro de oito anos.

Isso será possível graças à queda contínua dos custos das baterias elétricas, que permitirá a equiparação do preço dos elétricos ao dos ônibus convencionais por volta de 2026. Hoje, dependendo do modelo, um ônibus elétrico pode custar mais do que o dobro do que um equivalente a diesel. A diferença de custo deve-se, basicamente, ao preço das baterias.

A previsão da Bloomberg trata apenas do preço inicial de cada veículo, e não do custo total ao longo da vida útil. Não inclui custos de manutenção e o gasto médio da eletricidade em relação ao diesel, que são bem inferiores nos ônibus elétricos. Ou seja, a médio prazo, mesmo tendo um preço inicial superior, os atuais ônibus elétricos tendem a ser mais econômicos do que os convencionais para o operador.

Assim, ainda mais num momento de retração econômica, a aquisição de ônibus elétricos autônomos movidos a bateria vai necessitar de financiamentos bancários, uma vez que o valor inicial do investimento ainda é elevado.

Nessa linha de raciocínio, como o principal objetivo é preservar o meio ambiente e diminuir as despesas com saúde pública, é desejável uma redução das taxas de juros nessas linhas de crédito.

Por outro lado, e num sentido diametralmente oposto, não poderá ser esquecida eventual responsabilização civil socioambiental das instituições financeiras que concederem financiamentos/empréstimos para a aquisição de ônibus movidos a combustíveis fósseis, e que venham a causar danos ao meio ambiente e à saúde.

Uma forma de desestimular e até inviabilizar essa modalidade atual de financiamento bancário é aumentar, consideravelmente, as taxas de juros para aquisição de veículos que sejam baseados nessa matriz energética, em especial dos ônibus urbanos.

CONSIDERAÇÕES FINAIS

Apesar do valor unitário de um ônibus elétrico ser alto, muitas vezes superando o dobro do valor de um ônibus movido a óleo diesel, há que se ponderar um fator relevante: os custos de manutenção e de aquisição de combustível são significativamente menores do que os veículos atuais.

O retorno financeiro do investimento realizado para a compra desses tipos de veículos ocorre em aproximadamente sete anos. Partindo-se do princípio de que esses ônibus são projetados para ter uma vida útil de no mínimo doze anos, e que os custos de manutenção e a garantia estão embutidos no preço de aquisição de alguns fabricantes, essa mudança de paradigma compensa o investimento.

Apesar de não ser possível e nem cientificamente aconselhável atribuir todos os eventos de morbidade e de mortalidade por problemas respiratórios à poluição do ar, a médio e longo prazos, as despesas com tratamentos e internações relativas a esses eventos certamente irão diminuir com a utilização desse tipo de veículo.

A economia gerada no setor de saúde seria destinada ao setor de transporte, através de uma efetiva política pública de mobilidade urbana.

Como essa inovação provavelmente vai necessitar de financiamento bancário, é desejável uma redução dos juros nessas linhas de crédito. Além desse aspecto, não poderá ser esquecida eventual responsabilização socioambiental das instituições financeiras que concederem empréstimos para a aquisição de ônibus movidos a combustíveis fósseis e que venham a causar danos ao meio ambiente e à saúde.

REFERÊNCIAS

ANTUNES, Paulo de Bessa. Responsabilidade Civil Ambiental de Instituições Financeiras. GENJURIDICO. Disponível em: http://genjuridico.com.br/2016/07/15/responsabilidade-civil-ambiental-de-instituicoes-financeiras/. Acesso em: 23 jun. 2018.

BLOOMBERG. Electric Buses Will Take Over Half the World Fleet by 2025. Disponível em: https://www.bloomberg.com/news/articles/2018-02-01/electric-buses-will-take-over-half-the-world-by-2025. Tradução livre do inglês. Acesso em: 27 maio 2018.

ELETRABUS: Ônibus elétrico terá preço igual ao de similar a diesel em 2026. Disponível em: http://www.eletrabus.com.br/2018/02/12/ate-2026-onibus-eletrico-custara-o--mesmo-que-similar-a-diesel/ Acesso em: 27 maio 2018.

FEBRABAN. Disponível em: https://cmsportal.febraban.org.br/Arquivos/documentos/PDF/SITE%20MAR%C3%87O%202017%20-%20Normativo%20014-LIC%20 e%20anexos.pdf. Acesso em: 26 jun. 2018.

FEBRABAN Disponível em: https://cmsportal.febraban.org.br/Arquivos/documentos/PDF/GUIA%20PRATICO%20PRSA.pdf Acesso em: 15 nov. 2019.

GADELHA, Marina. Novamente sobre a responsabilidade civil ambiental dos bancos. Migalhas. Disponível em: http://www.migalhas.com.br/dePeso/16,MI260339,31047--Novamente+sobre+a+responsabilidade+civil+ambiental+dos+bancos. Acesso em: 23 jun. 2018.

GUILHARDI, Pedro. Responsabilidade civil dos bancos por dano ambiental em projetos financiados. *Revista Brasileira de Direito Comercial*, ano I, n. 4, p. 39, 2015.

LANNER, Maíra Brecht. Uma análise econômica da responsabilidade civil ambiental das instituições financeiras. *Revista Brasileira de Direito Comercial*, ano IV, n. 21, p. 100-102, 2018.

MACHADO, Paulo Affoso Leme. *Direito Ambiental Brasileiro*. 22. ed. São Paulo: Malheiros Editores, 2014.

MIRRA, Álvaro Luiz Valery. A responsabilidade civil ambiental das instituições financeiras. CONJUR. Disponível em: https://www.conjur.com.br/2017-nov-25/ambiente-juridico-responsabilidade-civil-ambiental-instituicoes-financeiras. Acesso em: 23 jun. 2018.

SAMPAIO, Rômulo Silveira da Rocha. *Responsabilidade Civil Ambiental das Instituições Financeiras*. Rio de Janeiro: Elsevier, 2013.

SOUZA, L. M. Responsabilidade civil de instituições financeiras por danos socioambientais. *Veredas do Direito (Belo Horizonte)*, v. 15, n. 32, p. 357-396, maio/ago. 2018. Disponível em: http://www.domhelder.edu.br/revista/index.php/veredas/article/view/1302 Acesso em: 15 nov. 2019.

SUPERIOR TRIBUNAL DE JUSTIÇA. Disponível em: https://ww2.stj.jus.br/websecstj/cgi/revista/REJ.cgi/MON?seq=42765974&tipo=0&nreg=201403266429&SeqCgrmaSessao=&CodOrgaoJgdr=&dt=20141211&formato=PDF&salvar=false. Acesso em: 26 jun. 2018.

SUPERIOR TRIBUNAL DE JUSTIÇA. Disponível em: http://www.stj.jus.br/SCON/jurisprudencia/doc.jsp?livre=650728&b=ACOR&p=true&l=10&i=8. Acesso: em 23 jun. 2018.

YOSHIDA, Consuelo Yatsuda Moromizato. *Responsabilidade das Instituições Financeiras: da atuação reativa à atuação proativa. Finanças sustentáveis e a responsabilidade socioambiental das instituições financeiras*. Belo Horizonte: Editora Fórum, 2017. p. 210-211.

4.3

A degradação dos manguezais e os reflexos na Saúde pública*

IVALDO MARQUES BATISTA

INTRODUÇÃO

O PROBLEMA social do déficit de moradias, agravado pela crise financeira (desemprego, endividamento etc.) que desde 2015 assola o país (somente no final de 2019 esboçou um tímido arrefecimento), levou muitos brasileiros para ocupações irregulares, insalubres, inclusive em áreas de preservação.

Em contraponto, a Constituição Federal de 1988 (CFRB/88), em seu artigo 225, institui que o poder público e a coletividade têm o dever de defender e preservar o meio ambiente:

> Todos têm direito ao meio ambiente ecologicamente equilibrado, bem de uso comum do povo e essencial à sadia qualidade de vida, impondo-se ao poder público e à coletividade o dever de defendê-lo e preservá-lo para as presentes e futuras gerações.

Nada obstante a isso, observamos na Região Metropolitana da Baixada Santista (RMBS) a ineficiência das atuações públicas em relação às ocupações irregulares em inúmeras áreas (pois, cada ano, aumentam), inclusive

---

* A dissertação de mestrado do autor Ivaldo Marques Batista, desenvolvida sob a orientação da Profa. Dra. Renata Salgado Leme, relaciona-se intrinsecamente com a pesquisa que esse autor continuou a desenvolver depois de encerrado o ciclo do mestrado. Há, em razão disso, ideias e alguns trechos de textos do autor presentes em sua pesquisa anterior que foram replicados e atualizados aqui. BATISTA, Ivaldo Marques. Políticas públicas, ocupação irregular do solo, degradação ambiental e riscos à saúde na Região Metropolitana da Baixada Santista, 2018. Dissertação (Mestrado em Direito da Saúde) – Universidade Santa Cecília, Santos, 2018.

4.3 | A degradação dos manguezais e os reflexos na Saúde pública
Ivaldo Marques Batista |

em mangues. Assim, famílias acabam se enraizando em moradias inseridas indevidamente neste importante ecossistema.

O meio ambiente preservado é essencial à sadia qualidade de vida, no entanto, passa a ser destruído e degradado por uma comunidade carente, necessitada do mínimo existencial e amplamente desinformada, e ali se sedentariza e planta a sua própria doença, colhendo assim sofrimentos diversos.

Uma vez instalados, muitas vezes em palafitas e sem nenhuma condição sanitária, convivem diariamente com ratos, mosquitos, baratas e é claro com o odor e com os dejetos humanos lançados diretamente na maré.

O lixo gerado da alimentação, da higienização do corpo e das roupas desses moradores são descartados no meio sem qualquer cuidado, como se pertencessem àquele ambiente, que sofreu anteriormente a degradação do corte de árvores e, hoje, é agonizado pela sujeira produzida pelos humanos.

Com as marés, grande parte do lixo lançado retorna, acompanhado, com é lógico, da proliferação de ratos, baratas, insetos etc. Nesse contexto, aumenta a incidência de doenças desta população carente, especialmente dos mais vulneráveis, as crianças e os idosos.

Não só o direito ao meio ambiente equilibrado, mas também a saúde, direito de todos e dever do Estado, encontra-se garantida pela Constituição Federal de 1988 (artigos 6º e 196).

Essa comunidade de moradores de ocupações irregulares em áreas de preservação ambiental se enfileira nos postos de saúde, buscando a cura para doenças que, muitas vezes, são ocasionadas pelo próprio local onde estabeleceram suas residências e pelo modo que vivem.

A omissão em resolver essa questão (caracterizada muitas vezes pelo poder público permitir a ocupação irregular, por não utilizar-se dos meios de impedi-la ou por não buscar reverter radicalmente a situação) prolonga indevidamente a estada humana nesses locais e agrava, a cada ano, os males decorrentes disso, notadamente os relacionados à saúde.

A problemática apresentada é de difícil resolução, bem como as ações demandam tempo e alto investimento. Parece-nos, por essas razões, que é preciso buscar alternativas econômicas de curto e médio prazo.

Em estudo apresentado pela Secretaria do Estado de Meio Ambiente e Desenvolvimento Sustentável do Estado do Rio de Janeiro, relacionado ao Projeto Planágua Semads/GTZ de cooperação técnica Brasil-Alemanha (setembro/2001), destacou-se ponto que nos parece relevante destacar na lógica a que nos referimos. Uma ação menos custosa e de curto prazo pode ser buscada, "diluir" as descargas de esgoto:

> Segundo Carmo (1995), os manguezais não parecem ser muito prejudicados por descargas indiretas de esgoto, contanto que estas sejam diluídas.
>
> Aparentemente, este ecossistema é tolerante a um enriquecimento de nutrientes, mas quando a carga orgânica é excessiva pode ocorrer um aumento de produção o qual pode ocasionar uma mortandade da fauna. Além do mais, os animais podem ser contaminados por bactérias de origem fecais e agentes viróticos, tornando-se vetores de sérias doenças para a população. Araújo & Maciel (1979) destacam ainda que poderá ocorrer uma mortalidade significativa da fauna do manguezal devido ao decréscimo de oxigênio causado pelo lançamento de esgoto no ambiente.

Na RMBS, a mera dissolução do esgotamento sanitário das moradias irregularmente estabelecidas em manguezais poderia poupar o meio ambiente de uma maior degradação.

É preciso enfrentar o cenário de proliferação de bactérias de origem fecais e de viroses, pois desencadeam sérias doenças, tais como: diarreias, febres entéricas, hepatite A (transmissão feco-oral), dengue, vírus da zika, febre chicungunha, leishmanioses, malária e doença de Chagas (inseto vetor), esquistossomose, leptospirose (contato com água contaminada), doenças da pele, micoses superficiais, conjuntivites, além de outras.

Na Lei nº 11.445/2007, Lei de Saneamento Básico, e no Decreto nº 7.217/2010 foram estabelecidos os princípios fundamentais, as responsabilidades comuns e específicas de cada ente da Federação impondo, inclusive, prazos para as suas ações. A ação que estudamos é uma forma prática de os poderes públicos municipais e estaduais responderem a essas obrigações. Em 2012, o Supremo Tribunal Federal, ao julgar a Ação Direta de Inconstitucionalidade nº 1.842/RJ, decidiu que a titularidade dos serviços de saneamento básico é municipal; somente nos casos de Regiões Metropolitanas há o compartilhamento entre o Estado e os Municípios, a ser exercido na forma colegiada em assembleias que congreguem a participação de todos os prefeitos e do governador do Estado.

4.3 | *A degradação dos manguezais e os reflexos na Saúde pública*
Ivaldo Marques Batista |

O Sistema Nacional de Informação sobre Saneamento Básico, afirmou que 53,2% da população brasileira obtiveram acesso a coleta e tratamento, 83,6% tiveram acesso a água tratada no ano de 2018, também foi divulgada a nova meta para 31/12/2033, que é de 90% da população brasileira com coleta e tratamento de esgoto e de 99% para o fornecimento de água potável.

A Confederação Nacional da Indústria (CNI) concluiu que haverá um atraso de 21 (vinte e um) anos, ou seja, que o governo federal não atingirá a meta que assumir dos 20 (vinte) anos, período de 2014-2033, para a implantação do esgotamento sanitário em todo o Brasil.

O Ministro da Saúde, Ricardo Barros (no governo Michel Temer), declarou publicamente (notícia intitulada "Investir em saneamento reduz gasto em saúde, diz ministro", do Jornal Estado de Direito, divulgada pela internet em 26 de outubro de 2016) que o investimento em saneamento reduz o gasto em saúde: numa proporção de 1 (um) Real investido em esgotamento sanitário o país economizaria 4 (quatro) Reais na Saúde.

4.3.1. REGIÃO METROPOLITANA DA BAIXADA SANTISTA

Criada em 1996, por meio da Lei complementar estadual nº 815, é composta por nove municípios situados no Estado de São Paulo. Com área de extensão de 2.420 km², abrangendo os municípios de Bertioga, Cubatão, Guarujá, Itanhaém, Mongaguá, Peruíbe, Praia Grande, Santos e São Vicente, elegeu Santos como sede Regional.

Em pesquisa divulgada em agosto de 2016, o IBGE atestou que o Brasil possui mais de 204 milhões de habitantes, e São Paulo, continua sendo a cidade mais populosa, com 12 milhões de habitantes. Já a Região Metropolitana da Baixada Santista ocupa a 15ª Região Metropolitana mais populosa do Brasil, com uma população de 1,6 milhões de moradores fixos.

Abrigando o maior Porto da América Latina, Santos apresenta a maior participação econômica da região, com uma população de 433.966, segundo pesquisa do Instituto Brasileiro de Geografia e Estatística (IBGE).

Com a proximidade das cidades que compõem a RMBS, é natural o crescimento demográfico de toda a região, levando a cada novo ano um aumento da população.

Estudo divulgado no *site* Atlas do Desenvolvimento Humano no Brasil, desenvolvido com o apoio do Programa das Nações Unidas para o Desenvolvimento do Brasil (PNUD), do Instituto de Pesquisa Econômica Aplicada e da Fundação João Pinheiro do Governo de Minas Gerais, entre os anos de 2000 e 2010, notou-se que a taxa de crescimento populacional da RMBS é de 1,27% ao ano. O portal de estatísticas do Estado de São Paulo, em 20/05/2015, divulgou que a Baixada Santista obteve taxa de crescimento superior ao Estado de São Paulo chegando a 1,02% no período de 2010 até 2015[1].

4.3.2. A IMPORTÂNCIA DOS MANGUEZAIS

A Região Metropolitana da Baixada Santista tem em seus municípios uma enorme diversidade na produção de bens para importação/exportação, bem como vocação para o turismo, com aproximadamente 169,9 km de praias e manguezais.

Conforme dados da Empresa Paulista de Planejamento Metropolitano S.A. (Emplasa) e IBGE (2015), a RMBS é responsável por, aproximadamente, 3% do Produto Interno Bruto (PIB) paulista e concentra 4% da população estadual.

Uma área altamente povoada, com inúmeras belezas naturais,

> possui áreas de remanescentes da Mata Atlântica, declarada pela Organização das Nações Unidas para a Educação, a Ciência e a Cultura – UNESCO como Reserva da Biosfera, Patrimônio da Humanidade. Bertioga é o município que compreende a maior parcela de Mata Atlântica em seu território. (CARMO, 2004.)

A população com maior poder econômico tem a sua residência fixada na proximidade da região litorânea. Em São Vicente, por exemplo, a população com menor poder aquisitivo fixou-se na área continental.

Para Andrade e Lamberti (1965), devido às características climáticas e geomorfológicas, os manguezais dominavam a Baixada Santista e, segundo Ab'Saber (1982), a faixa litorânea brasileira sofre com os problemas gerados pela grande aglomeração urbana, com a ocupação de espaços de forma intensa e desordenada.

---

1. Cf. Atlas Brasil: http://www.atlasbrasil.org.br/2013/pt/perfil_rm/baixada-santista SEADE: http://www.seade.gov.br/populacao-do-estado-de-sp-chega-a-43-milhoes-de-habitantes-neste-mes/

4.3 | A degradação dos manguezais e os reflexos na Saúde pública
Ivaldo Marques Batista

Estudos de Ana Lucia Gomes dos Santos e Sueli Ângelo Furlan mostram que 80% da população mundial vive na zona costeira ou próxima dela e, no Brasil, 22% da população reside nesta região costeira. Essas autoras apresentaram em 2010, com base nos estudos de Lamparelli, as seguintes áreas de abrangência dos manguezais, sendo 120,21 km² na Baixada Santista:

Tabela 1 – km2 de manguezal

CIDADE	ÁREA
Santos	30,69
Cubatão	23
Bertioga	18,31
São Vicente	16
Guarujá	15
Praia Grande	8
Peruíbe	5,46
Itanhaém	3,75

TOTAL = 120,21

No estudo de Lamparelli (1998) são apresentadas as áreas de degradação, que totalizavam na época 41 km², além dos 21 km² ocupados e dos 17 km² degradados por poluição.

Tabela 2 – km2 de degradação

CIDADE	ÁREA
Santos	20
Guarujá	10
Praia Grande	4
Cubatão	4
São Vicente	3

TOTAL = 41

Toda a RMBS contempla alta extensão de manguezais. No entanto, ao longo do tempo, esses biossistemas vêm sofrendo com a degradação ocasionada por diversos fatores, tais como: derramamento de óleo, atividades portuárias, poluição ambiental e ocupações irregulares[2]

---

2. Cf. Entrevista com Yara Schaeffer Novelli, divulgada na revista Pesquisa da FAPESP: http://revistapesquisa.fapesp.br/2016/06/15/yara-schaeffer-novelli-no-atoleiro-do-manguezal/

Pesquisa publicada na Revista Ceciliana, em junho/2014, com o título "A Recuperação dos Manguezais Brasileiros", Bianca Serra Casaco, Carlos Lopes dos Santos e Eliana Marta Quiñones, assevera:

> O manguezal é um dos mais produtivos ecossistemas existentes sobre a Terra, graças à fertilidade do solo (sempre renovada pelos novos materiais trazidos pelo rio), à umidade permanente e às altas temperaturas características das costas tropicais (Hypolito et al., 2005). Este ecossistema é caracterizado por uma variedade de espécies vegetais arbóreas e arbustivas, além de micro e macroalgas, adaptadas as condições limitantes de salinidade e de substrato inconsolidado e pouco oxigenado, frequentemente submerso pelas marés. A fauna característica é composta por espécies também adaptadas a estas condições ambientais. (Schaeffer-Novelli, 1995.)

No referido trabalho, são elencados inúmeros serviços prestados por este ecossistema, tais como: (a) fonte de matéria orgânica, para as águas costeiras adjacentes, constituindo assim a base da cadeia alimentar; (b) área de abrigo, reprodução, desenvolvimento e alimentação de espécies marinhas, estuarinas e terrestres; (c) área de pouso para aves migratórias; (d) proteção para evitar a erosão, assoreamento dos corpos de águas adjacentes; (e) prevenção de inundações e proteção contra tempestades; (f) manutenção da biodiversidade da região costeira; (g) absorção e imobilização de produtos químicos, funcionando como filtro de poluentes e sedimentos; (h) fonte de recreação e de lazer; (i) fonte de proteína e produtos diversos, associados à subsistência de comunidades tradicionais que vivem em áreas vizinhas aos manguezais (Coelho Junior & Novelli, 2000); (j) depósito de sequestro de carbono da atmosfera, contribuindo para mitigar o efeito estufa no planeta. As espécies de manguezal maximizam o potencial para aquisição de carbono nas folhas e galhos, crescendo em altura e minimizando o desenvolvimento das raízes, quando a disponibilidade de luz e nutriente sem seu habitat é abundante (Cogliatti & Fonseca, 2004).

Estes ecossistemas possuem, assim, enorme importância para todos os ecossistemas associados e, portanto, para todos os seres vivos.

Recentemente em fevereiro de 2015, o Conselho de Reitores das Universidades Estaduais Paulistas resolveu elaborar estudo sobre o "Impacto das mudanças climáticas sobre os manguezais", pois já existem estudos sobre a extinção do caranguejo-uçá, conforme descrito:

4.3 | *A degradação dos manguezais e os reflexos na Saúde pública*
Ivaldo Marques Batista |

apesar do caranguejo-uçá ocorrer em toda a costa do Atlântico ocidental, desde a Flórida, nos Estados Unidos, até Santa Catarina, tem sido verificada redução em sua abundância e densidade. Tal situação ocorre pela reduzida taxa de crescimento da espécie (tamanho comercial em 10 anos), que é um dos aspectos que justificou sua inclusão na categoria de Quase Ameaça, da União Internacional para Conversa da Natureza (IUCN).

4.3.3. AS OCUPAÇÕES IRREGULARES NA RMBS

Os manguezais em nosso país são ecossistemas enquadrados como área de preservação permanente (APP) com a devida proteção estabelecida por diplomas legais nacionais, tais como a resolução 303 do Conselho Nacional do Meio Ambiente (CONAMA) e a Lei nº 12.651/2002 (Código Florestal), em seus artigos 3º, XIII e 4º, VII. Além disso, o Brasil tem o compromisso de proteger estes biossistemas em decorrência da ratificação de diversas convenções internacionais, tais como a Convenção da Biodiversidade de 1992, a Convenção Ramsar de 1971, a Convenção de Washington de 1940 e a Declaração do Rio de Janeiro de 1992.

No entanto, as destruições das áreas de manguezais vão além da influência predatória do homem, por seus meios de produção industrial (vazamentos, contaminações e lixo lançado de forma irregular) e pelas invasões ou ocupações irregulares.

Aqueles que possuem melhor poder aquisitivo residem em áreas onde existe maior prestação de serviços (bancos, farmácias, hipermercados, lazer, limpeza urbana etc.). Já a população de baixa renda é empurrada para áreas longínquas e afastadas dos grandes centros urbanos. Na condição social de extrema pobreza ou miséria absoluta, muitas vezes estas pessoas não têm alternativa senão ocupar e invadir áreas como os manguezais.

Esta constatação é clara, observando as invasões irregulares em nossa região, presentes de forma intensa nas cidades de Cubatão, Guarujá, Praia Grande e São Vicente.

Neste cenário de prejuízos imensos ao meio ambiente, muitas vezes irreparáveis, o poder público não pode tardar, são necessárias ações rápidas. Apesar disso, a prática demonstra que existem ocupações/invasões que perduram há mais de sete anos na cidade de Cubatão, por exemplo. Na área continental de São Vicente, entre os bairros do Rio Branco e Quarentenário, existe ocupação irregular abrangendo uma imensa área de mangue. Em

Praia Grande são relatados descarte de lixo nos manguezais, em virtude de ocupações irregulares, acarretando destruição do meio ambiente.

Além dos prejuízos ao meio ambiente, o ser humano é afetado diretamente, pois as moradias são geralmente de madeira, sem estrutura alguma para o esgotamento sanitário e sequer existe água potável. Ademais, todos os dejetos humanos são lançados nos mangues, além do acúmulo de lixo e da propagação de ratos, insetos e baratas, sem mencionar a proliferação de mosquitos.

Os municípios responsáveis pela infraestrutura de saneamento básico (Lei nº 11.445/2007 que consolida como princípio fundamental a universalização do acesso à água potável, esgotamento sanitário, drenagem e manejo de resíduos sólidos) são omissos, tornando-se corresponsáveis pelas ocupações/invasões e pela degradação do meio ambiente.

Os municípios têm de buscar soluções, a fim de que as ocupações irregulares não comprometam definitivamente os manguezais, de minimizar as ocorrências de doenças, minimizando em decorrência o sofrimento desta população.

4.3.4. CUIDAR SEM FOMENTAR

Nas áreas de manguezais ocupadas de forma irregular, enquanto se busca a solução do problema da habitação por meio de programas sociais desenvolvidos pela Companhia de Desenvolvimento Habitacional e Urbano, o município deve adotar soluções imediatas para conservar o meio ambiente e garantir a saúde da população, tais como: (a) instalação de caçambas em diversos pontos para o recolhimento do lixo produzido (orgânico e reciclado); (b) fiscalização constante, com o objetivo de educar os moradores a não depositarem o lixo no mangue, diminuindo a degradação do meio ambiente e o surgimento de vetores de contaminação; (c) recolhimento e descarte apropriado do lixo acumulado nos pontos de captação; (d) implantação de fossas sépticas removíveis (biodigestoras, ecológicas e econômicas).

Algumas prefeituras vêm investindo em soluções alternativas para o esgotamento sanitário, utilizando fossas sépticas biodigestoras e fossas sépticas econômicas. A prefeitura de Caratinga/MG, por exemplo, fomenta a criação de fossas sépticas econômicas, com um custo aproximado de ¼ de uma fossa de alvenaria, fornece treinamento aos seus munícipes, estimando

4.3 | A degradação dos manguezais e os reflexos na Saúde pública
Ivaldo Marques Batista |

que a construção física destas seja de apenas quatro horas, segundo estudos que apontamos"":

> Analisando as fossas já instaladas desde 2009, calculamos que as fossas de 04 tambores (famílias de ate 05 beneficiários) têm uma vida útil (até a primeira limpeza) aproximada de 08 anos. Esperamos com a implantação do quintal agroecológico tornar o sistema sustentável, utilizando o lodo no próprio quintal (a partir do oitavo ano de implantação) seguindo uma metodologia sob supervisão de um engenheiro ambiental sanitarista. O projeto pretende usar o lodo das fossas sépticas como fertilizante na agricultura biológica, em arvores nativas e frutíferas após oitavo ano de implantação (se viável... a princípio consideramos que sim). A tecnologia social proposta foi certificada pela FBB 2013.

Em outros municípios Brasil afora, são utilizadas fossas sépticas desenvolvidas pelo EMBRAPA, que a partir de 23/05/17 passou a ser recomendada, integrando a política pública do Ministério das Cidades """" do governo federal. São soluções de fossas sépticas, apresentadas para a área rural, que utilizam diversos materiais (pneus de veículos automotores, bombonas de plástico, caixas plásticas de água, tambores etc.), de fácil instalação e remoção.

Um dos objetivos da pesquisa desenvolvida pelo presente autor em seu mestrado foi buscar forma de adaptar esse sistema, mensurando as fontes poluentes no início e no final do sistema sanitária, para observar a possibilidade de reduzir a carga de poluição total lançada nos manguezais.

No experimento realizado pelo presente autor, foram dispostas cinco bombonas de plástico com capacidades de armazenamento de 240 litros e 90 litros, todas ligadas com um desnível de 1 cm, permitindo assim o fluxo por todo o sistema. As três últimas bombonas possuíam filtro anaeróbico, constituídos de bambu e pedra britada número 1. A saída era constituída de cano com inúmeros furos, minimizando a saída de dejetos sólidos.

Os resultados encontrados em análises laboratoriais foram surpreendentes, pois foram além da simples diluição das fezes. Em análises químicas DBO e DQO foi constatada redução de 53% a 40% da carga poluidora.

---

3. Cf. http://wwwfbb.org.br/tecnologiasocial/banco-de-tecnologias-sociais/pesquisar-tecnologias/detalhar-tecnologia-154.htm,.
4. Cf. https://www.embrapa.br/busca-de-noticias/-/noticia/23030934/governo-adota-fossa-septica-biodigestora-desenvolvida-na-embrapa-como-politica-publica,

O sistema inteiro é abastecido com bactérias para decomposição de fezes. As bactérias são lançadas no sistema através da privada e naturalmente formam colônias. Estas colônias agem de forma agressiva nas fezes.

Além destes números expressivos que, por si só, já demonstram a relevância de se dar continuidade à pesquisa, em exames microbiológicos de coliformes termotolerantes e Escherichia coli, foi comprovada a redução de 9.030.000 (nove milhões e trinta mil).

O sistema foi testado em apenas uma casa da ocupação irregular, mas demonstrou o seu potencial mitigatório na carga de poluentes.

Adotar estas medidas junto à população que ocupa áreas de manguezais constitui, sem dúvida, benefício para a sociedade, para o manguezal e para a economia dos cofres públicos, permitindo que o ecossistema do manguezal se recupere da agressão sofrida, que os residentes daquela área não sejam expostos a inúmeras doenças, permitindo menores gastos nos atendimentos de saúde pública.

CONSIDERAÇÕES FINAIS

A carta magna expõe de forma translúcida a obrigação de o poder público e da coletividade defender e preservar o meio ambiente ecologicamente equilibrado e a saúde. Além disso, nosso país ratificou inúmeras convenções internacionais assumindo esses compromissos.

Os manguezais desempenham papel muito relevante no meio ambiente por abrigar diversos ecossistemas, razão pela qual o Direito os atribui áreas de preservação permanente.

Na Região Metropolitana da Baixada Santista as ocupações/invasões dos manguezais apresentam as mesmas características: ausência de saneamento básico e devastação da região ocupada.

Enquanto estas famílias vivem em situação precária e sem acesso a moradia digna, é preciso estabelecer um plano emergencial para minimizar os impactos ambientais e salvaguardar a saúde destes habitantes.

A busca do cuidar do meio ambiente, sem fomentar as ocupações irregulares e com ações de custos baixos poderia de forma rápida contribuir para uma menor degradação destes ecossistemas e do meio ambiente ao qual estão inseridos.

4.3 | *A degradação dos manguezais e os reflexos na Saúde pública*
Ivaldo Marques Batista |

Assim, a utilização de caçambas móveis como ecoponto, além de não fomentar a invasão (pois são facilmente removidas) podem reduzir o lançamento de lixo nos manguezais e assim diminuir a produção de vetores transmissíveis de doenças.

A fossa séptica, econômica, biodigestora e ecológica, com os mesmos atributos de custo baixo e de fácil remoção, mais próxima da realidade destes que ocupam de forma irregular os manguezais, minimiza todo o impacto do lançamento das fezes nos manguezais.

Soluções de curto e médio prazo certamente não resolverão o déficit de moradias, mas com certeza podem minimizar os danos ambientais e evitar a eclosão de muitas doenças.

REFERÊNCIAS

AB'SABER, N. A. Degradação da natureza no Brasil. A identificação das áreas críticas. *Inter-Fácies (São José do Rio Preto)*, n. 107, p. 1-39, 1982.

ANDRADE, M.A.B. & LAMBERTI, A. *A Baixada Santista*. Aspectos geográficos. As bases físicas. São Paulo: Edusp, 1965.

CARMO, T. M. S.; BRITO-ABAURRE, M. G.; MELO, R. M. S.; ZANOTII-XAVIER, S.; COSTA, M. B.; HORTA, M. M. Os manguezais da baía Norte de Vitória, Espírito Santo: um ecossistema ameaçado. *Rev. Bras. Biol.*, v. 55, n. 4, p. 801-818, 1995.

CARMO, Silvia de Castro Bacellar. *Câmara e Agenda 21 Regional para uma Rede de Cidades Sustentáveis:* A Região Metropolitana da Baixada Santista. São Carlos: Universidade Federal de São Carlos, Centro de Ciências Exatas e Tecnologia, 2004.

SANTOS, Ana Lucia Gomes; FURLAN, Sueli Ângelo. *Manguezais da Baixada Santista*. São Paulo - Brasil: uma bibliografia. II Seminário Ibero Americano de Geografia Física. Universidade de Coimbra, Maio de 2010.

COELHO JUNIOR & NOVELLI. *Manguezais*. São Paulo: Ática, 2000.

COGLIATTI, L.; FONSECA, S. H. *Quantificação da Biomassa e do Carbono em Rizophora mangle, Avicennia Shaueriana e Laguncularia Racemosa no manguezal da laguna de Itaipú, Niterói, RJ*. São José dos Campos: INPA, 2004.

LAMPARELLI, C. C. Mapeamento dos ecossistemas costeiros do Estado do São Paulo. *Secretaria de Meio Ambiente*, 1998.

Parte 5

Direito da saúde e Políticas Públicas

5.1

Movimentos diaspóricos e saúde: o caso das grávidas venezuelanas no Brasil

JOSÉ CARLOS LOUREIRO DA SILVA
ANA CARLA VASCO DE TOLEDO
LUIS FERNANDO PAES CABRAL

INTRODUÇÃO

A VENEZUELA está vivenciando a maior crise da sua história pois a sua maior *commodity* sofreu acentuado déficit de produção e valor, somado ao fato de o seu maior importador, os EUA, haver lhe imposto embargo econômico por discordar de seu governo autoritário.

O objetivo deste estudo é apontar, dentro dessa crise que tem se prolongado, as consequências geradas na saúde dos venezuelanos, especificamente no setor da ginecologia-obstetrícia, e seus reflexos no Brasil. Com o seu sistema de saúde colapsado, a opção de muitos venezuelanos é migrar para terras brasileiras a fim de receberem tratamentos de saúde. Por constituir Roraima a principal porta de entrada desses migrantes, neste Estado, em especial nos municípios de Pacaraima e Boa Vista, houve um aumento vertiginoso de pacientes nos postos de saúde, o que reflete em uma maior demanda de leitos, medicamentos e aumento da equipe médica.

O corte metodológico proposto no presente artigo é específico do setor de ginecologia-obstetrícia, e o problema enfrentado é mensurar a quantidade de parturientes venezuelanas atendidas em Roraima, se há ou não recusa com relação a esses atendimentos, bem como a qualidade dos mesmos e seus reflexos na sociedade.

As hipóteses encontradas para que as grávidas da Venezuela venham para o Brasil estão assentadas em três situações: a primeira é o fato de esses países serem fronteiriços; a segunda é que a prestação de serviços de saúde nacional é gratuita e obrigatória para todos; e a terceira seria uma maior

5.1 | *Movimentos diaspóricos e saúde: o caso das grávidas venezuelanas no Brasil*
José Carlos Loureiro da Silva | Ana Carla Vasco de Toledo | Luis Fernando Paes Cabral |

facilidade, para venezuelanos que tenham filhos brasileiros, obterem o visto permanente.

O método de abordagem utilizado nesta pesquisa foi o dedutivo sistêmico, pois há apreciação, no primeiro tópico, da crise da Venezuela de uma maneira geral. A seguir, apontam-se os reflexos desta em seu sistema de saúde, bem como as consequências no setor ginecológico-obstétrico. No tópico terceiro abordam-se os impactos sofridos neste mesmo setor em Pacaraima e Boa Vista em decorrência da vinda de grávidas venezuelanas para esses municípios a fim de ali ganharem seus filhos.

O método de pesquisa foi o bibliográfico com foco em reportagens, estatísticas de órgãos estaduais roraimenses, bem como informes de agências internacionais, devido ao fato de se tratar de tema recente sobre o qual há pouca doutrina.

Concluiu-se que o Brasil tem atendido todos os casos de parturientes venezuelanas, bem como tem envidado esforços visando à reposição de medicamentos, materiais cirúrgicos e profissionais da área médica para atender a todos de maneira igual.

5.1.1. A CRISE VENEZUELANA

Desde 2013 a Venezuela vem passando por uma crise econômica sem precedentes, o que parece paradoxal para o país que detém a maior reserva de petróleo do mundo. De acordo com o grupo petrolífero britânico BP, 17,9% das reservas comprovadas de petróleo no mundo são da Venezuela, à frente, portanto, da Arábia Saudita (15,7%), do Canadá (10,0%) e do Irã (9,3%) (AFP, 2019). A partir do governo de Juan Vicente (1908-1935), quando teve início a exploração das reservas desse recurso (ROTERMEL *et al.*, 2019), tornou-se ele praticamente a única fonte de receita do país. Sucessivos presidentes venezuelanos ignoraram o desenvolvimento agrícola e industrial, se atendo unicamente à produção petrolífera que, até contemporaneamente, representa 96% das suas exportações (AFP, 2016), reveladora da dependência quase total da economia venezuelana de um único produto.

Tal política deu resultados positivos no período que o preço da *commodity* estava elevado no mercado internacional. Entre 2004 e 2015, durante os governos de Hugo Chávez e início do de Nicolás Maduro, o país obteve 750 bilhões de dólares oriundos do comércio petrolífero, havendo o governo utilizado esse dinheiro para importar quase tudo que era consumido na Venezuela, além de financiar programas sociais (CORRAZZA; MESQUITA, 2019), o que lhe angariava apoio popular.

Porém, a queda abrupta do preço do petróleo no mercado internacional deu início à crise. O valor do barril do produto, em junho de 2014, era de US$ 111,87, e em janeiro de 2015 chegou a apenas US$ 48,07. Essa forte depreciação impactou fortemente o PIB do país, que caiu quase 4% em 2014. Some-se a tudo isso o fato de, a partir de 2017, o governo dos Estados Unidos haver imposto embargos à economia venezuelana devido ao autoritarismo de Nicolás Maduro. Tais sanções tornaram mais grave a situação econômica da Venezuela e obrigaram o governo a diminuir a quantidade de petróleo exportado, redução esta que é também reflexo da má gestão da estatal petrolífera, a Petróleos de Venezuela (PDVSA) (SILVA, [entre 2013 e 2019]), associada ao alto grau de corrupção que grassa na empresa, o que já levou a Justiça venezuelana, desde agosto de 2017, a processar 90 ex-funcionários da petroleira por corrupção, havendo sido presos 9 diretores a requerimento do Ministério Público (BBC NEWS, 2019).

Afirmam especialistas que a crise desse país foi motivada pelo fato de o socialismo venezuelano se fundamentar na intervenção absoluta do Estado em todos os setores e, com Maduro no poder, tal modelo tornou-se ainda mais rígido. Ocorreram manipulações de preços, nacionalizações de empresas, intervenções no câmbio, e setores como alimentação, energia e turismo foram estatizados (MAGALHÃES, 2017). Durante o seu governo, Chávez já havia ordenado que as empresas estrangeiras transferissem ao Estado venezuelano a maior parte do controle de suas atividades de exploração. Algumas delas, como a Exxon, não concordaram e acabaram por ter os seus bens confiscados (CORRAZZA; MESQUITA, 2019). Outras como a Pirelli, fabricante de pneus, a Clorox, de produtos de limpeza e a Kellogg, que negocia cereais, já deixaram o país face à fraca demanda ocasionada pelo quinto ano consecutivo de recessão (REUTERS, 2018a).

A ausência da massiva entrada de dólares provenientes do produto que possui em abundância somada à perda da capacidade de importação tornou o país incapaz de manter os investimentos sociais, considerados o ponto forte do governo de Hugo Chávez. Em 2013, ano da posse de Maduro, a inflação chegou a 56,2%, a mais elevada da América Latina e três vezes superior

5.1 | *Movimentos diaspóricos e saúde: o caso das grávidas venezuelanas no Brasil*
José Carlos Loureiro da Silva | Ana Carla Vasco de Toledo | Luis Fernando Paes Cabral |

à registrada no ano anterior (FRANCE, 2013). A situação foi se deteriorando a ponto de, cinco anos depois, em dezembro de 2018, haver a inflação acumulada em 12 meses ultrapassado o patamar de 1.000.000% (INFLAÇÃO..., 2018), situação tão grave que o Fundo Monetário Internacional (FMI) chegou a comparar esse cenário àquele enfrentado pela Alemanha em 1923 e pelo Zimbábue, ao final dos anos 2000 (AGÊNCIA EFE, 2018).

A situação política também é complicada, sendo a Venezuela o único país no mundo contemporâneo que conta, simultaneamente, com dois presidentes. Além de Nicolás Maduro, reeleito em 2018 em eleição que teve 54% de abstenção do eleitorado, suspeitas de fraude e resultado não reconhecido por grande parte da comunidade internacional (MADURO..., 2018), desde 23 de janeiro de 2019 a Venezuela tem também um presidente interino, o líder oposicionista Juan Guaidó, que conta com o apoio de grande parte da população e também da Assembleia Nacional, o parlamento eleito em 2015 em eleições marcadas pela enorme vitória da oposição (LA FUENTE, 2019).

Esse cenário sem perspectivas parece ser a causa da enorme diáspora venezuelana, com saída, em média, de 5 mil nativos por dia do país. Empresas calculam que, nos últimos anos, já emigraram 4 milhões de pessoas, o que representa mais de 10% da população da Venezuela. A Organização dos Estados Americanos (OEA) prevê um número de imigrantes desse país superior a 5 milhões, fluxo migratório assemelhado àqueles provocados por guerras como a do Afeganistão e da Síria. O Secretário-Geral dessa Organização, Luis Almagro, afirma serem os venezuelanos a segunda população com mais refugiados no mundo, suplantados apenas pelos sírios, que estão em guerra há sete anos (FRANCE PRESSE, 2019).

A Colômbia é o país mais procurado pelos imigrantes venezuelanos, seguido pelos Estados Unidos e pela Espanha. O Brasil também foi escolhido como destino, até julho de 2018, por aproximadamente 50 mil desses migrantes, havendo a ONU projetado, em dezembro de 2018, que esse número deva chegar a quase 200 mil pessoas em 2019 (PASSARINHO, 2018).

5.1.2. REFLEXOS DA CRISE VENEZUELANA NO SETOR DA SAÚDE

Toda essa tragédia repercute negativamente na saúde do povo da Venezuela. O país, pioneiro na erradicação da malária na década de 1960, teve, em 2018, somente na região de Sifontes, Estado de Bolívar, 137.936 pessoas com a doença. A organização humanitária internacional Médico Sem Fronteiras, que atua em conjunto com organismos locais e entidades públicas, informa que os profissionais de saúde da instituição trabalham com poucos medicamentos, pois o fornecimento destes é irregular, além de não contarem com manutenção dos equipamentos médicos e quase nenhuma infraestrutura, trabalho agravado pelo fato de muitos de seus profissionais decidirem abandonar o país (MÉDICOS SEM FRONTEIRAS, 2019).

Andreas Lindner, chefe do departamento regional da Cruz Vermelha alemã para a América Latina, afirma estar o sistema de saúde venezuelano praticamente colapsado (DEUTSCHE, 2019). Nos primeiros 10 meses de 2018 morreram 16 crianças com menos de cinco anos de idade no Hospital Universitário de Pediatria Dr. Zubillaga, no Estado de Lara, devido a infecções provocadas por falta de higiene, existindo informações de morte de infantes hospitalizados por desnutrição e doenças diarreicas. Com relação aos idosos, há estudos comprovando que perdem eles, em média, 16 quilos por ano, emagrecimento provocado pela escassez de alimentos (ONU BR, 2018). Em 2017 o peso médio de 64% dos venezuelanos caiu 11 quilos (REUTERS, 2018b).

Contemporaneamente os hospitais públicos venezuelanos enfrentam déficit de aprovisionamentos básicos, que vão da ausência de luvas e gazes até à falta de soros e antibióticos. Em muitos casos os pacientes internados são obrigados a adquirir os medicamentos que lhes são prescritos, já que os nosocômios não dispõem dos mesmos. É comum ser ver nas paredes afixados avisos que indicam os materiais que os pacientes devem trazer consigo para o hospital: fraldas, desinfetantes e toalhas, entre outros. A situação chegou a um ponto tão crítico que a prática do escambo se tornou comum: funcionários comunicam parentes do internado que o hospital dispõe do remédio que este necessita, mas pedem em troca o fornecimento de um pouco de leite à instituição. Apesar dessa dura realidade, o presidente Nicolás Maduro nega a existência de crise no setor, afirmando que tais notícias fazem parte do plano da oposição para desestabilizar a sua administração (BORGES; CARLOS, 2019).

A insegurança no interior das instituições de saúde também é evidente, havendo ocorrido atos de violência contra seus profissionais, tais como

5.1 | *Movimentos diaspóricos e saúde: o caso das grávidas venezuelanas no Brasil*
José Carlos Loureiro da Silva | Ana Carla Vasco de Toledo | Luis Fernando Paes Cabral |

roubos e até fuzilamentos, em 45% dos hospitais públicos. A Organização Não-Governamental (ONG) Médicos por la Salud informa que um terço dos leitos hospitalares do país se encontra inoperante, que mais da metade dos centros médicos são atingidos por falhas no serviço de eletricidade e no fornecimento de água, além de 95,6% deles terem aparelhos de tomografia inoperantes. O médico Julio Castro, um dos fundadores da citada ONG, asseverou que a tendência da situação é se agravar ainda mais e em pouco tempo (REUTERS, 2018c).

5.1.2.1. Repercussões da crise venezuelana no setor de ginecologia-obstetrícia

A ausência de medicamentos naquele país fez com que produtos utilizados como métodos contraceptivos, tais como pílulas anticoncepcionais, dispositivos intrauterinos (DIU), camisinhas masculinas, espermicidas etc., desaparecessem do mercado. Isso é afirmado por Freddy Ceballos, presidente da Federação de Farmacêuticos da Venezuela, que aponta como causa o fato de o governo não entregar dinheiro para importação dos mesmos (JORGE, 2016a).

No ano de 2016 os preservativos, quando encontrados nas farmácias, variavam no valor de 600 bolívares (US$ 0,60) a 2.000 bolívares três unidades, sendo que o salário mínimo era de 33 mil bolívares por mês. Mesmo assim, quando encontrado apenas no mercado negro, só a elite venezuelana conseguia pagar (O GLOBO, 2016).

Como inexistem estatísticas oficiais nesse setor no país, resta impossível se associar a indisponibilização de anticoncepcionais com o aumento de gravidezes, mas reportagens relatam tanto o aumento na procura de esterilizações, como o incremento do número de adolescentes grávidas (O GLOBO, 2016; JORGE, 2016a).

Em Miranda, que inclui áreas de Caracas, o programa regional de saúde feminina dispõe de 40 postos durante "O Dia da Esterilização", programa destinado à informação sobre esse tipo de cirurgia. De acordo com Deliana Torres, diretora do projeto, em 2015 esses centros ficavam vazios, mas em 2016 havia cerca de 500 mulheres na fila de espera (O GLOBO, 2016).

A associação civil Plafam (Planejamento Familiar) é outro local onde tanto os homens como as mulheres vão buscar informações sobre métodos anticoncepcionais e, de acordo com o urologista desta organização, o efeito da falta de medicamento nesse setor fez com que aumentasse o número de homens procurando fazer vasectomia, método mais rápido e barato que a histerectomia (JORGE, 2016a).

O resultado é a constatação de muitas adolescentes grávidas pelas ruas das cidades venezuelanas, fato que autoriza a relação entre a ausência de anticoncepcionais a um *baby boom* no país. O Fundo de População das Nações Unidas informa que são 101 gestações para cada mil habitantes, fazendo com que o país lidere o *ranking* de gravidez na adolescência na região (JORGE, 2016b).

De acordo com o governo[1] houve aumento de mortes maternas, que chegou a 65% entre 2015 e 2016, bem como, um aumento de 53% na mortalidade infantil após o sexto dia de vida (ONU, 2019).

Com este cenário as grávidas estão saindo da Venezuela para receber atendimento adequado para não colocarem em risco a vida dos bebês. Grávida de seu terceiro filho, Roxibel Pulido procurou refúgio na Colômbia para dar à luz, pois ficou sabendo que o hospital mais próximo fora fechado e que a falta de acesso à saúde poderia prejudicar o nascimento de seu filho (ONU, 2019).

Segundo a ONU, a Colômbia é o país mais procurado pelas gestantes venezuelanas, mas o Brasil tem sentido um reflexo significativo diante da crise instalada em nosso vizinho (ONU, 2019).

5.1.3. AS GRÁVIDAS VENEZUELANAS NO BRASIL

Muitas venezuelanas estão indo para o estado de Roraima, no Brasil, visando a usufruírem dos serviços de saúde, tendo em vista que o direito à saúde no Brasil é gratuito, estando previsto no art. 196 da sua Constituição Federal. Tal dispositivo consagra o princípio da igualdade e, por ele, nem o legislador, nem o Poder Executivo, nem o intérprete, podem criar tratamentos abusivamente diferenciados a pessoas que se encontram em idêntica situação. Veda-se, pois, à autoridade pública, a aplicação de leis e atos normativos com o estabelecimento de diferenciações em razão de nacionalidade, sexo, classe social, religião etc. (MORAES, 2002, p. 65). Ademais, mesmo uma interpretação

---

1. Esta afirmação foi colhida na reportagem da ONU, sabendo os autores que o governo venezuelano não divulga estatísticas neste setor há anos.

5.1 | Movimentos diaspóricos e saúde: o caso das grávidas venezuelanas no Brasil
José Carlos Loureiro da Silva | Ana Carla Vasco de Toledo | Luis Fernando Paes Cabral |

restritiva do citado artigo não teria o condão de impedir os estrangeiros não residentes no país de serem titulares de direitos fundamentais, tendo em vista que o art. 1º da Convenção Americana de Direitos Humanos, popularmente conhecida como Pacto de São José da Costa Rica, da qual o Brasil é signatário, dispõe que todo ser humano é titular de tais direitos. Tal raciocínio é válido para qualquer direito fundamental (MARMELSTEIN, 2008).

Pacairama, município brasileiro que faz fronteira com o país, tem um posto de saúde que distancia 200 metros da divisa e onde foram registrados 9,7 mil atendimentos de venezuelanos durante o ano de 2017, uma média de 49% em relação aos brasileiros atendidos, que foram 10 mil. A cidade sente o reflexo dessa migração, pois faltam remédios básicos como dipirona, cefalexina e sulfato ferroso para as grávidas (CHAVES, 2018).

Figura 1 – Crise na fronteira.

Fonte: G1 Roraima. Prefeitura de Pacaraima e Hospital Délio de Oliveira Tupinambá. Disponível em: https://g1.globo.com/rr/roraima/noticia/venezuelanos-viajam-ate-11--horas-para-receberem-atendimento-medico-na-fronteira-de-rr.ghtml

De acordo com relatos de pacientes, os pediatras recomendam que façam o retorno no Brasil, pois na Venezuela não tem material, nem medicamentos, e até tesouras para cortar o cordão umbilical dos bebês inexistem. No Brasil, pelo menos o bebê terá tudo o que precisa para nascer. Na capital Boa Vista o aumento da demanda também é grande nesse setor, mostrando o *site* da Secretaria de Saúde do Governo do Estado que o Serviço de Arquivo Médico e Estatística (SAME) da maternidade do Hospital Materno Infantil (HMI) apontou em 26 de dezembro de 2018, o nascimento de 10.423 crianças, entre o período de 1º de janeiro até setembro, sendo que desse total 1.074 partos foram de filhos de pais venezuelanos (SESAU, 2019a).

Conforme dados levantados pela Direção do HMI, o número de mulheres que deram à luz naquele nosocômio teve um aumento de 84,60%; contudo houve decréscimo no número de parturientes brasileiras, que foi de -5,16%. O aumento de partos de venezuelanas no hospital, de 2016 até 23 de julho de 2019, foi de 1.375%. No geral, o hospital houve um incremento de 12,2% na quantidade de partos nesse período, o que ainda está dentro de sua capacidade, contudo requer esforços para conseguir suprir os materiais e medicamentos demandados nas unidades de saúde (SESAU, 2019b).

De acordo com dados divulgados pela Unidade de Referência Familiar de Pacaraima, as venezuelanas são a maioria para realização dos pré-natais, exames preventivos e testes rápidos. Em 2017 foram 1.411 mulheres venezuelanas que procuraram a unidade em busca de acompanhamento médico de gravidez, enquanto apenas 409 brasileiras utilizaram o mesmo serviço. É comum as puérperas venezuelanas procurarem atendimentos básicos no Brasil. No mesmo ano de 2017 foram realizados 58 testes do pezinho. Faltam medicamentos e suprimentos para as crianças na Venezuela, e quando os encontram é muito caro. Assim a melhor saída é buscar socorro no Brasil (CHAVES, 2018).

Pondera-se ainda um outro motivo para os pais venezuelanos procurarem o Brasil como local de nascimento dos seus filhos, que é a esperança de conseguirem visto permanente (CHAVES, 2018). Isto porque o Brasil, no

5.1 | Movimentos diaspóricos e saúde: o caso das grávidas venezuelanas no Brasil
José Carlos Loureiro da Silva | Ana Carla Vasco de Toledo | Luis Fernando Paes Cabral |

tocante à nacionalidade, adota o critério *ius solis*,[2] ou seja, são brasileiros natos aqueles nascidos na República Federativa do Brasil, ainda que de pais estrangeiros, desde que não estejam a serviço de seu país (Art. 12, I, "a" da CF88), e assim o processo de pedido de refúgio seria mais célere do que nas demais situações.

Além da gratuidade do direito de acesso à saúde, os venezuelanos que têm filhos nascidos em solo brasileiro podem vir a ser beneficiados com maiores facilidades no processo de refúgio, razões pelas quais as gestantes daquele país procuram o Brasil para darem à luz e assim poderem se instalar em terras brasileiras, fugindo da grave crise que se instalou na Venezuela e que se agrava dia a dia.

O contraponto é que o idioma pode constituir obstáculo à comunicação da equipe de saúde brasileira e pacientes venezuelanos para a realização de um bom atendimento. De acordo com estudo realizado em um hospital de referência de Roraima, três são as barreiras relatadas nesse atendimento: a comunicação, o processo de trabalho e a multiculturalidade. Os relatos citados nesse estudo indicam que as falhas nas comunicações em razão do idioma podem afetar a relação do paciente com o profissional de saúde, fazendo com que este sinta dificuldade para prestar os cuidados que cada caso requer, podendo gerar até falta de confiança do paciente migrante em relação ao profissional que o atende (FERREIRA, 2018, p. 25).

O Brasil não possui políticas públicas de atendimento a imigrantes, contudo o SUS (Sistema Único de Saúde) tem como uma de suas bases o programa "Médicos pelo Brasil", que substituiu o antigo "Mais Médicos", no qual há participação de médicos brasileiros e também de estrangeiros (CARNEIRO, 2019). Esse programa poderá auxiliar os hospitais e maternidades roraimenses, diminuindo a barreira da comunicação.

---

2. Consiste na concessão da nacionalidade em função do local do nascimento, é o direito do solo. Logo, não importa a nacionalidade dos pais. Trata-se de sistema largamente usado durante a Idade Média, mais certamente no período feudal, época em que a terra, o solo, era o centro de gravidade da economia e da sociedade. Na América, o *jus soli* também tem grande aplicação, sendo país que recebe muitos imigrantes, propiciando a integração destes, sendo conveniente para os Estados dessa região, por meio desse critério, evitar a formação de minorias estrangeiras sob a proteção de outros Estados. É o sistema adotado de forma flexível, admitindo-se temperamentos. Jusbrasil. *Ius soli*. Disponível em: https://www.jusbrasil.com.br/topicos/297478/ius-soli. Acesso em: 23 out. 2019.

CONSIDERAÇÕES FINAIS

O foco do presente estudo foi o atendimento de grávidas venezuelanas no Brasil, pois a crise do setor de saúde da Venezuela trouxe reflexos principalmente no estado Roraima, que faz fronteira com este país. Médicos venezuelanos recomendam às suas pacientes que procurem tratamentos nos países vizinhos, tendo em vista a citada crise.

Nesse contexto, houve um aumento no atendimento de grávidas venezuelanas nas cidades de Pacaraima e Boa Vista, resultando em acréscimo sensível no número de partos nessas cidades em que pese o decréscimo de partos de brasileiras naquela região.

Assim, o Brasil se tornou uma ótima opção pela proximidade territorial, pela gratuidade e obrigatoriedade no atendimento à saúde e pela possibilidade de pais venezuelanos conseguirem o visto permanente, uma vez que seus filhos, por nascerem em solo brasileiro, têm a nacionalidade brasileira garantida pela Constituição Federal.

Apesar de o Brasil ainda não haver consolidado políticas públicas específicas voltadas à saúde do imigrante, no caso das grávidas venezuelanas o tratamento médico a elas dispensado tem sido satisfatório. A previsão constitucional com relação à gratuidade de atendimento a todos os que se encontram em território brasileiro, independentemente da sua nacionalidade, tem sido respeitado, não havendo notícias de qualquer espécie de cobranças pecuniárias ou negativa nesses atendimentos.

Considerando que o Brasil conta com o Programa "Médicos pelo Brasil" do Governo Federal, que emprega médicos estrangeiros, propõem os autores do presente texto que sejam designados para os hospitais onde as grávidas venezuelanas são internadas para darem à luz profissionais da mesma nacionalidade dessas imigrantes, ou aqueles de países cuja língua é a espanhola, o tornaria mais fácil a relação médico-paciente pela compreensão do idioma, bem como pela empatia natural existente entre pessoas da mesma nacionalidade.

REFERÊNCIAS

AGÊNCIA EFE. FMI projeta inflação de 1.000.000% na Venezuela para 2018. *G1 Economia*, [S.l], 23.07.2018. Disponível em: https://g1.globo.com/economia/noticia/fmi-projeta-inflacao-de-1000000-na-venezuela-para-2018.ghtml. Acesso em: 14 set. 2019.

5.1 | *Movimentos diaspóricos e saúde: o caso das grávidas venezuelanas no Brasil*
José Carlos Loureiro da Silva | Ana Carla Vasco de Toledo | Luis Fernando Paes Cabral |

AFP. Venezuela tem mais petróleo do que Arábia Saudita; setor é subexplorado, *Exame*, Caracas, 24.01.2019. Disponível em: https://exame.abril.com.br/economia/venezuela-tem-mais-petroleo-do-que-arabia-saudita-setor-e-subexplorado/ Acesso em: 24 set. 2019.

AFP. Venezuela: uma economia naufragada, ultradependente do petróleo. P, Caracas, 18.05.2016. Disponível em: https://www.publico.pt/2016/05/18/mundo/noticia/uma-economia-naufragada-ultradependente-do-petroleo-1732337. Acesso em: 12 set. 2019.

BBC NEWS. Crise na Venezuela: o que levou o país vizinho ao colapso econômico e à maior crise de sua história, *G1 Economia*, 24.01.2019. Disponível em: https://g1.globo.com/economia/noticia/2019/01/24/crise-na-venezuela-o-que-levou-o-pais-vizinho-ao-colapso-economico-e-a-maior-crise-de-sua-historia.ghtml. Acesso em: 15 set. 2019.

BORGES, Anelise; CARLOS, Monica. Crise no sistema de saúde da Venezuela: hospitais vivem situação de emergência. *Euronews*, [S.l], 22.02.2019. Disponível em: https://pt.euronews.com/2019/02/22/crise-no-sistema-de-saude-da-venezuela-hospitais-vivem-situacao-de-emergencia. Acesso em: 02 out. 2019.

CARNEIRO, Ruy. Médicos pelo Brasil. *Correio Brasiliense*, Brasília, 2019. Disponível em: https://www.correiobraziliense.com.br/app/noticia/opiniao/2019/10/05/internas_opiniao,795053/artigo-medicos-pelo-brasil.shtml. Acesso: 27 out. 2019.

CHAVES, Alan. Venezuelanos viajam até 11 horas para receberem o atendimento médico na fronteira de RR. *G1*, Roraima, Roraima, 07 fev. 2018. Disponível em: https://g1.globo.com/rr/roraima/noticia/venezuelanos-viajam-ate-11-horas-para-receberem-atendimento-medico-na-fronteira-de-rr.ghtml. Acesso em: 23 out. 2019.

CORRAZZA, Felipe; MESQUITA, Lígia. BBC NEWS. O que levou a Venezuela ao colapso econômico e à maior crise de sua história. *Folha de São Paulo*, São Paulo e Londres, 30.04.2019. Disponível em: https://www1.folha.uol.com.br/mundo/2019/04/o-que-levou-a-venezuela-ao-colapso-economico-e-a-maior-crise-de-sua-historia.shtml Acesso em: 18 set. 2019.

FERREIRA, Keyth Costa. Dificuldades da assistência de enfermagem aos migrantes venezuelanos em um hospital de referência do estado de Roraima. 2018. 52f. Trabalho de Conclusão de Curso (Graduação no Curso de Enfermagem) Universidade Federal de Roraima, Roraima, 2018.

FRANCE Presse. Venezuela termina 2013 com inflação em 56,2%, a mais alta da AL, *G1 Economia*, [S.l], 30.12.2013. Disponível em: http://g1.globo.com/economia/noticia/2013/12/venezuela-termina-2013-com-inflacao-em-562-mais-alta-da-al.html Acesso em: 10 set. 2019.

DEUTSCHE Welle. O sistema de saúde na Venezuela está praticamente em colapso. *Carta Capital*, [S.l], 29.02.2019. Disponível em: https://www.cartacapital.com.br/mundo/o-sistema-de-saude-na-venezuela-esta-praticamente-em-colapso/. Acesso em: 10 abr. 2019.

FRANCE PRESSE. OEA prevê 5 milhões de imigrantes venezuelanos em 2019. *G1*, 09.03.2019. Disponível em: https://g1.globo.com/mundo/noticia/2019/03/09/oea--preve-5-milhoes-de-imigrantes-venezuelanos-em-2019.ghtml Acesso em: 28 set. 2019.

GOUSSINSKY, Eugenio. Colômbia recebe cerca de 10 vezes mais Venezuelanos que o Brasil. *R7*, Nosso mundo. [S.l], 14 abr. 2018. Disponível em: https://noticias.r7.com/prisma/nosso-mundo/colombia-recebe-cerca-de-10-vezes-mais-venezuelanos--que-o-brasil-06062018. Acesso em: 23 out. 2019.

INFLAÇÃO na Venezuela ultrapassa 1.000.000% em 12 meses pela primeira vez. *Folha de São Paulo*, São Paulo, 11.12.2018. Disponível em: https://www1.folha.uol.com.br/mundo/2018/12/inflacao-na-venezuela-ultrapassa-1000000-em-12-meses-pela--primeira-vez.shtml Acesso em: 11 set. 2019.

JORGE, Elianah. Os filhos da escassez de anticoncepcionais na Venezuela. *BBC News Brasil*, Caracas, 12 nov. 2016a. Disponível em https://www.bbc.com/portuguese/internacional-37581085. Acesso em: 23 out. 2019.

JORGE, Elianah. Grávidas venezuelanas cruzam fronteira para dar à luz em Roraima. *Rfi as vozes do mundo*. Venezuela, 03 dez. 2016b. Disponível em http://br.rfi.fr/brasil/20161203-venezuelanas-vao-ao-brasil-dar-luz. Acesso em: 22 out. 2019.

LAFUENTE, Javier. Venezuela, o dilema de um país com dois presidentes numa nação desgovernada. *El País*, Brasil, 07.02.2019. Disponível em: https://brasil.elpais.com/brasil/2019/02/06/internacional/1549460663_954127.html. Acesso em: 29 mar. 2019.

MADURO vence eleição na Venezuela marcada por denúncias... *G1 Economia*, [S.l], 20.05.2018. Disponível em: https://g1.globo.com/mundo/noticia/maduro-e-reeleito-presidente-da-venezuela-diz-conselho-eleitoral.ghtml Acesso em: 29 set. 2019.

MAGALHÃES, Beatriz. Como começou a crise na Venezuela? *Veja*, São Paulo: Grupo Abril, 18.07.2017. Disponível em: https://veja.abril.com.br/mundo/como-comecou--a-crise-na-venezuela/. Acesso em: 18 set. 2019.

5.1 | *Movimentos diaspóricos e saúde: o caso das grávidas venezuelanas no Brasil*
José Carlos Loureiro da Silva | Ana Carla Vasco de Toledo | Luis Fernando Paes Cabral |

MARMELSTEIN, George. Titularidade de direitos fundamentais por estrangeiros não residentes no país. Direitos Fundamentais. Disponível em: https://direitos fundamentais.net/2008/04/29/titularidade-de-direitos-fundamentais-porestrangeiros-nao-residentes-no-pais/. Acesso em: 13 out. 2019.

MÉDICOS sem fronteiras. Atuação de MSF na Venezuela. Brasil, 29.03.2019. Disponível em: https://www.msf.org.br/noticias/atuacao-de-msf-na-venezuela Acesso em: 24 set. 2019.

MORAES, Alexandre de. *Direito Constitucional*. São Paulo: Atlas, 2002.

O GLOBO. Falta de contraceptivos... *O Globo* e agências internacionais, Caracas, 04 ago. 2016. Disponível em < https://oglobo.globo.com/mundo/falta-de-contraceptivos-faz-aumentar-esterilizacoes-na-venezuela-19848826>. Acesso em: 23 out. 2019.

O GLOBO. Peso médio dos venezuelanos cai 11 kg em um ano por falta de alimentos. 22.02.2018. Disponível em: https://oglobo.globo.com/mundo/peso-medio-dos-venezuelanos-cai-11-kg-em-um-ano-por-falta-de-alimentos-22420915 Acesso em: 31 mar. 2019.

ONU BR. Especialistas da ONU alertam para crise no sistema de saúde da Venezuela, [S.l], 01.10.2018. Disponível em: https://nacoesunidas.org/especialistas-da-onu-alertam-para-crise-no-sistema-de-saude-da-venezuela/amp/. Acesso em: 30 mar. 2019.

ONU News. Mulheres grávidas fogem da falta de saúde na Venezuela. Migrantes e Refugiados, [S,l], 25. jul. 2019. Disponível em: https://news.un.org/pt/story/2019/07/1681241. Acesso em: 23 out. 2019.

REUTERS. Fabricante de pneus Pirelli abandona Venezuela e aumenta fuga de empresas do país. *G1 Economia*, [S.l], 07.09.2018a. Disponível em: https://g1.globo.com/economia/noticia/2018/09/07/fabricante-de-pneus-pirelli-abandona-venezuela-e-aumenta-fuga-de-empresas-do-pais.ghtml. Acesso em: 16 set. 2019.

_____. Peso médio dos venezuelanos cai 11 kg em um ano por falta de alimentos. *O Globo*, Mundo, [S,l], 22.02.2018b. Disponível em: https://oglobo.globo.com/mundo/peso-medio-dos-venezuelanos-cai-11-kg-em-um-ano-por-falta-de-alimentos-22420915. Acesso em: 31 mar. 2019.

_____. Quase metade dos hospitais na Venezuela já registrou violência, diz ONG. *O Globo*, Mundo, [S.l], 30.11.2018c. Disponível em: https://oglobo.globo.com/mundo/quase-metade-dos-hospitais-na-venezuela-ja-registrou-violencia-diz-ong-23270102. Acesso em: 02 out. 2019.

PASSARINHO, Nathalia. Brasil recebe apenas 2% dos 2,3 milhões de venezuelanos expulsos pela crise. *BBC News*. 21.08.2018. Disponível em: https://www.bbc.com/portuguese/brasil-45251779 Acesso em: 01 out. 2019.

ROTERMEL, Aline Traple; CHAGAS, Inara; MONTE CARMELO, Sofia Oliveira do; COLLAÇO, Yago Chede; MORAES, Isabela. Como começou a crise na Venezuela? *Politize*, Joinville, 10.01.2019. Disponível em: https://www.politize.com.br/crise-na-venezuela/ Acesso em: 20 set. 2019.

SESAU. Secretaria de Saúde Governo de Roraima. Ana Júlia – Primeiro bebê nascido na maternidade em 2019 é menina. Boa vista, 01 jan 2019a. Disponível em: https://saude.rr.gov.br/index.php/imprensa/noticias/12-noticias/26/ana-julia-primeiro-bebe-nascido-na-maternidade-em-2019-e-menina. Acesso em: 23 out. 2019.

SESAU. Secretaria de Saúde Governo de Roraima. Partos na maternidade – dados mostram um aumento de 84,60% em relação ao mesmo período de 2018. Boa Vista, 26 jul 2019b. Disponível em: https://saude.rr.gov.br/index.php/imprensa/noticias/12-noticias/243/partos-na-maternidade-dados-mostram-um-aumento-de-84-60-em-relacao-ao-mesmo-periodo-de-2018. Acesso em: 23 out. 2019.

SILVA, Daniel Neves. Crise na Venezuela. *Brasil Escola*, [entre 2013 e 2019]. Disponível em: https://brasilescola.uol.com.br/historia-da-america/crise-na-venezuela.htm. Acesso em: 24 set. 2019.

5.2

Perspectivas do rastreamento mamográfico na prevenção secundária do câncer de mama

Beatriz Rubin
Regina Lafasse

INTRODUÇÃO

A PROMOÇÃO e proteção da saúde estão intrinsecamente ligadas à promoção e proteção dos direitos humanos (MANN, 1996). O câncer de mama (CM) é a segunda neoplasia mais frequente no mundo, e no Brasil, a mais frequente entre as mulheres (PORTO *et al.*, 2013; AZEVEDO E SILVA *et al.*, 2014; INCA, 2017). O Instituto Nacional do Câncer (INCA) estima que, em 2019, devem ser registrados cerca de 59.700 novos casos de câncer de mama no Brasil (INCA, 2017; ALVES *et al.*, 2019).

Devido a esses dados, é comum o uso da palavra "epidemia" para descrever a frequência do câncer de mama, apesar de sua incidência ser bem menor que as das epidemias de doenças infecciosas. Além disso, a probabilidade de uma mulher saudável ser diagnosticada com câncer de mama ou desenvolvê-lo em cinco anos é extremamente baixa. Assim, grande número de mulheres sem nenhum sinal ou sintoma de CM é rastreado, e muitas serão "tratadas", por participar da prevenção (LOVE *et al.*, 2004).

Pelos parcos recursos, a prevenção e o tratamento do câncer de mama concorrerá com o tratamento de outros problemas de saúde da população, o que exige decisões racionais, conforme ao princípio ético da justiça distributiva (LOVE *et al.*, 2004).

Criar políticas públicas (PP) de saúde é altamente relevante ao garantir, a todos, condições de vivência e sobrevivência (DOS SANTOS, 2016). Para elaborar ações que as interrompam, ou modifiquem, é preciso identificar e analisar estratégias e fatores que afetem sua implementação (MARQUES *et al.*, 2015).

5.2 Perspectivas do rastreamento mamográfico na prevenção secundária do câncer de mama
Beatriz Rubin | Regina Lafasse |

Estratégias de controle do câncer de mama: prevenção primária (reconhecimento e correção dos fatores de risco evitáveis); secundária (detecção precoce e tratamento); terciária (reabilitação e cuidados paliativos). Como só a prevenção secundária pode reduzir diretamente as taxas de mortalidade, elas recebem maior atenção em políticas públicas (PORTO et al., 2013).

Fatores de risco para câncer de mama: não modificáveis (idade avançada, menarca precoce, menopausa tardia, grande densidade mamária, predisposição genética); reprodutivos (nuliparidade, baixa paridade, paridade tardia, não amamentação e uso de contraceptivos hormonais); outros (inatividade física, exposição à radiação ionizante – mamografia, radioterapia, alimentos processados e carnes vermelhas, fatores ambientais, obesidade, consumo de álcool, trabalho por turnos e reposição hormonal) (DINIZ et al., 2017; BARDUCHI OHL et al., 2016).

As taxas de incidência tendem a ser elevadas em países mais ricos (duas vezes maior que em países com baixos níveis de desenvolvimento) (AZEVEDO E SILVA et al., 2014; STEWART; WILD, 2014; DE CARVALHO et al., 2019). As diferenças entre países ricos e pobres decorrem do maior envelhecimento da população e do estilo de vida contemporâneo com elevada prevalência dos fatores de risco (DE CARVALHO et al., 2019), nos países mais desenvolvidos.

No Brasil, nas últimas décadas, houve acentuado processo de urbanização e elevação do desenvolvimento socioeconômico, além do envelhecimento da população. Em consequência elevou-se a incidência e mortalidade por câncer de mama (AZEVEDO E SILVA et al., 2014; LIMA, 2018). A partir dos dados precedentes, criaram-se, no país, políticas públicas referentes à prevenção ao câncer de mama (MARQUES et al., 2015).

A mamografia (MMG) foi reconhecida, de 1960-1990, como exame de detecção precoce do CM, com função de rastreamento mamográfico (RM). A posterior implantação de programas de rastreamento do câncer de mama em países ricos, como Estados Unidos e Canadá, e evidências de subsequente redução da mortalidade por câncer de mama, incentivou diversos governos, inclusive o brasileiro, a implementarem programas de rastreamento semelhantes (DA SILVA, 2015; AZEVEDO E SILVA et al., 2014).

Considerando-se a importância que as políticas públicas em saúde da mulher têm dado ao RM, e o papel desse rastreamento na prevenção secundária ao câncer de mama, principalmente na redução da mortalidade, e em vista das controvérsias referentes ao tema, o presente estudo teve, por objetivo, identificar as políticas públicas referentes à prevenção secundária ao câncer de mama no Brasil, e analisar sua eficácia, e mais especificamente, avaliar o RM, quanto à sua eficácia e segurança.

Trata-se de uma revisão narrativa de literatura de publicações em periódicos, livros, teses e dissertações, com coleta de dados realizada em Português e Inglês, e operacionalizada por busca bibliográfica nas bases de dados: *Scientific Electronic Library On-line* (SciELO), PubMed, *Redalyc, Scholar Google*, bem como em *websites* de institutos relacionados ao câncer, e na mídia aberta, publicados entre os anos de 2013 a 2019 (exceção aos estudos históricos). Após identificados, os artigos foram analisados, e eliminados os que não atenderem aos objetivos do estudo.

Os descritores utilizados em português foram: Neoplasias da Mama. Política Pública. Saúde da Mulher. Mamografia. Prevenção Secundária. E em Inglês: *Breast Neoplasms. Public Policy. Women's Health. Mammography. Secondary Prevention*. Enfatiza-se que os descritores supramencionados se encontram nos Descritores em Ciências da Saúde (DeCS).

Levantaram-se 109 estudos, artigos e normas que passaram por análise crítica e reflexiva. Foram excluídos 45 estudos, cujos textos não se adequaram totalmente ao tema.

5.2.1. O CÂNCER DE MAMA

O câncer é uma doença em que as células proliferam de forma desordenada. O câncer de mama tem mais de 20 tipos diferentes classificados como carcinomas *in situ* e invasivo (STEWART; WILD, 2014)., Os cânceres de mama são variáveis na apresentação, resposta ao tratamento e resultados (Ibid, 2015). Os câncer de mama exibem grande heterogeneidade o que produz desde cânceres muito letais e de rápido crescimento, até os de baixo potencial de crescimento e de risco de morte (DA SILVA, 2015).

5.2.1.1. Etiologia e raça

A causa exata do câncer de mama é desconhecida, e ter um ou mais fatores de risco (ver introdução) não significa que se desenvolverá a doença (ATAOLLAHI *et al.*, 2015).

5.2 | Perspectivas do rastreamento mamográfico na prevenção secundária do câncer de mama
Beatriz Rubin | Regina Lafasse |

Embora pouco estudada, alguns estudos sobre raça encontraram grande disparidade entre mulheres brancas (MB) e negras (MN): as afroamericanas (AA) têm maior risco de câncer de mama, quanto maior o número de filhos – o inverso das MB; MN têm menor risco se amamentarem, e tanto MN quanto AA têm maior risco quanto maior relação cintura-quadril. Sabe-se que as AA têm maior número de filhos, menor taxa de amamentação e mais adiposidade central que as MB (BERTRAND *et al.*, 2017), e as mulheres brasileiras são, em sua maioria, afrodescendentes (PENA; BORTOLINI, 2004; SANTOS *et al.*, 2006), com características bem mais parecidas com as AA que com as MB. Entretanto, os estudos iniciais que levaram aos programas de rastreamento foram feitos em países de população MB.

5.2.1.2. Epidemiologia

No Brasil, após o regime militar, houve progressivo crescimento industrial e econômico, e consequente alteração no estilo de vida: alimentos industrializados produziram aumento de peso na população; extensas horas de trabalho reduziram a atividade física; e surgiu maior exposição a carcinógenos (LIMA, 2018). Em 1975, o câncer de mama já exibia alta prevalência e mortalidade no país (COUTO *et al.*, 2018), e cresceu nas últimas três décadas, associado ao nível de renda. A taxa de mortalidade por câncer de mama é diferente entre as regiões: maior na região Sul, seguida pelo Sudeste, Centro-Oeste, Nordeste, e com menores índices na região Norte (INCA, 2019). Essas diferenças são devidas a particularidades regionais: maiores renda e longevidade, e menor fecundidade das regiões Sul e Sudeste em relação às demais (COUTO *et al.*, 2018; COUTO, 2016).

Segundo Couto *et al.* (2018), a mortalidade por câncer de mama aumenta com a idade, e diminui com o aumento de gastos públicos na área.

5.2.1.3. Prevenção

Como o câncer de mama não tem causa definida, a prevenção primária é limitada à modificação dos fatores de risco da doença, e do autoexame das mamas (AEM), embora este último não contribua, inquestionavelmente, para a redução da mortalidade por câncer de mama (BARDUCHI OHL *et al.*, 2016), e apresente muitos resultados falso-positivos (MIGOWSKI *et al.*, 2018b).

A prevenção secundária é constituída pelo rastreamento por exame clínico das mamas (ECM), e pelo RM (BARDUCHI OHL *et al.*, 2016). Rastreamento é a identificação de uma lesão sugestiva de câncer em indivíduos aparentemente sadios, enquanto diagnóstico precoce é a identificação do câncer em fase inicial, já com sinais e sintomas da doença (WHO, 2007).

Importante assinalar que o RM não é um exame, mas um "programa", portanto, não pode limitar-se à oferta de mamografia, mas fornecer, também, acesso ao diagnóstico e tratamento (GRAY *et al.*, 2008), além de inserir-se em determinado local ou situação (DA SILVA, 2015).

5.2.1.4. Exame clínico das mamas

O exame clínico das mamas, realizado por profissionais de saúde, tem papel relevante na prevenção secundária do câncer de mama, é de fácil acesso, baixo custo e tem maior eficácia que o autoexame das mamas. Entretanto, observou-se que os profissionais de saúde não têm conhecimentos sobre o melhor período ou a idade para sua realização (BARDUCHI OHL *et al.*, 2016). Como ainda não se determinou sua eficácia, não é recomendado pelo INCA (INCA, 2015; MIGOWSKI *et al.*, 2018b).

5.2.1.5. Mamografia

Na década de 1980, iniciou-se o RM em países europeus, EUA e Canadá, após ensaios clínicos terem mostrado que reduzia a mortalidade por câncer de mama em 20% a 30% (AZEVEDO E SILVA *et al.*, 2014). Tem sensibilidade variável de 40% a ~100%, mas predição de apenas 50% (SHAHEED *et al.*, 2018).

Detecta mais lesões *in situ* que outros métodos e identifica cânceres invasivos menores (STEWART; WILD, 2014), mas tem muitos falso-positivos, o que gera altas taxas de *recall* e biópsias desnecessárias, aumento de gastos, exposição à radiação e causa ansiedade à paciente (SHAHEED *et al.*, 2018). A probabilidade de falso-positivos, em 10 anos é 61% para periodicidade anual, e de 42% para bienal.

Os piores danos do RM são o sobrediagnóstico (diagnósticos desnecessários podem ser de 50%) e o sobretratamento (tratamentos desnecessários, de 30%). Gera-se, assim, aumento de mastectomias radicais e de cirurgias conservadoras, prováveis reoperações, e risco de morte por cirurgia (MIGOWSKI *et al.*, 2018b).

5.2 | *Perspectivas do rastreamento mamográfico na prevenção secundária do câncer de mama*
Beatriz Rubin | Regina Lafasse |

A mamografia digital tem melhor resolução, mas ainda requer a presença de grandes tumores para um diagnóstico, de modo que muitos câncer de mama já podem ter metastizado antes da detecção por esse método (SHAHEED *et al.*, 2018).

5.2.1.6. Outros métodos de rastreamento

- Tomossíntese digital: não aprovada pelo INCA (2015) (INCA, 2015; MIGOWSKI *et al.*, 2018b).
- Ultrassonografia: tem custo similar à mamografia e melhora moderadamente a detecção do câncer (SHAHEED *et al.*, 2018).
- Ressonância magnética (RMI): não usa radiação ionizante, mas despende muito tempo e alto custo (SHAHEED *et al.*, 2018).
- A MRI ultrarrápida permite exame e avaliação rápidos com boa relação custo-benefício (VAN ZELST *et al.*, 2018).
- Outras modalidades:
  - tomografia por emissão de pósitrons: sensibilidade entre 71 a 90% (SHAHEED *et al.*, 2018);
  - elastografia de ondas: mede a rigidez de tecidos associados a tumores – boa sensibilidade e especificidade (SHAHEED *et al.*, 2018);
  - escaneamento de impedância elétrica: pode auxiliar outros métodos, especialmente em mulheres jovens com mamas densas, e tem custo baixo (HOPE; ILES, 2004).
- Drogas:
  - Tamoxifeno e Raloxifeno podem reduzir em ~50% o avanço de câncer de mama de risco moderado;
  - Exemestano – redução relativa de 65% na incidência anual de câncer de mama invasivo de risco moderado;
  - Metformina – associa-se à redução de câncer de mama na pós-menopausa (STEWART; WILD, 2014).
- Mastectomia profilática: reduz em 90% o desenvolvimento de câncer de mama em mulheres com mutações BRCA (STEWART; WILD, 2014).
- Fluido aspirado de mamilo (NAF): pode identificar células e substâncias presentes no câncer de mama (SHAHEED *et al.*, 2018).

5.2.2. POLÍTICAS PÚBLICAS DE PREVENÇÃO SECUNDÁRIA AO CÂNCER DE MAMA

Os primeiros mamógrafos chegaram ao Brasil no início da década de 1970 (PORTO *et al.*, 2013). Em 1984, o Programa de Assistência Integral à Saúde da Mulher (PAISM), ampliou a atenção a todas as idades e ciclos da vida da mulher (BARDUCHI OHL *et al.*, 2016; GONÇALVES *et al.*, 2016; TEIXEIRA, 2015; PORTO *et al.*, 2013). Entre 1985 e 1986, o Conselho Nacional de Direitos da Mulher (CNDM) e o Instituto Nacional de Assistência Médica da Previdência Social (INAMPS), em conjunto, adicionaram ações de prevenção do câncer de útero, mas a prevenção do câncer de mama limitou-se, então, apenas ao autoexame das mamas e exame clínico das mamas (PORTO *et al.*, 2013).

Em 1987, o Programa de Oncologia (Pro-Onco) dedicou-se à prevenção e controle do câncer cervicouterino, mas deixou de lado o câncer de mama (PORTO *et al.*, 2013).

Com a Constituição de 1988 e criação do SUS (TEIXEIRA, 2015), houve a primeira iniciativa de controle do câncer de mama, com a oficina "Câncer de mama – Perspectivas de Controle", que conscientizou sobre as disparidades no acesso à tecnologia e diagnóstico precoce. Em 1999, ao Programa Viva Mulher seria incorporado o "Módulo de Controle do Câncer de Mama", a ser feito em duas fases: a primeira (2000–2001) para diagnóstico dos cânceres de mama detectáveis por AEM/ECM; a segunda (2002–2003) para identificar por mamografia os cânceres de mama não detectáveis clinicamente, em mulheres acima de 50 anos (PORTO *et al.*, 2013). A partir de 1990, por intermédio da Lei Orgânica da Saúde (Lei nº 8080), introduziu-se um projeto-piloto do programa "Viva Mulher", ampliado em 2000, com a distribuição de mamógrafos e material para biópsias, além de treinamento de recursos humanos, na primeira fase do "Projeto de Capacitação de Recursos Humanos na Área da Saúde" (GONÇALVES *et al.*, 2016). Entretanto, o controle do câncer de mama só começou em 2002, quando já deveria estar na segunda fase do Módulo de Controle (PORTO *et al.*, 2013).

Em 2001, criou-se o Programa de Controle do Câncer do Colo do Útero e da Mama. Segundo o INCA, mais de 50% dos casos de câncer de mama eram diagnosticados em estágios avançados, o que demonstrava a necessidade de novos programas para detecção precoce (GONÇALVES *et al.*,

2016). Assim, no final de 2003, realizou-se uma oficina, cujo resultado foi o "Controle do Câncer de Mama: Documento de Consenso" (PORTO et al., 2013; GONÇALVES et al., 2016). Suas recomendações: a) mulheres sadias – ECM anual a partir de 40 anos e mamografia bienal entre 50 e 69 anos; b) mulheres de risco elevado – ECM e MMG anuais a partir dos 35 anos, mais a garantia de acesso ao diagnóstico, tratamento em tempo hábil, e seguimento a todas as mulheres com exames alterados (INCA, 2004).

A partir de 2004, com esforço do Ministério da Saúde e maior priorização política do câncer de mama, desenvolveu-se o SISMAMA, para coleta, registro e análise de dados sobre a doença (PORTO et al., 2013).

Em 2005, lançou-se a Política Nacional da Atenção Oncológica (Portaria MS/GM n° 2.439/2005 – revogada em 2013), com os componentes: UNACON, CACON e Centros de Referência de Alta Complexidade em Oncologia, e obrigatoriedade do controle do câncer de mama nos planos estaduais e municipais de saúde (GONÇALVES et al., 2016; TEIXEIRA, 2015; PORTO et al., 2013). Foi também lançado o Plano de Ação para o Controle do Câncer de Útero e de Mama 2005-2007 (GONÇALVES et al., 2016; DA SILVA, 2015), para elevar a cobertura, garantir qualidade, fortalecer o SISMAMA, e desenvolver capacitações (INCA, 2019). Em 2011, foi reafirmada no Plano de Fortalecimento das ações para prevenção e qualificação do diagnóstico e tratamento dos CAs do colo do útero e de mama (BARDUCHI OHL et al., 2016; PORTO et al., 2013).

Em 2006, o Pacto pela Saúde (Portaria MS/GM n° 399/2006) reafirmou a importância da detecção precoce do câncer de mama e teve, como objetivo, a ampliação da cobertura por mamografia para 60%, e realização de biópsias em 100% dos casos necessários (PORTO et al., 2013).

Em 2008, é lançado o "Programa Mais Saúde: Direito de Todos", que subentende: a elaboração de mecanismos regulatórios para medicamentos de alto custo em oncologia; a aquisição de equipamentos de radioterapia, entre outras ações de prevenção do câncer de mama (GONÇALVES et al., 2016).

Em 2009, realiza-se o Encontro Internacional sobre Rastreamento do Câncer de Mama, sob coordenação do INCA, com especialistas nacionais e internacionais que debateu experiências de RM em outros países, com base em evidências (PORTO et al., 2013; GONÇALVES et al., 2016). Também em 2009, apresentaram-se os Parâmetros Técnicos para o Rastreamento do

Câncer de Mama (GONÇALVES *et al.*, 2016), e recomendações para a redução da mortalidade do câncer de mama no Brasil (SENNA; DE OLIVEIRA, 2019).

Em 2012, o Ministério da Saúde lançou o Programa Nacional de Qualidade em Mamografia (PNQM) (Portaria GM/MS nº 531/2012), a fim de garantir a qualidade dos exames oferecidos à população, e minimizar o risco por exposição à radiação (AZEVEDO e SILVA *et al.*, 2015). Instituiu-se, também, o Programa de Mamografia Móvel (Portaria MS/SAS nº 1.228/2012), para facilitar o acesso à mamografia das mulheres residentes em municípios com baixa densidade demográfica e má situação socioeconômica (GONÇALVES *et al.*, 2016).

Em 2013, a Política Nacional para a Prevenção e Controle do Câncer na Rede de Atenção à Saúde das Pessoas com Doenças Crônicas (Portaria MS/GM nº 874/2013) substituiu a Política Nacional da Atenção Oncológica/2005, para atender portadores de câncer para dar maior acesso à medicação, exames e tratamento (GONÇALVES *et al.*, 2016). Ainda em 2013, o Ministério da Saúde instituiu, no SUS, o Sistema de Informação de Câncer (SICAN) (Portaria MS/GM nº 3.394/2013), que ampliou o SISMAMA (GONÇALVES *et al.*, 2016), e em 2014, surgiu o Serviço de Referência para Diagnóstico de Câncer de Mama (SDM) (Portaria MS/GM nº 189/2014), que compõe a atenção especializada da rede de atenção à saúde das pessoas com doenças crônicas, cujos objetivos eram o diagnóstico precoce, a confirmação diagnóstica e a terapia especializada dos cânceres de mama (Ibid, 2016).

Em 2015, o Ministério da Saúde aprovou as Diretrizes para Detecção Precoce do Câncer de Mama, nas quais se estabeleceram medidas para detecção precoce do câncer de mama, tecnologias associadas, e formas de implementação, para facilitar a avaliação de sua efetividade (GONÇALVES *et al.*, 2016; MIGOWSKI *et al.*, 2018a; 2018b; 2018c).

Além das políticas públicas apresentadas, uma política internacional de origem popular foi adotada pelo Brasil, em 2002: o movimento "Outubro Rosa". Nascido nos Estados Unidos em 1990, é hoje comemorado em todo o mundo. No Brasil, o que mais impulsionou o Outubro Rosa foi a iniciativa do Instituto Neo Mama de Prevenção e Combate ao Câncer de Mama, de iluminar com luz rosa a Fortaleza da Barra, em Santos, nos anos de 2008/2009 (DE SOUZA, 2015; INSTITUTO NEO..., 2009).

5.2 | Perspectivas do rastreamento mamográfico na prevenção secundária do câncer de mama
Beatriz Rubin | Regina Lafasse |

Desde 2011, o INCA tem participado ativamente dessas comemorações (DA SILVA, 2015), que conta com grande participação da sociedade civil organizada (GONÇALVES *et al.*, 2016). O INCA utiliza a oportunidade para informar à população e aos profissionais de saúde sobre as recomendações mais recentes de detecção precoce e controle do câncer de mama (DA SILVA, 2015).

Sabe-se que o câncer, atualmente, tem grande relevância na organização e custos de um sistema de saúde (SS), que a população brasileira está envelhecendo, e que há grande evolução tecnológica, diagnóstica e de tratamento dessa doença. O problema é o cuidado fragmentado, desorganizado, com parca informação, e sem continuidade (DE OLIVEIRA *et al.*, 2016), enquanto para se obter resposta sanitária efetiva, os programas de rastreamento do câncer de mama requerem sistemas de saúde bem estruturados e gerenciamento de alta qualidade (PORTO *et al.* 2013).

5.2.3. O PROBLEMA DOS RECURSOS FINANCEIROS

No Brasil atual, o financiamento à saúde oscila em torno de 8% do PIB, pouco inferior ao de países que fornecem acesso universal de qualidade à saúde, como Canadá (10,4%) e Reino Unido (9,9%). O problema, no Brasil, é o financiamento centrado principalmente no sistema privado de saúde, utilizado apenas por 23% da população. O governo oferece incentivos para a criação de planos de saúde populares, que tem pouca ou nenhuma cobertura para doenças graves. Quando há doença de alto custo, os gastos são desviados para o SUS, o que prejudica os 77% da população plenamente dependente do sistema público de saúde (SALDIVA; VERAS, 2018), e causa iniquidades no sistema (PEDROSO; MALIK, 2015).

Adicionalmente, em virtude de uma longa série de crises financeiras, o PIB tem decrescido. Entre 2003 e 2014, o país sofreu uma longa queda da taxa de lucro que passou de 28% para 23%, e entre 2015 e 2016, reduziu seu PIB real em 7,5%. Assim, no SUS, observa-se: insuficiência de recursos; não definição de fontes próprias à saúde; pouco comprometimento do Estado com alocação e melhor distribuição de recursos no orçamento da saúde; transferência de recursos para o setor privado; elevação de renúncias fiscais; e gasto público financiado por estrutura tributária que penaliza o setor produtivo (MENDES; CARNUT, 2018).

Também afetam as ações de saúde as lacunas e falhas na gestão do SUS, como dificuldades de fixação, remuneração e desigualdades na distribuição de médicos, e redução do poder de decisão dos gestores locais, pelo aumento da terceirização (MACHADO et al., 2016; OLIVEIRA; OLIVEIRA, 2017). A regionalização, outra causa de falhas na gestão, além do deslocamento dos cidadãos entre os municípios, e gastos inerentes, causa déficit de pagamento das ações realizadas, e impossibilitam o planejamento correto do orçamento dos meses futuros (Ibid, 2017).

Essa problemática é interpretada pelo usuário como ineficiência, o que o induz a não procurar a assistência básica o que, além de aumentar os gastos no setor, piora o perfil de adoecimento no Brasil, o que no câncer de mama expressa-se nas altas taxas de diagnóstico em estágio avançado. Ademais, a atenção básica praticamente inexiste na saúde suplementar, assim, o usuário dos planos de saúde geralmente procura diretamente um hospital, independentemente da gravidade dos sintomas, ou por dificuldades de agendamento com especialistas (SALDIVA; VERAS, 2018).

Ressalta-se ainda, nas lacunas de gestão, a falta de previsibilidade de gastos, só existente na atenção regular (consultas ambulatoriais, exames tradicionalmente mais solicitados pelos médicos, e consumo de medicamentos sem uso contínuo) – desde que os dados epidemiológicos da população sejam conhecidos, o que nem sempre ocorre. No caso de cirurgias complexas, internações em UTI e assistência a politraumatismos (que tem baixa previsibilidade de ocorrência), e da assistência permanente a doenças crônicas (hipertensão, diabetes, câncer), quando se verificam, podem causar enormes "buracos" nos recursos financeiros, e prejudicar todo o restante da assistência à saúde (PEDROSO; MALIK, 2015).

Como o consumo de serviços varia ao longo da vida dos usuários, e aumenta com o avançar da idade, os custos tendem também a aumentar (Ibid, 2015), e na oncologia, são cada vez maiores. Os custos diretos (prevenção e tratamento) e os indiretos (anos de vida perdidos por incapacidade e/ou morte prematura) são parcamente mensurados por falta de estudos (DE OLIVEIRA et al., 2016).

O último estudo liberado pelo INCA sobre o tema é de 2007, e apresentou projeções para 2008–2010 de 35 milhões de reais para o tratamento de estágio avançado, sem mensurar custos indiretos, e 5 milhões para detecção

5.2 | *Perspectivas do rastreamento mamográfico na prevenção secundária do câncer de mama*
Beatriz Rubin | Regina Lafasse |

precoce. Como investir em prevenção é bem mais barato que o tratamento, compreende-se que o Estado invista em estratégias para alcançar o público feminino. Entretanto, há falta de mamógrafos, de manutenção dos existentes, e de acesso à mamografia. Assim, verifica-se que ainda não há estrutura para o atendimento de todas as mulheres para um RM organizado (SENNA; DE OLIVEIRA, 2019).

5.2.4. ESCASSEZ DE PROFISSIONAIS DA SAÚDE E BAIXA QUALIDADE DO ATENDIMENTO

No Brasil, a taxa atual de médicos por habitantes é de 1,9:1.000 habitantes, e embora no Sudeste, em 2011, essa razão fosse de 2,61:1.000 habitantes, em 9 Estados era inferior a 1,2:1.000, e em outros, as taxas eram comparáveis a países africanos (CFM; CREMESP, 2012), com condições mais precárias no Norte e Nordeste (SALDIVA; VERAS, 2018).

Ao longo dos anos, houve intensa formação de médicos de baixa qualidade (CREMESP, 2017; EXAME, 2018). Sua incapacidade em resolver os problemas nos níveis da atenção primária e secundária torna a atenção terciária sobrecarregada, e os pacientes sofrem com a demora na resolução dos seus problemas. Essa demora pode piorar o quadro do paciente e comprometer o potencial de cura. E mais: o uso da atenção terciária no atendimento básico piora a atenção aos que necessitam de atendimento terciário (SALDIVA; VERAS, 2018), como portadores de câncer.

Paralelamente, a péssima remuneração do SUS propicia atendimentos de baixa qualidade, com consultas que, às vezes, duram alguns minutos. A solução da maioria dos municípios de médio e pequeno porte tem sido a compra de ambulâncias para transporte de pacientes aos municípios maiores, o que superlota o sistema de saúde dos últimos, e coloca os pacientes em risco (SALDIVA; VERAS, 2018).

Outra falha de qualidade no atendimento é a indiferença e/ou desconhecimento dos profissionais de saúde em relação aos gastos do paciente oncológico. O custo do tratamento do câncer é muito alto. No Brasil não se identificam estudos sobre o tema, mas nos EUA, usuários de seguro-saúde, podem desembolsar, em média, mais de 18.000 dólares (DE OLIVEIRA *et al.*, 2016). O problema é que nem o brasileiro médio costuma ter essa quantia disponível (equivalente a R$ 67.500,00, em julho deste ano), que dirá o pobre.

5.2.5. O PROBLEMA DO TRATAMENTO

O tratamento do câncer de mama encontra-se em um contexto de exiguidade de recursos e a velocidade do advento de novas tecnologias. [Quanto à falta de recursos, pode-se argumentar sobre a necessidade de maior transparência nos gastos governamentais, ante o volume de capital investido em áreas não essenciais] (DEPRÁ *et al.*, 2015). Aliada às inovações terapêuticas de altos custos está a variedade de subtipos de câncer de mama, vários estadiamentos e opções terapêuticas para um mesmo tipo de tumor, que dificulta a criação de protocolos de tratamento (VIDAL *et al.*, 2017). E embora o INCA tenha diretrizes para todos os tipos de câncer, só são aplicadas nas unidades do próprio INCA, enquanto outras unidades de atendimento terciário que recebem menor verba não conseguem segui-las (DEPRÁ *et al.*, 2015).

Vidal *et al.* (2017) criticam também o sistema de financiamento do tratamento do câncer, cujo pagamento geralmente tem valores insuficientes para cobrir gastos com medicamentos inovadores, o que pode incitar demandas judiciais. Em seu estudo, os autores relataram que a maioria dos processos envolvia solicitação de medicamentos (79,04%), e as demais lides abrangiam pedidos de pagamento de exames, cirurgias, radioterapia, ou requeriam acesso a serviços.

Problemas no acesso ao tratamento do câncer implicam atrasos para início da terapia, cujos resultados podem ser letais (VIDAL *et al.*, 2017).

A alta quantidade de solicitações de medicamentos através do poder judiciário assinala as dificuldades de acesso aos serviços de saúde, bem como a falta de atualização das tecnologias disponíveis atualmente (Ibid, 2017). E como a rede de assistência oncológica é insuficiente, mesmo quando encaminhados a centros de referência os pacientes ficam em lista de espera, e nesse tempo não têm acesso aos medicamentos cobertos pelo SUS (DEPRÁ *et al.*, 2015).

Observa-se, ainda, que mesmo quando os fármacos solicitados judicialmente têm previsão de compra pelo SUS, a aquisição é centralizada pelo governo federal (estratégia para reduzir custos), sem inserção em listas de medicação antineoplásica (DEPRÁ *et al.*, 2015). Por outro lado, ao se compararem a lista de medicamentos essenciais da OMS com a da Relação Nacional de Medicamentos Essenciais (Rename), vê-se que muitos fármacos apenas na lista da OMS, o que demonstra que medicamentos importantes não são oferecidos à população (VIDAL *et al.*, 2017).

5.2 | Perspectivas do rastreamento mamográfico na prevenção secundária do câncer de mama
Beatriz Rubin | Regina Lafasse |

O Ministério da Saúde alega que o ganho de sobrevida referente a alguns medicamentos é mínimo, às vezes de poucos meses. Entretanto, a resposta ao tratamento do câncer de mama varia de acordo com o subtipo do tumor, o que pressupõe ignorância dos técnicos do Ministério da Saúde e/ou falta perversa de acompanhamento das pesquisas. Mas, ainda que a sobrevida fosse de poucos meses, obviamente pacientes com câncer têm direito a mais tempo de vida (DEPRÁ *et al.*, 2015).

A falta de conhecimento dos técnicos do Ministério da Saúde atrasa a incorporação de novas tecnologias, imputadas como causas do aumento dos custos com o câncer. Entretanto, o pouco investimento em pesquisas, e *universidades com mau desempenho*, nas quais 88% dos médicos recém-formados não sabem interpretar o resultado de uma mamografia (EXAME, 2018) impedem o desempenho de qualquer política pública de controle do câncer de mama, além de colocar em risco a vida das pacientes. A esse respeito, verifica-se que a falta de conhecimento dos médicos dificulta o alinhamento dos mesmos com as políticas públicas, com implicações relevantes nos projetos de organizações de saúde, na reprodução de iniquidades, e na manutenção das ineficiências do sistema (PEDROSO; MALIK, 2015).

Para tanto, contribui a falta de adequação da informação em saúde. A inexistência de integração entre dados do DATASUS e os dados do sistema privado limita a criação de um sistema nacional de indicadores de câncer, enquanto a falta de divulgação dos custos e resultados inibe a competitividade do setor, o que se reflete na grande dificuldade na avaliação do custo-efetividade de serviços, medicamentos e produtos. Retarda, também, o tratamento, a falta de portabilidade das informações de saúde. O conhecimento do prontuário dos pacientes permitiria a agilização do tratamento, pois os profissionais de saúde teriam condições de avaliar exames e medicamentos já utilizados, seu histórico de saúde e a ocorrência de efeitos colaterais, o que reduziria também os custos (Ibid, 2015).

Outra questão a ser elencada é ausência de dotação orçamentária no Ministério da Saúde para o atendimento das demandas judiciais, de modo que os milhões gastos com essas demandas comprometem recursos financeiros que seriam mais bem utilizados na melhoria da saúde da população (VIDAL *et al.*, 2017). Assim, torna-se claro que as políticas públicas de prevenção secundária do câncer têm muitas lacunas, que fazem com que o Estado deixe de cumprir seu dever de assistência à saúde (DEPRÁ *et al.*, 2015).

5.2.6. O PROBLEMA DO RASTREAMENTO

Para se avaliar um programa de RM deve-se pautar no estudo do seu efeito na redução da mortalidade, e lembrar que não é a RM que reduz a mortalidade, mas o tratamento precoce (DOS SANTOS-SILVA, 2018). No Brasil, no entanto, não se identificam estudos que avaliem o quanto as ações têm contribuído na redução da mortalidade pelo câncer de mama. Limitam-se à descrição da evolução da mortalidade ao longo do tempo, e após 15 anos das primeiras ações de RM não há avaliações do grau de implantação, ou dos resultados obtidos (LÓPEZ, 2018).

Os programas populacionais de RM são intervenções multidisciplinares e multifacetadas de alta complexidade. Há diversas exigências a serem cumpridas para que tenham eficácia: acesso a mamografia de alta qualidade, grande abrangência da população-alvo (ao menos 70%) com sistema de *recall*, acesso adequado aos serviços de diagnóstico e tratamento para os casos suspeitos, e mecanismos de garantia de qualidade, como equipes de saúde bem preparadas, protocolos padronizados, metas de funcionamento claramente definidas e métodos regulares de auditoria (DOS SANTOS-SILVA, 2018). Assim, é essencial um planejamento cuidadoso, com ações bem organizadas e sustentáveis que atendam ao grupo populacional correto, e garantia de coordenação, continuidade e qualidade das ações em todo o *continuum* de atendimento (WHO, 2012).

Países com baixa e média renda têm sistemas de saúde deficientes, sem a infraestrutura necessária, e com recursos humanos e financeiros escassos para implementar programas organizados de RM, de modo que o RM é oportunístico, bem menos eficaz (DOS SANTOS-SILVA, 2018).

No Brasil, a cobertura da faixa etária prioritária (50 a 59 anos) mantém-se baixa (entre 27 e 51%), mais de uma década depois do início do RM. A avaliação de RM em países com renda baixa e média, concluiu que há poucas evidências custo-eficácia do RM nesses países (Ibid, 2018).

Também é complexa a obtenção de dados atualizados sobre a incidência do câncer de mama no país. Os registros de câncer de base populacional do INCA são incompletos, pois alguns Estados não apresentam estas informações (RÊGO; NERY, 2015). Também há dados díspares ao se comparar o número de MMG mamografias realizadas no Sistema de Informações Ambulatoriais (SIA) e no SISMAMA. Em 2010, houve uma diferença de

5.2 | *Perspectivas do rastreamento mamográfico na prevenção secundária do câncer de mama*
Beatriz Rubin | Regina Lafasse |

20,7% a mais, no SIA, e esses dados podem estar superestimados, já que estavam incluídas mamografias de diagnóstico, como se fossem de RM, e não se considerou as mamografias repetidas (AZEVEDO E SILVA *et al.*, 2014).

No seguimento de casos suspeitos entre 50 e 59 anos, somente 27% das mulheres com mamografias suspeitas realizaram biópsias, e entre 60 e 69 anos, 63%, mas o número de cirurgias é maior. Deduz-se que: se não houver erros de registro, podem estar ocorrendo encaminhamentos para cirurgia *sem biópsia*, ou parte das cirurgias não são casos de câncer de mama, mas doenças benignas. A escassez de biópsias demonstra que o serviço de saúde brasileiro ainda não está preparado para atender à demanda por RM e diagnóstico precoce para o câncer de mama. Por outro lado, na região Norte, onde há maior discrepância entre os números de cirurgias e biópsias, as cirurgias podem estar sendo feitas em casos avançados da doença, apenas por diagnóstico clínico, ou estar sendo feito em mulheres jovens, nas quais o RM tem maior risco de sobrediagnósticos e falso-positivos (Ibid, 2014).

O acesso ao diagnóstico e ao tratamento é outro problema: a maioria dos serviços credenciados no SUS de cirurgia, quimioterapia e radioterapia concentra-se nas áreas metropolitanas das Regiões Sul e Sudeste, com quase total ausência na Região Norte. Um número considerável de paciente reside a mais de 150 km desses serviços. Assim, as chances de uma mulher ter acesso a mamografia é três vezes maior para as que residem em áreas metropolitanas, e mais fáceis às que possuem planos privados de saúde, enquanto as regiões mais pobres, Norte e Nordeste, são as que apresentam pior acesso (Ibid, 2014).

Baixa cobertura por mamografia, seguimento inadequado de casos suspeitos, dificuldade de acesso à cirurgia e disparidade de dados indicam que, no Brasil, o impacto das P políticas públicas Ps de prevenção secundária, na redução da mortalidade por câncer de mama é baixo (Ibid, 2014).

5.2.7. O PROBLEMA DAS CONTROVÉRSIAS DE GÊNERO

Por bastante tempo, o câncer de mama foi considerado uma doença feminina, com aval de médicos e da saúde pública. Com o desenvolvimento da mastectomia radical no fim do século XIX, essa cirurgia era considerada a única forma de cura, desde que realizada precocemente. Para reduzir a mortalidade, os especialistas tentavam persuadir as mulheres a consultar médicos precocemente, logo após terem observado alterações nas mamas. Promovia-se veementemente o *slogan*: "Se precocemente detectado, o câncer pode ser curado", o que sugere que havia cura para o câncer de mama, e que as mulheres que não procuravam os médicos rapidamente eram culpadas pela própria doença. Ignorava-se que o câncer de mama tem várias espécies, algumas mais agressivas que outras, para as quais o diagnóstico precoce não garante, necessariamente, possibilidade de cura (LÖWY, 2015).

Essa mensagem foi realçada pela introdução do A autoexame de mamas EM a ser realizado mês a mês, imputando-se irresponsabilidade às mulheres que não o fizessem. Já em meados do século XX, a mamografia passa a ser utilizada, apesar das controvérsias sobre sua eficácia, e passou-se a defender que realizar mamografias regulares seriam essenciais para salvar vidas, sem contudo informar sobre seus riscos e inconveniências, o que levou as mulheres a acreditar, exageradamente em seu benefício, particularmente pelo apoio da maioria das organizações de câncer (Ibid, 2015).

As mensagens do século XXI sobre o tema não são muito diversas: as mulheres devem ter "olho clínico" dirigido a seus próprios corpos, e se submeterem ao controle externo, dos médicos e do Estado (Ibid, 2015).

A tradição de se extirpar órgãos reprodutores femininos para a cura da histeria (SANTIAGO, 2015), entre outros supostos transtornos mentais, facilitou a aceitação da mastectomia, embora a cirurgia preventiva para cânceres que afetam tanto homens quanto mulheres sempre foi proposta apenas para quem tinha praticamente 100% de chance de desenvolver a doença. Até os dias de hoje há diferença na indicação de cirurgia ablativa para câncer de mama e câncer de próstata (CP): enquanto para o CP, após diagnóstico, tem recomendação de observação vigilante, para o câncer de mama geralmente indica-se ablação parcial ou total da mama (LÖWY, 2015).

Segundo Löwy (2015), nos países industrializados, o câncer de mama e o câncer de próstata matam um número equivalente de pessoas, mas a visibilidade do câncer de mama em meios de comunicação é incomparavelmente maior que do câncer de próstata. São raras as organizações que tratam do câncer masculino, não há campanhas de divulgação sobre câncer de próstata, nem são organizadas corridas para a sua cura. Observa-se, assim, que embora o câncer incida sobre ambos os sexos, ainda no século XXI mantém-se como uma doença, em geral, grifada pelo gênero (LÖWY, 2015).

5.2.8. O PROBLEMA DAS CONTROVÉRSIAS SOBRE MAMOGRAFIA

Os estudos que levaram à implementação do RM nos países desenvolvidos, e incentivaram grande parte dos demais países a implementar programas semelhantes ocorreram entre décadas de 1960 e 1990. Foram menos de 10 ensaios randomizados sobre RM do câncer de mama, realizados no Canadá, EUA, Reino Unido e na Suécia. Entre estes, o estudo de Edimburgo sofreu duras críticas e, em outubro de 2013, foi considerado inadequado no Reino Unido, enquanto o estudo *UK Age Trial*, considerado adequado, mostrou *redução não significativa* da mortalidade do câncer de mama de 17% (DA SILVA, 2015).

Três desses estudos, em revisão sistemática da *Cochrane Collaboration*, tiveram seu processo de randomização classificado como subótimos, e outras revisões encontraram percentuais de redução da mortalidade menores do que a apresentada nos estudos originais. Já o estudo do Canadá, considerado o mais adequado, indicou que a inclusão da mamografia ao exame clínico das mamas não parece ter impacto na redução da mortalidade do câncer de mama na população (Ibid, 2015).

Segundo Da Silva (2015, p. 172-173): "Esses estudos 'clássicos' formam a base científica que justificou a introdução dos diferentes programas de rastreamento do câncer de mama nos países desenvolvidos a partir do final da década de 1980 e início da década de 1990".

Tanto adeptos quanto críticos do RM concordam que estudos observacionais, alternativa aos estudos randomizados originais têm mais valor, atualmente, do que os ensaios clínicos randomizados de 20 ou 30 anos atrás. Entretanto, apesar da má avaliação dos estudos originais sobre RM, cerca de 30 países desenvolvidos implantaram programas em suas populações (DA SILVA, 2015).

Nos países com RM organizado, as estimativas de redução da mortalidade estão entre 5% a 20%, nos quais se considera que os valores mais baixos podem ter como causa a baixa qualidade do RM nos primeiros anos de implantação, e à morte de mulheres com cânceres de mama diagnosticados antes da introdução do programa (Ibid, 2015).

Nos países mais pobres ocorre maior número de câncer de mama em mulheres mais jovens (< 50 anos) que nos países ricos, e o risco cumulativo de casos novos de câncer de mama, entre 15 e 79 anos de idade, também é menor nos países pobres. Já a razão mortalidade/incidência, em 2010, era maior nos países em pobres, independentemente da idade, o que pressupõe um risco maior de morrer de câncer de mama nos países pobres. Mas no Brasil, há 1,5 a 2,5 vezes menos mortes por câncer de mama que nos países ricos, e o risco de morte é 10% a 30% menor, de modo que o impacto sobre a redução da mortalidade por câncer de mama é menor do que nos países ricos (Ibid, 2015).

Para compreender o raciocínio de Da Silva (2015), em termos leigos, devemos considerar três preceitos: 1) se há muitos casos de câncer de mama num local, haverá mais mulheres com doença pré-clínica (período em que o câncer já existe, mas ainda não se manifestou); 2) para o RM detectar o câncer de mama, essa fase latente deve ser relativamente longa; 3) identificar precocemente o câncer de mama por RM deve reduzir a mortalidade em mais mulheres do que a das mulheres cujo câncer de mama foi identificado por EAM.

Como no Brasil há menor número de casos de câncer de mama (1,5 a 2,5 vezes menos) e o risco de surgirem novos casos é 30% a 40% menor, então há menos casos em geral e, portanto, menos mulheres com doença pré-clínica; portanto, a probabilidade de que o RM identifique um câncer de mama no Brasil é menor do que o dos países ricos, e assim a mamografia detecta menos casos (o que eleva o custo de cada caso detectado), e a especificidade (capacidade de diagnosticar corretamente os indivíduos sadios, isto é, verdadeiro-negativos) da mamografia diminui, o que aumenta a proporção de casos falso-positivos (o que gera um falso adoecimento para a paciente, com suas consequências, e aumenta os custos para o sistema de saúde) (DA SILVA, 2015).

Também se deve lembrar que o câncer de mama tem diversos subtipos, o que implica que os subtipos de crescimento rápido podem "escapar" do RM e se manifestarem, clinicamente, no intervalo entre as MMG (DA SILVA, 2015).

Para o sucesso do RM, como já vimos, é necessária a garantia de controle de qualidade da mamografia e das doses de radiação, bem como de diagnóstico, tratamento e recursos humanos e financeiros, que como também já vimos, inexiste no Brasil. Acontece que a OMS *não recomenda o RM para países em desenvolvimento*, pois seria mais efetivo, para reduzir a mortalidade nesses países, melhorar o acesso ao tratamento em centros especializados (DA SILVA, 2015).

5.2 | Perspectivas do rastreamento mamográfico na prevenção secundária do câncer de mama
Beatriz Rubin | Regina Lafasse |

O PNQM, que avalia todos os serviços de mamografia do país (públicos e privados) observou que a adesão aos programas de garantia da qualidade ainda é um desafio. Ademais, a avaliação da sensibilidade e especificidade da mamografia é muito prejudicada quando não há um programa de RM organizado, como no Brasil, e os dados dos poucos casos estudados, além da demora em sua publicação (ou da não publicação) demonstram necessidade de aperfeiçoamento das técnicas de execução dos exames, e de sua análise e interpretação (DA SILVA, 2015).

Quanto às doses de radiação, um estudo em Goiás mostrou que 12% dos mamógrafos convencionais e 50% dos digitais emitem doses superiores ao padrão aceitável (5,0 mGy por mama), o que preocupa, dada à tendência de substituir equipamentos analógicos por digitais. Além disso, o risco de câncer induzido por radiação é maior quanto menor for a idade da paciente, e pela menor idade será necessária uma quantidade maior de mamografias no transcorrer da vida (DA SILVA, 2015).

Segundo Colin *et al.* (2017), portadores de mutação BRCA1 e BRCA2 têm mais risco de desenvolver câncer de mama mesmo com níveis muito baixos de radiação, e há risco associado ao RM para essas pessoas. Por outro lado, na prática clínica, as indicações para qualquer tipo de exposição a raios X envolvendo mama, tórax ou ombros devem ser cuidadosamente justificadas em portadores de mutação BRCA e outras mulheres de alto risco familiar, e isso se estende a todas as crianças, pois o teste de triagem de mutação BRCA só é permitido na idade adulta.

Quanto à informação, Da Silva (2015) refere que na maioria dos *websites* relacionados ao câncer de mama, tanto de instituições privadas quanto públicas, a informação sobre qualquer dano associado ao RM é praticamente nula, e que somente 25% deles traziam indicações corretas sobre a idade para realização de mamografia, com predomínio de falta total de informações sobre danos, nas organizações privadas que visam lucro (DA SILVA, 2015).

Outros autores corroboram os dados apresentados. De acordo com Gøtzsche (2015), as taxas de mortalidade por câncer de mama estão erradas, não apenas por serem tendenciosas em favor do RM, mas também porque o tratamento de mulheres saudáveis e sobrediagnosticadas aumenta o risco de morte. A radioterapia, por exemplo, pode causar mortes por doenças cardíacas, câncer de pulmão e outros cânceres, e essas mortes iatrogênicas são computadas como mortes por câncer de mama. Esse autor informa que diversos estudos descobriram que o rastreamento não diminui a incidência de cânceres avançados. Diz, também, que o RM não parece fazer as mulheres viverem mais tempo; aumenta mastectomias. E finalmente, que se o RM fosse uma droga, teria sido retirado do mercado há muito tempo, pois muitas drogas são retiradas, embora beneficiem muitos pacientes, se graves danos são relatados em poucos pacientes. Com a mamografiaocorre o oposto: muito poucos, se houver, serão beneficiados, enquanto muitos serão prejudicados.

Machado (2018) relata que o tipo de câncer mais frequentemente detectado através de RM é o carcinoma ductal *in situ*, e os estudos não demonstraram efeitos significativos desse tumor na sobrevida, após 20 anos de acompanhamento após o diagnóstico. Relata que o principal fator relacionado à diminuição da mortalidade por câncer de mama, nos países desenvolvidos, foi o esforço para melhorar o tratamento, e não o RM.

Segundo Nagler *et al.* (2019), já há tendência de organizações relacionadas ao câncer de mama de abandonar a recomendação de mamografiade rotina para mulheres de risco médio, a partir dos 40 anos de idade. Entre essas estão a Força Tarefa de Serviços Preventivos dos EUA, e a *American Cancer Society*, que informa que essa decisão foi feita por ponderação dos riscos e benefícios da mamografia.

Rodrigues (2019) identificou estudo realizado em Minas Gerais, que demonstrou um sobrerrastreio substancial, que afetou 21% das mulheres, expondo-as mais aos malefícios advindos do RM, sem maiores ganhos em redução de mortalidade, com ônus desnecessário para o SUS.

O próprio INCA informou que os procedimentos disponíveis, em 2007, para detecção do câncer de mama – mamografia e autoexame das mamas – não eram totalmente eficientes na identificação precoce da doença, e comentou sobre a técnica de fluido aspirado de mamilo (NAF) (INCA, 2007).

CONSIDERAÇÕES FINAIS

Entre os adeptos óbvios do RM estão os governos que implementaram o RM, fabricantes e vendedores de mamógrafos, radiologistas e outros possíveis interessados indiretos. Entre os não óbvios estão os médicos, particularmente, ginecologistas e cirurgiões, e outros profissionais de saúde cujas informações provenham unicamente do governo e/ou de instituições ligadas

5.2 | *Perspectivas do rastreamento mamográfico na prevenção secundária do câncer de mama*
Beatriz Rubin | Regina Lafasse |

ao câncer que nunca tenham estudado como avaliar trabalhos científicos, mulheres convencidas de seus benefícios, e o público em geral.

Como pesquisadoras que, como os adeptos, nunca haviam analisado o tema, o objetivo inicial das autoras do presente estudo foi a pesquisa de políticas públicas relacionadas ao câncer de mama na Região Metropolitana da Baixada Santista. Entretanto, não se logrou identificar estudos suficientes sobre o tema nesse contexto, mas, em vez disso, foi identificado um número relevante de estudos que criticavam o RM. Entre esses, o livro "Câncer de mama, câncer de colo de útero: conhecimentos, políticas e práticas" organizado por Luiz Antonio Teixeira, doutor em história das ciências e professor na Fundação Oswaldo Cruz – Fiocruz, que traz como autor do último capítulo, Ronaldo Corrêa Ferreira da Silva, oncologista do INCA. Este livro trouxe o "pano de fundo" para o presente estudo.

Conforme explanado ao longo desse texto, a prevenção secundária do câncer de mama envolve a detecção precoce e o tratamento. No Brasil, historicamente, a detecção precoce resumiu-se às técnicas de autoexame das mamas, exame clínico das mamas e ao rastreamento oportunístico por mamografia. O autoexame das mamas, embora tendo sido recomendado, não possui consenso quanto à redução da mortalidade por câncer de mama, e pode ter implicações negativas, de modo que, a despeito de toda a evolução tecnológica em curso no mundo, as opções, no Brasil, são apenas de exame clínico das mamas e mamografia.

Considerando-se que: a) as condições do sistema de saúde brasileiro são caóticas; b) o Brasil tem parcos recursos financeiros para investir em qualificação profissional na área da saúde; c) há enorme dificuldade de acesso ao diagnóstico e ao tratamento do câncer de mama; d) o custo-efetividade das políticas públicas de saúde são mal definidas pelo governo, cujos dados, além da demora na publicação apresenta disparidades nos sistemas de informação; e) a ausência de informações sobre os danos causados pela mamografia impede que as mulheres, optem pela sua realização, ou não; f) a OMS não recomenda a implantação de rastreamento mamográfico em países em desenvolvimento; g) todas as evidências de falhas nos estudos originais que induziram países desenvolvidos e não desenvolvidos ao RM; h) as inúmeras evidências sobre os malefícios da mamografia; i) o câncer pode ser considerado uma doença marcada pelo gênero; j) a falta de conhecimento médico dificulta o alinhamento do mesmo com as políticas, conclui-se que as políticas públicas de prevenção secundária do câncer de mama no Brasil não são eficazes.

Finalmente, deve-se admitir que: se, para que os programas de rastreamento de câncer sejam eficazes em uma população, um grande número de pessoas saudáveis precisa ser testado. Que essas pessoas saudáveis são mal informadas pelos governos, e muitas serão sobrediagnosticadas, submetidas a biópsias invasivas e dolorosas, mastectomizadas e/ou tratadas com terapias que podem prejudicar sua saúde, ou mesmo encurtar suas vidas. Que tudo isso sobrecarrega um sistema de saúde já considerado ineficiente, e prejudica o atendimento de saúde de toda a população, então, qualquer política pública que envolva rastreamento de câncer deve ser suspensa, por ser, no mínimo, antiética.

No Juramento de Hipócrates (CREMESP, 2001-2019), há as seguintes frases:

> Aplicarei os regimes para o bem do doente segundo o meu poder e entendimento, nunca para causar dano ou mal a alguém.
>
> Em toda casa, aí entrarei para o bem dos doentes, mantendo-me longe de todo o dano voluntário.
>
> A ninguém darei por comprazer, nem remédio mortal nem um conselho que induza a perda.

Ainda que a redução da mortalidade fosse absolutamente certa, deve-se lembrar sempre que, como cidadão, cada indivíduo é possuidor de direitos humanos inegáveis. Sua vida e saúde só a ele pertencem, e só ele tem o direito de dispor delas. Assim, a vida de cada ser humano, independentemente de seu gênero, precisa ser respeitada.

REFERÊNCIAS

ALVES, M. O.; MAGALHÃES, S. C. M.; COELHO, B. A. A regionalização da saúde e a assistência aos usuários com câncer de mama. *Saúde e Sociedade*, v. 26, p. 141–54, 2017. Disponível em: <https://www.scielosp.org/pdf/sausoc/2017.v26n1/141-154/pt>. Acesso em: 01 jun. 2019.

AMERICAN CANCER SOCIETY. *Breast Cancer Facts & Figures 2015-2016*. Atlanta: American Cancer Society Inc., 2015. Disponível em: <https://www.cancer.org/

5.2 | Perspectivas do rastreamento mamográfico na prevenção secundária do câncer de mama
Beatriz Rubin | Regina Lafasse |

content/dam/ cancer-org/research/cancer-facts-and-statistics/breast-cancer-facts-and-figures/breast-cancer-facts-and-figures-2015-2016.pdf>. Acesso em: 19 jun. 2019.

ATAOLLAHI, M. R. et al. Breast cancer and associated factors: a review. *J Med Life*, v. 8, n. Spec Iss 4, p. 6–11, 2015. Disponível em: <https://www.ncbi.nlm.nih.gov/pmc/articles/ PMC5319297/pdf/SIJMedLife-08-04-06.pdf>. Acesso em: 19 jun. 2019.

AZEVEDO E SILVA, G. et al. Acesso à detecção precoce do câncer de mama no Sistema Único de Saúde: uma análise a partir dos dados do Sistema de Informações em Saúde. *Cad. Saúde Pública*, v. 30, n. 7, p. 1537–1550, 2014. Disponível em: <https://repositorio.ufba .br/ri/bitstream/ri/17842/1/Aquino%20E%202014.pdf>. Acesso em: 01 jun. 2019.

_____. A situação dos cânceres do colo do útero e da mama no Brasil. In: TEIXEIRA, L. A. (Org.). *Câncer de Mama, Câncer de Colo de Útero: conhecimentos, políticas e práticas*. Rio de Janeiro: Outras Letras, 2015. 256 p. Disponível em: <https://www.arca.fiocruz.br/bitstream/icict/18553/2/C%C3%A2ncer%20de %20mama% 20e%20de%20 colo%20de%20%C3%BAtero%20para%20download.pdf>. Acesso em: 01 jun. 2019.

BARDUCHI OHL, I. C. et al. Ações públicas para o controle do câncer de mama no Brasil: revisão integrativa. *Rev. Bras. Enferm.*, v. 69, n. 4, p. 793–803, 2016. Disponível em: <http://www.redalyc.org/pdf/2670/267046623024.pdf>. Acesso em: 01 jun. 2019.

BERTRAND, K. A. et al. Differential patterns of risk factors for early-onset breast cancer by ER status in African American women. *Cancer Epidemiol. Prev. Biomark.*, v. 26, n. 2, p. 270–77, 2017. Disponível em: <http://cebp.aacrjournals.org/content/cebp/26/2/ 270.full.pdf>. Acesso em: 19 jun. 2019.

CFM – Conselho Federal de Medicina; CREMESP – Conselho Regional de Medicina do Estado de São Paulo. Demografia Médica no Brasil: Estudo de Projeção "Concentração de Médicos no Brasil em 2020". Brasília; São Paulo, CFM, CREMESP, 2012. Disponível em: <https://portal.cfm.org.br/images/stories/pdf/estudo_demografia_junho.pdf >. Acesso em: 01 jun. 2019.

COLIN, C. et al. Radiation induced breast cancer risk in BRCA mutation carriers from low-dose radiological exposures: a systematic review. *Radioprotection*, v. 52, n. 4, p. 231-240, 2017. Disponível em: <https://www.radioprotection.org/>. DOI: 10.1051/radiopro/2017034. Acesso em: 01 jun. 2019.

COUTO, M. S. de A. et al. Comportamento da mortalidade por câncer de mama nos municípios brasileiros e fatores associados. *Rev Panam Salud Publ*, v. 41, p. 1–10, 2018. Disponível em: <https://www.scielosp.org/pdf/rpsp/2017.v41/e168/pt>. Acesso em: 01 jun. 2019.

COUTO, M. S. de A. Análise da taxa de mortalidade por câncer de mama nos municípios brasileiros no período de 1987 a 2013 e fatores associados. 2016. 102 f. Dissertação (Mestrado em Saúde Coletiva) – Faculdade de Medicina, Universidade Federal de Juiz de Fora, Juiz de Fora, 2016. Disponível em: <http://repositorio.ufjf.br:8080/xmlui/bits tream/handle/ufjf/2176/mariasilviadeazevedocouto.pdf?sequence=1&isAllowed=y>. Acesso em: 01 jun. 2019.

CREMESP – Conselho Regional de Medicina do Estado de São Paulo. Mais da metade dos recém-formados é reprovada. Informativos do Cremesp, ed. 345, mar, 2017. Disponível em: <https://www.cremesp.org.br/?siteAcao=Jornal&id=2290>. Acesso em: 01 jun. 2019.

_____. Juramento de Hipócrates. São Paulo: CREMESP, 2001-2019). Disponível em: <https://www.cremesp.org.br/? siteAcao=Historia&esc=3>. Acesso em: 30 jun. 2019.

DA SILVA, R. C. F. Mamografia e rastreamento mamográfico: o debate da detecção precoce do câncer de mama contextualizado para a realidade brasileira. In: TEIXEIRA, L. (Org.). *Câncer de Mama, Câncer de Colo de Útero:* conhecimentos, políticas e práticas. Rio de Janeiro: Outras Letras, 2015. 256 p. ISBN 978-85-8488-004-1. Disponível em: <https://www. arca.fiocruz.br/bitstream/icict/18553/2/C%C3%A2ncer%20 de%20mama% 20e%20de%20 colo%20de%20%C3%BAtero%20para%20download.pdf>. Acesso em: 01 jun. 2019.

DE CARVALHO, D. S. et al. Aspectos gerais epidemiológicos da mortalidade por câncer de mama feminino no Brasil e no mundo. Anais do Simpósio de Enfermagem, v. 1, n. 1, p. 1–8, 2019. Disponível em: <http://www.pensaracademico.facig.edu.br/index.php/Seminario enfermagem/article/download/1116/989>. Acesso em: 19 jun. 2019.

DE OLIVEIRA, M. et al. *Projeto Oncorede* [recurso eletrônico]: a (re)organização da rede de atenção oncológica na saúde suplementar. Rio de Janeiro: Agência Nacional de Saúde Suplementar, 2016. Disponível em: <https://www.ans.gov.br/images/stories/Materiais_para_ pesquisa/Materiais_por_assunto/FINAL_publicacao_oncorede.pdf>. Acesso em: 02 jul. 2019.

DEPRÁ, A. S.; RIBEIRO, C. D. M.; MAKSUD, I. Estratégias de instituições da sociedade civil no acesso a medicamentos para câncer de mama no SUS. *Cadernos de Saúde Pública*, v. 31, p. 1517-1527, 2015. Disponível em: <https://www.scielosp.org/pdf/csp/2015.v31n7/ 1517-1527/pt>. Acesso em: 01 jun. 2019.

DE SOUZA, J. F. Como surgiu o Outubro Rosa?. *JusBrasil*, 2015. Disponível em: <https://juforin.jusbrasil.com.br/artigos/240711350/como-surgiu-o-outubro-rosa>. Acesso em: 02 jul. 2019.

5.2 | *Perspectivas do rastreamento mamográfico na prevenção secundária do câncer de mama*
Beatriz Rubin | Regina Lafasse |

DOS SANTOS, C. et al. Políticas de saúde voltadas à mulher brasileira: de objeto de reprodução ao sujeito da cidadania. 2016. 83 f. Dissertação (Mestrado em Educação Profissional em Saúde) – Escola Politécnica de Saúde Joaquim Venâncio, Fundação Oswaldo Cruz, Rio de Janeiro, 2016. Disponível em: <https://www.arca.fiocruz.br/bitstream /icict/1588 3/2/Claudemir_Santos_EPSJV_Mestrado_2016.pdf>. Acesso em: 19 jun. 2019.

DOS SANTOS-SILVA, I. Políticas de controle do câncer de mama no Brasil: quais são os próximos passos?. *Cad. Saúde Pública*, v. 34, n. 6, p. e00097018, 2018. [Editorial]. doi: 10.1590/0102-311X00097018. Disponível em: <http://cadernos.ensp.fiocruz.br/csp/public_ site/arquivo/1678-4464-csp-34-06-e00097018.pdf>. Acesso em: 01 jun. 2019.

DINIZ, C. S. G. et al. Breast cancer mortality and associated factors in São Paulo State, Brazil: an ecological analysis. *BMJ Open*, v 7, id. e016395, 2017. Disponível em: <https://bmjopen.bmj.com/content/bmjopen/7/8/e016395.full.pdf>. Acesso em: 19 jun. 2019.

EXAME. 88% dos médicos recém-formados não sabem ler uma mamografia. *Exame (São Paulo)*, 23 fev. 2018. Disponível em: <https://exame.abril.com.br/brasil/88--dos-recem-forma dos-nao-sabem-interpretar-uma-mamografia/>. Acesso em: 01 jun. 2019.

GONÇALVES, J. G. et al. Evolução histórica das políticas para o controle do câncer de mama no Brasil. *Diversitates International Journal*, v. 8, n. 1, p. 1–23, 2016. Disponível em: <http://www. diversitates.uff.br/index.php/1diversitates-uff1/article/viewFile/109/83>. Acesso em: 01 jun. 2019.

GØTZSCHE, P. C. Mammography screening is harmful and should be abandoned. *J R Soc Med*, v. 108, p. 341–5, 2015. Disponível em: <https://journals.sagepub.com/doi/pdf/10.1177/ 0141076815602452>. Acesso em: 19 jun. 2019.

GRAY, M. et al. Maximising benefit and minimizing harm of screening. *BMJ*, v. 336, p. 480-483, 2008. Disponível em: <https://www.ncbi.nlm.nih.gov/pmc/articles/PMC2258553/pdf/bmj-336-7642-analysis-00480.pdf>. Acesso em: 22 jun. 2019.

HOPE, T. A.; ILES, S. E. Technology review: the use of electrical impedance scanning in the detection of breast cancer. *Breast Cancer Research*, v. 6, n. 2, p. 69–74, 2004. Disponível em: <https://breast-cancer-research.biomedcentral.com/track/pdf/10.1186/bcr744>. Acesso em: 22 jun. 2019.

INCA. *A Situação do Câncer de Mama no Brasil: síntese de dados dos sistemas de informação.* Rio de Janeiro: INCA, 2019. 85 p. Disponível em: <https://www.inca.gov.br/sites/ufu.sti.inca.local/files//media/document//a_situacao_ca_mama_brasil_2019.pdf>. Acesso em: 01 jun. 2019.

_____. *Controle do Câncer de Mama:* documento de consenso. Rio de Janeiro: Instituto Nacional de Câncer, 2004. Disponível em: <http://www1.inca.gov.br/publicacoes/Consenso integra.pdf>. Acesso em: 01 jun. 2019.

_____. *Diretrizes para a Detecção Precoce do Câncer de Mama no Brasil.* Rio de Janeiro: INCA, 2015. 168 p. ISBN 978-85-7318-274-3. Disponível em: <https://www.inca.gov.br/sites/ufu.sti.inca.local/files//media/document//diretrizes_deteccao_precoce_cancer_mama_brasil.pdf>. Acesso em: 01 jun. 2019.

_____. *Estimativa 2018:* incidência de câncer no Brasil. Instituto Nacional de Câncer José Alencar Gomes da Silva. Coordenação de Prevenção e Vigilância. Rio de Janeiro: INCA, 2017. Disponível em: <https://www.inca.gov.br/sites/ufu.sti inca.local/files//media/document//estimativa-incidencia-de-cancer-no-brasil-2018.pdf >. Acesso em: 01 jun. 2019.

_____. *Histórico das Ações.* Instituto Nacional de Câncer José Alencar Gomes da Silva. Rio de Janeiro: INCA, 2019. Disponível em: <https://www.inca.gov.br/controle-do-cancer-do-colo-do-utero/historico-das-acoes>. Acesso em: 01 jun. 2019.

_____. *Novo Método pode Revolucionar o Diagnóstico do Câncer de Mama.* Rio de Janeiro: INCA, 2007. Disponível em: <http://www1.inca.gov.br/inca/Arquivos/2ICCC/Releases/NAF NOVIDADECONTRAOCaNCERDEMAMA.doc>. Acesso em: 01 jun. 2019.

_____. *Tratamento para o Câncer de Mama.* 2018. Disponível em: <https://www.inca.gov. br/controle-do-cancer-de-mama/acoes-de-controle/tratamento>. Acesso em: 02 jul. 2019.

INSTITUTO NEO MAMA DE PREVENÇÃO E COMBATE AO CÂNCER DE MAMA. *Outubro Rosa*: História. Santos, Instituto Neo Mama de Prevenção e Combate ao Câncer de Mama, 2009. Disponível em: <http://www.outubrorosa.org.br/historia.htm>. Acesso em: 02 jul. 2019.

LIMA, H. H. G. Distribuição espacial da mortalidade por câncer de mama no Brasil. 2018. 46 f. Dissertação (Mestrado em Saúde Coletiva) – Centro de Ciências da Saúde, Universidade Federal do Rio Grande do Norte, Natal, 2018. Disponível em: <https://reposito rio.ufrn.br/jspui/bitstream/123456789/27172/1/Distribui%C3%A7%C3%A3oespacialmortalidade_Lima_2018.pdf>. Acesso em: 19 jun. 2019.

LÓPEZ, A. R. Análise de Intervenção de uma Ação do Programa de Rastreamento do Câncer de Mama nas Séries de Mortalidade no Brasil e Regiões. 2018. 137 f. Tese (Doutorado em Engenharia Biomédica) – Alfonso Rosales López, Universidade Federal do Rio de Janeiro. Rio de Janeiro: UFRJ, 2018. Disponível em: <http://www.peb.ufrj.br/teses/ Tese0292_2018_03_01.pdf >. Acesso em: 02 jul. 2019.

LOVE, R. R.; LOVE, S. M.; LAUDICO, A. V. Breast cancer from a public health perspective. *The Breast Journal*, v. 10, n. 2, p. 136-140, 2004. Disponível em: <https://pdfs.semanticscholar.org/b37d/600ee75b9e7116f11d5ab326b81d5e3c6ee0.pdf>. Acesso em: 25 jun. 2019.

LOVE, R. R.; LOVE, S. M.; LAUDICO, A. V. Breast cancer from a public health perspective. *The Breast Journal*, v. 10, n. 2, p. 136-140, 2004. Disponível em: <https://pdfs.semanticscholar.org/b37d/600ee75b9e7116f11d5ab326b81d5e3c6ee0.pdf>. Acesso em: 25 jun. 2019.

LÖWY, I. O gênero do câncer. In: TEIXEIRA, L. A. (Org.). *Câncer de Mama, Câncer de Colo de Útero: conhecimentos, políticas e práticas*. Rio de Janeiro: Outras Letras, 2015. 256 p. Disponível em: <https://www.arca.fiocruz.br/bitstream/icict/18553/2/C%C3%A2ncer%20de%20mama%20e%20de%20colo%20de%20%C3%BAtero%20para%20download.pdf>. Acesso em: 01 jun. 2019.

MACHADO, R. B. Controversies in the use and periodicity of mammography as a screening method for breast cancer. *RBGO Gynecology and Obstetrics*, v. 40, n. 4, p. 169-170, 2018. Disponível em: <https://www.thieme-connect.com/products/ejournals/pdf/10.1055/s-0038-1648218.pdf>. Acesso em: 01 jun. 2019.

MANN, J. Saúde pública e direitos humanos. *Physis:* Revista de Saúde Coletiva, v. 6, p. 135-145, 1996. Disponível em: <https://www.scielosp.org/article/ssm/content/raw/?resource_ssm_path=/media/assets/physis/v6n1-2/07.pdf>. Acesso em: 25 jun. 2019.

MARQUES, C. A. V.; DE GUTIÉRREZ, M. G. R.; DE FIGUEIREDO, E. N. Políticas de saúde pública para o controle do câncer de mama no Brasil. *Rev. Enferm. UERJ*, v. 23, n. 2, p. 272-178, 2015. Disponível em: <https://www.e-publicacoes.uerj.br/index.php/enfermagemuerj/article/download/13632/12813>. Acesso em: 01 jun. 2019.

MENDES, A.; CARNUT, L. Capitalismo contemporâneo em crise e sua forma política: o subfinanciamento e o gerencialismo na saúde pública brasileira. *Saúde e Sociedade*, v. 27, p. 1105-1119, 2018. Disponível em: <https://www.scielosp.org/pdf/sausoc/2018.v27n4/1105-1119/pt>. Acesso em: 02 jul. 2019.

MIGOWSKI, A. Diretrizes para detecção precoce do câncer de mama no Brasil. I – Métodos de elaboração. *Cad. Saúde Pública*, v. 34, n. 6, p. 1-14, e00116317, 2018a. doi: 10.1590/0102-311X00116317. Disponível em: <http://cadernos.ensp.fiocruz.br/csp/public_site/arquivo/1678-4464-csp-34-06-e00074817.pdf>. Acesso em: 01 jun. 2019.

MIGOWSKI, A. et al. Diretrizes para detecção precoce do câncer de mama no Brasil. II – Novas recomendações nacionais, principais evidências e controvérsias. *Cad. Saúde Pública*, v. 34, n. 6, p. 1–16, e00074817, 2018b. doi: 10.1590/0102-331X00074817.

Disponível em: <http://repositorio.ufjf.br:8080/xmlui/bitstream/ handle/ ufjf/2176/mariasilvia deazevedocouto .pdf?sequence=1&isAllowed=y>. Acesso em: 01 jun. 2019.

_____. Diretrizes para detecção precoce do câncer de mama no Brasil. III – Desafios à implementação. *Cad. Saúde Pública*, v. 34, n. 6, p. 1-14, e00046317, 2018c. doi: 10.1590/0102-311X00046317. Disponível em: <http://cadernos.ensp.fiocruz.br/csp/ public_ site/arquivo/1678-4464-csp-34-06-e00046317.pdf>. Acesso em: 01 jun. 2019.

NAGLER, R. H. et al. The evolution of mammography controversy in the news media: A content analysis of four publicized screening recommendations, 2009 to 2016. *Women's Health Issues*, v. 29, n. 1, p. 87-95, 2019. Disponível em: <https://www. whijournal.com/ article/S1049-3867(18)30056-2/pdf>. Acesso em: 01 jun. 2019.

OLIVEIRA, P. S. D.; OLIVEIRA, M. C. Gestão e financiamento das ações na saúde pública: uma revisão da literatura. *REAS/EJCH*, v. 6, p. S372-S378. Disponível em: <https://www. acervosaude.com.br/doc/S-24_2017.pdf>. Acesso em: 01 jun. 2019.

PEDROSO, M. C.; MALIK, A. M. *As Quatro Dimensões Competitivas da Saúde*. São Paulo: Fundação Getúlio Vargas, 2015. Disponível em: <https://bibliotecadigital.fgv.br/ dspa ce/bitstream/handle/10438/15017/As%20quatro%20dimens%C3%B5es%20 competitivas%20da%20sa%C3%BAde.pdf>. Acesso em: 02 jul. 2019.

PENA, S. D. J; BORTOLINI, M. C. Pode a genética definir quem deve se beneficiar das cotas universitárias e demais ações afirmativas?. *Estudos Avançados*, v. 18, n. 50, p. 31–50, 2004. Disponível em: <http://www.scielo.br/pdf/ea/v18n50/a04v1850.pdf >. Acesso em: 19 jun. 2019.

PORTO, M. A. T. et al. Aspectos históricos do controle do câncer de mama no Brasil. *Rev. Bras. Cancerol.*, v. 59, n. 3, p. 331–339, 2013. Disponível em: <https://www.arca. fiocruz.br/bitstream/icict/25350/2/Artigo12.pdf>. Acesso em: 01 jun. 2019.

RÊGO, I. K. P.; NERY, I. S. Avaliação da qualidade do Programa Nacional de Controle do Câncer de Mama. *Revista Avaliação de Políticas Públicas-AVAL*, v. 1, n. 9, 2015. Disponível em: <http://www.avalrevista.ufc.br/index.php/revistaaval/article/ view/98>. Acesso em: 01 jun. 2019.

RODRIGUES, T. B. et al. Sobrerrastreio mamográfico: avaliação a partir de bases identificadas do Sistema de Informação do Câncer de Mama (SISMAMA). *Cad. Saúde Pública*, v. 35, n. 1, p. 1-8, e00049718, 2019. doi: 10.1590/0102-311X00049718. Disponível em: <http://cadernos.ensp.fiocruz.br/csp/public_site/arquivo/Csp_0497_18.pdf>. Acesso em: 02 jun. 2019.

5.2 | *Perspectivas do rastreamento mamográfico na prevenção secundária do câncer de mama*
Beatriz Rubin | Regina Lafasse |

SALDIVA, P. H. N.; VERAS, M. Gastos públicos com saúde: breve histórico, situação atual e perspectivas futuras. *Estud. Av., São Paulo*, v. 32, n. 92, p. 47–61, 2018. Disponível em: <http://www.scielo.br/pdf/ea/v32n92/0103-4014-ea-32-92-0047.pdf>. Acesso em: 02 jul. 2019.

SANTIAGO, A. P. Discursos de assujetamento das mulheres: da" histeria" à tensão pré-menstrual. 2015. 33 f. Dissertação (Licenciatura Plena em História) – Centro de Humanidades, Universidade Estadual da Paraíba. Guarabira: Universidade Estadual da Paraíba, 2015. Disponível em: <http://dspace.bc.uepb.edu.br/jspui/bitstream/123456789/14 009/1/PDF%20-%20Aline%20Pereira%20Santiago.pdf>. Acesso em: 01 jun. 2019.

SANTOS, R. V.; BORTOLINI, M. C.; MAIO, M. C. No fio da navalha: raça, genética e identidades. *Revista USP*, n. 68, p. 22–35, 2006. Disponível em: <http://www.periodicos.usp.br/revusp/article/viewFile/13480/15298>. Acesso em: 19 jun. 2019.

SENNA, M. de C. M.; DE OLIVEIRA, T. N. Análise das políticas de atenção ao câncer de mama. *Anais do Encontro Internacional e Nacional de Política Social*, v. 1, n. 1, 2019. Disponível em: <http://www.publicacoes.ufes.br/EINPS/article/viewFile/25781/17924>. Acesso em: 02 jul. 2019.

SHAHEED, S. et al. Evaluation of nipple aspirate fluid as a diagnostic tool for early detection of breast cancer. *Clinical Proteomics*, v. 15, n. 1, p. 3, 2018. Disponível em: <https://clinical proteomicsjournal.biomedcentral.com/track/pdf/10.1186/s12014-017-9179-4>. Acesso em: 22 jun. 2019.

STEWART, B. W.; WILD, C. P. (ed.). *World Cancer Report:* 2014. Lyon: IARC, 2014. Disponível em: <https://api.iarc.fr/shop/190d64180e6576c0d9e5f82732ac92ac932c9ab417 a0bf13517c8b927d243baa/World%20Cancer%20Report.pdf>. Acesso em: 19 jun. 2019.

TEIXEIRA, L. A. O câncer de colo do útero no Brasil. In: _____ (Org.). *Câncer de Mama, Câncer de Colo de Útero:* conhecimentos, políticas e práticas. Rio de Janeiro: Outras Letras, 2015. 256 p. Disponível em: <https://www.arca.fiocruz. br/bit stream/icict/18553/2/C%C3%A2ncer%20de%20mama% 20e%20de%20colo%20de% 20%C3%BAtero%20para%20download.pdf>. Acesso em: 01 jun. 2019.

VAN ZELST, J. C. M. et al. Multireader study on the diagnostic accuracy of ultrafast breast magnetic resonance imaging for breast cancer screening. *Investigative Radiology*, v. 53, n. 10, p. 579 –86, 2018. Disponível em: <https://europepmc.org/abstract/med/29944483>. Acesso em: 19 jun. 2019.

VIDAL, T. J. et al. Demandas judiciais por medicamentos antineoplásicos: a ponta de um iceberg?. *Ciência & Saúde Coletiva*, v. 22, p. 2539-2548, 2017. Disponível em: <https:// www.scielosp.org/pdf/csc/2017.v22n8/2539-2548/pt>. Acesso em: 01 jun. 2019.

WHO. World Health Organization. *Breast Cancer: prevention and control*. Geneve: WHO, 2012. Disponível em: <http://www.who.int/cancer/detection/breastcancer/en//>. Acesso em: 01 jun. 2019.

_____. *Cancer Control:* knowledge into action: WHO guide for effective programmes; module 3. Geneva: WHO, 2007. Disponível em: <https://apps.who.int/iris/bitstream/handle/10665/43743/9241547338_eng.pdf;jsessionid=47BF0ED38C3431BF15D2B5068DC94AD3?sequence=1>. Acesso em: 22 jun. 2019.

_____. *Cancer*. Geneve: WHO, 2018. Disponível em: <https://www. who.int/en/newsroom/fact-sheets/detail/cancer>. Acesso em: 25 jun. 2019.

5.3

Os prejuízos sanitários da política industrial farmacêutica no Brasil*

BRUNO BOTTIGLIERI FREITAS COSTA

INTRODUÇÃO

O MERCADO farmacêutico brasileiro é o oitavo maior do mundo segundo a Associação da Indústria Farmacêutica de Pesquisa – INTERFARMA (2017). São 54 mil drogarias no território nacional, uma para cada 3.200 habitantes (XAVIER, 2005).

Em meio à recessão econômica a qual vivemos, o setor farmacêutico, por sua vez, no mesmo ano, ultrapassou o lucro das instituições financeiras, faturando cerca de 66 bilhões de reais (RAPOPORT, 2017).

Segundo especialistas, o crescimento exponencial do mercado obteve significativa contribuição da gradativa banalização do uso de medicamentos, da medicalização e de uma reconhecida onda de automedicação pela população brasileira, fatores estes que contribuíram para o aumento de 42% na venda de medicamentos nos últimos cinco anos e, por consequência, aumentaram a circulação de remédios na sociedade (MAGALHÃES, WERNECK, *et al.*, 2016).

Outrossim, essa desenfreada e, por muitas vezes, desnecessária dispensação de medicamentos, somada à falta de adesão aos tratamentos médicos

---

* A dissertação de mestrado do autor Bruno Bottiglieri Freitas Costa, desenvolvida sob a orientação do Prof. Dr. Fernando Reverendo Vidal Akaoui, relaciona-se intrinsecamente com a pesquisa que esse autor continuou a desenvolver depois de encerrado o ciclo do mestrado. Há, em razão disso, trechos de textos do autor presentes em sua pesquisa anterior que foram replicados e atualizados aqui. COSTA, Bruno Bottiglieri Freitas, A venda de medicamentos em embalagens não fracionáveis à luz do código de defesa do consumidor, 2019. Dissertação (Mestrado em Direito da Saúde) – Universidade Santa Cecília, Santos, 2019.

5.3 | Os prejuízos sanitários da política industrial farmacêutica no Brasil
Bruno Bottiglieri Freitas Costa |

contribuem para o surgimento de sobras de medicamentos no âmbito doméstico e, como exposto ao longo deste estudo e reconhecido no meio científico, tais sobras podem proporcionar impactos negativos aos indicadores econômicos, ambientais e sanitários em proporções muito expressivas.

A atual Política Nacional de Medicamentos (PNM) e a Política Nacional de Assistência Farmacêutica (PNAF) reconhecem a nocividade desse fenômeno, recomendando o uso racional e o controle na dispensação de medicamentos. Por consequência, emerge ao Estado a missão de avaliar e implantar medidas com objetivo de reduzir o fenômeno das sobras farmacêuticas.

Contudo, existem outros fatores pouco estudados pelo meio científico e pelo Poder Público que contribuem para o surgimento dessas sobras, como a direção de nossa contemporânea prática mercadológica farmacêutica de venda de medicamentos em embalagens não fracionáveis, a qual em muitas ocasiões, compele o consumidor a adquirir mais medicamentos do que ele realmente necessita (o que o profissional da saúde prescreve).

Em meio a este contexto antagônico entre a necessidade de uma dispensação prudente e a prática de venda acima da quantidade receitada que surge a presente pesquisa, que tem por objetivo principal analisar alguns prejuízos percebidos pela comunidade científica, oriundos da venda de medicamentos em embalagens indivisíveis.

5.3.1. MÉTODOS

Para estruturar o problema sanitário, com auxílio de pesquisa bibliográfica nos campos do direito, da farmacologia, medicina e biologia, buscou-se analisar possíveis infortúnios sanitários, econômicos e ambientais que poderiam ser proporcionados pelas sobras medicamentosas.

A pesquisa se valeu, inicialmente, de recentes descobertas ecotoxicológicas por pesquisadores da Universidade Santa Cecília (UNISANTA) em 2017 e de outras instituições de pesquisa, as quais, inclusive, embasam a publicação do resumo científico em 2018 "Consequências ambientais e sanitárias das sobras de medicamentos: reflexões sobre fracionamento e logística reversa na indústria farmacêutica", premiado e publicado nos anais do último Congresso Internacional de Direito da Saúde, juntamente com os autores Luciano Pereira de Souza e Fernando Reverendo Vidal Akaoui.

Destarte, por tratar-se de uma pesquisa predominantemente documental, contou ainda com o estudo de dados no Sistema Nacional de Informações Tóxico-Farmacológicas mantido pelo Ministério da Saúde em parceria com a Fundação Oswaldo Cruz (FIOCRUZ), referente as intoxicações ocorridas no período que compreende os anos de 2012 a 2016.

Posteriormente, ampliou-se a pesquisa com objetivo de reunir informações relativas aos outros desdobramentos sanitários relativos às sobras de medicamento, fazendo uso dos mecanismos de pesquisa científica Scielo, Biblioteca Virtual da Saúde, Revista Brasileira de Farmácia e *site* da Universidade Santa Cecília e da Universidade de São Paulo com filtros "automedicação", "suicídio", "intoxicação", "contaminação", "medicalização", "empurroterapia" encontrando dados científicos relevantes para o trabalho.

Delimitada a potencialidade das sobras de medicamentos na saúde coletiva, individual e no meio ambiente, através do estudo piloto publicado na Revista Brasileira de Farmácia sobre a recorrência das sobras de medicamentos em virtude de incompatibilidade com as prescrições médicas na Unidade Básica de Saúde Atalaia, principal unidade de saúde do município de Cotia, no estado São Paulo, também foi possível chegar a conclusões relevantes sobre a déficits na distribuição de medicamento no âmbito do Sistema Único de Saúde.

5.3.2. RESULTADOS E DISCUSSÃO

Existe, na atualidade, uma verdadeira banalização no uso de medicamentos e uma onda crescente de automedicação na população brasileira. Embora a PNM e a PNAF recomendem uso racional de medicamentos, o progresso desse fenômeno tem contribuição, inclusive, dos próprios profissionais da saúde, como mostram dados da própria Organização Mundial de Saúde, os quais registram que até 75% dos antibióticos são prescritos inadequadamente (WHO, 1999, p. 3).

As sobras medicamentosas são de um fenômeno de alta incidência, como ressalta o ex-ministro da saúde Ricardo Barros, "é cultural. Todos temos uma farmacinha em casa, um armarinho cheio de medicamento que comprou, não usa, está vencido e continua lá", contudo, além das desvantagens econômicas, tais circunstâncias ainda contribuem substancialmente para degradação da saúde humana de maneira individual e coletiva (INTERFARMA, 2016).

5.3 | Os prejuízos sanitários da política industrial farmacêutica no Brasil
Bruno Bottiglieri Freitas Costa |

A automedicação se trata de um problema grave de saúde pública, atinge um número indeterminado de pessoas e é caracterizada pela prática de ingerir substâncias farmacêuticas sem o aconselhamento e/ou acompanhamento de um profissional de saúde qualificado. Alguns dos problemas causados pela automedicação são: o aumento do erro nos diagnósticos das doenças, a utilização de dosagem insuficiente ou excessiva, o aparecimento de efeitos indesejáveis graves ou reações alérgicas (CASTRO, AGUIAR et al., 2006).

Os estoques de medicamentos no âmbito doméstico aparentemente encurtam os caminhos para a cessação de sintomas e promovem uma sensação imediata de alívio ao doente; desta forma, valendo-se de experiências terapêuticas passadas com um determinado medicamento, pacientes acabam optando pela automedicação em vez de buscar auxílio de um profissional de saúde, ocasionando rotineiramente quadros de intoxicação medicamentosa.

Dados de 2001 revelam que aproximadamente 80 milhões de pessoas se automedicam por ano, e cerca de 20 mil delas morrem em virtude da má administração da droga (ARRAIS, COELHO et al., 1997).

Vale ressaltar que as reações adversas consideradas mais graves são provenientes de medicamentos de uso controlado e que, segundo a própria Anvisa, em sua Resolução de Diretoria Colegiada n° 20 de 2011, sua dispensação deveria atender somente ao tratamento prescrito.

Edna Maria Miello Hernandez (2004), defendendo sua dissertação de mestrado na Faculdade de Ciências Farmacêuticas da Universidade de São Paulo, mapeou os atendimentos realizados pelo Centro de Controle de Intoxicações de São Paulo (CCI-SP) do período de 1998 a 2002, identificando o medicamento como principal causa de intoxicação no estado de São Paulo (50,4% em mulheres e 36,3% em homens). Hernanez (2004) constatou, neste mesmo período e na mesma unidade de atendimento, uma alta incidência de casos envolvendo intoxicação infantil (crianças de 1 a 4 anos).

Devido ao seu grau de desenvolvimento cognitivo, as crianças na faixa etária de um a quatro anos estão na fase da oralidade, na qual todos os objetos ao seu alcance são levados à boca. As crianças de um a dois anos agem em áreas restritas, enquanto as mais velhas são mais hábeis, já se locomovem e conseguem abrir embalagens e recipientes, acessando diferentes ambientes (ROZENFELD, 2000).

Tais habilidades e curiosidades dos infantes somadas à disposição de sobras no ambiente doméstico constituem o cenário perfeito para intoxicação infantil acidental, conforme registram os dados do Sistema Nacional de Informações Tóxico-Farmacológicas (SINITOX) de 2009, que classificaram como principais vítimas de intoxicações medicamentosas (29,36%) as crianças menores de cinco anos.

Hernanez (2004) ressalta ainda outro problema de saúde pública rotineiro, o alto índice de tentativas de suicídio através da sobredose intencional de medicamentos. Segundo o Conselho Federal de Medicina, o suicídio se trata de "um ato deliberado executado pelo próprio indivíduo, cuja intenção seja a morte, de forma consciente e intencional, mesmo que ambivalente, usando um meio que ele acredita ser letal" (CFM, 2014).

Mesmo com uma preocupação sobre o uso racional de produtos farmacêuticos insculpida nas diretrizes sanitárias nacionais, o Brasil é recordista em automedicação. Por exemplo, pesquisa do Instituto de Ciência, Tecnologia e Qualidade (ICTQ) realizada em 2018, revela que 40% dos brasileiros fazem autodiagnóstico médico pela internet (LEONARDI, 2018).

Outro problema que merece destaque é, a evolução/resistência das bactérias através da má administração dos medicamentos. Segundo a ANVISA (2017, p. 10), embora a resistência microbiana seja um fenômeno natural, sua propagação está diretamente relacionada a diversos fatores, como uso indevido de antimicrobianos, programas de controle de infecção e de gerenciamento da terapia antimicrobiana inadequados ou inexistentes.

O Centro de Controle e Prevenção de Doenças dos Estados Unidos da América também deixou registrada sua preocupação com a resistência antibiótica. Segundo seus dados, todos os anos, nos Estados Unidos, pelo menos 2 milhões de pessoas estão infectadas com bactérias resistentes aos antibióticos, e pelo menos 23.000 pessoas morrem como resultado (ECDC, 2009).

Na União Europeia não é diferente, cerca de 25.000 pacientes morrem a cada ano de infecções causadas por bactérias multirresistentes e os custos associados são estimados em cerca de 1,5 bilhão de euros por ano (ECDC, 2009).

O Brasil, por sua vez, mesmo posicionado em sétimo lugar na venda de medicamentos no mundo, não possui regulamentos específicos sobre o descarte de medicamentos. Segundo Luiz Beltrão, "o descarte aleatório de

5.3 | Os prejuízos sanitários da política industrial farmacêutica no Brasil
Bruno Bottiglieri Freitas Costa |

medicamentos vencidos ou sobras é feito por grande parte das pessoas no lixo comum ou na rede pública de esgotos" (BURLE, 2016).

No âmbito ambiental não é diferente, a ANVISA estima que cerca de 30 mil toneladas de medicamentos são descartadas pelos consumidores a cada ano no Brasil (SINITOX, 2016). As consequências desse fenômeno já foram bem relatadas e compiladas no resumo científico mencionado anteriormente (COSTA, SOUZA e AKAOUI, 2018), contudo, sobre o descarte de medicamentos e consciência ambiental, destacamos estudo no Município de Catanduva, São Paulo, por estudantes da Faculdade de Tecnologia (FATEC) de Jaboticabal o qual concluiu que a maioria da população tem consciência ambiental e acha que o descarte inadequado leva a problemas críticos como a contaminação do solo e da água. Muitos se culpam, porém não têm conhecimento nem informações para modificarem essa atitude (GASPARINI, GASPARINI e FRIGIERI, 2011).

O uso racional de medicamentos na rede pública pressupõe uma distribuição sem desperdício, conciliando os escassos investimentos públicos em saúde com a sua obrigação constitucional de fornecer aos pacientes do SUS os medicamentos adequados às suas necessidades e na dosagem que lhe forem prescritos.

Em um estudo de campo realizado por pesquisadores farmacêuticos do Centro Universitário São Camilo nas farmácias da UPA/UBS do Município de Cotia, foi constatada a dificuldade de a Administração Pública racionalizar o medicamento acondicionado em blísteres indivisíveis.

Em muitas ocasiões, as doses recomendadas pelos médicos divergiam das doses disponibilizadas nas embalagens primárias do fabricante, sendo obrigada a municipalidade, a fornecer quantidades superiores às necessárias ao paciente, resultando em um verdadeiro déficit no estoque dessas unidades de saúde.

> Os números demonstram que a farmácia da UPA/UBS não consegue atender as prescrições de acordo com o número de unidade farmacêutica prescrita, dessa forma dispensando a medicação em quantidade superior à prescrita contribuindo assim, para a automedicação e/ou o descarte incorreto dos medicamentos remanescentes, além do desperdício de recursos financeiros. (MURAKAMI, NETO e SILVA, 2012.)

A pesquisa ainda clareia a recorrência de prescrições individualizadas, isto é, de dosagens análogas aos padrões estabelecidos pelas indústrias em suas embalagens primárias.

> observa-se, analisando o excedente total de unidades dispensadas por medicamentos estudados, maior excedente para a Loratadina 10 mg sendo que foram dispensados 348 comprimidos enquanto que para as terapias eram necessários apenas 161 comprimidos, representando portanto, um excedente de 116,15%. Ainda desta análise é possível observar que o excedente dispensado variou de 6,48 a 166,15% e que 8 dos 12 medicamentos avaliados apresentaram excedentes superiores a 30%. Da análise das prescrições foi possível também observar que, principalmente para os antibióticos e anti-inflamatórios, para uma mesma indicação terapêutica foram prescritas diferentes posologias para o mesmo medicamento. Durante o período avaliado, computou-se 7 e 5 posologias diferentes, respectivamente, para Diclofenaco 50 mg e Azitromicina 500 mg. (MURAKAMI, NETO e SILVA, 2012.)

Em um estudo com o mesmo objetivo, desta vez em Portugal, foi identificado um desperdício na alçada de 21,7% da quantidade prescrita em unidades farmacêuticas. Aproximadamente metade (9,7%) deveu-se à inadequação da dimensão da(s) embalagem(ns) ao tratamento instituído. Em termos econômicos, o desperdício global atingiu, em média, 4,44 € por medicamento (MENDES, CRISÓSTOMO et al., 2010).

CONSIDERAÇÕES FINAIS

As conclusões de Murakami, Neto e Silva (2012) expõem a recorrência de incompatibilidades entre prescrições médicas e as apresentações comerciais dos medicamentos, revelando déficits nos estoques das redes de assistência farmacêutica e, por conseguinte, significativos prejuízos econômicos para o Poder Público.

As percepções de Hernanez (2004) sobre os dados do CCI-SP demonstram que as sobras medicamentosas no ambiente doméstico podem contribuir para as intoxicações medicamentosas acidentais em adultos e crianças, bem como servir de instrumento para o suicídio.

Estudos ecotoxicológicos apresentados pelos pesquisadores da UNISANTA, UNIFESP e USP clareiam ainda as nocividades ambientais em nossa biota aquática, refletindo sobre os problemas contemporâneos da

5.3 | Os prejuízos sanitários da política industrial farmacêutica no Brasil
Bruno Bottiglieri Freitas Costa |

ausência de um sistema de logística reversa implementado em nível nacional, o uso irracional e indiscriminado de medicamentos pela população e, ainda, a deficiência no tratamento de esgoto que é despejado em nossa biota aquática (COSTA, SOUZA e AKAOUI, 2018).

Este contexto provoca uma reflexão sobre a direção de nossa contemporânea política produtiva e comercial farmacêutica, indaga se a presente obedece não só a Política Nacional de Medicamentos, como também aos preceitos sanitários previstos na Lei Orgânica da Saúde e em nossa Constituição Federal.

Em uma reflexão sobre possíveis soluções, é necessário ir além das costumeiras políticas públicas de concientização sobre os perigos a respeito da automedicação e do descarte irregular, isto porque questões econômicas como o déficits nas redes de assistência farmacêutica e a dificuldade no acesso aos medicamentos por parte da população perdurariam.

Em meio a tantas hipóteses, compelir a indústria farmacêutica a fornecer medicamentos de forma unitária e em embalagens divisíveis, isto é, instituir uma política nacional de venda de medicamentos em doses fracionadas se apresenta como uma medida imediata e economicamente viável ao Estado e, se somadas a uma política de logística reversa, teria aptidão de reduzir significativamente todos os prejuízos elencados no capítulo anterior.

O consumidor final, quando legalmente limitado a comprar a dosagem exata prescrita pelo profissional de saúde que lhe atendeu, além de ser beneficiado economicamente, ao final do tratamento, não terá acesso às sobras de medicamentos, inibindo práticas como a automedicação, tentativa de suicídio por superdosagem, bem como o descarte irregular de resíduos químicos no meio ambiente.

A venda de medicamentos é uma realidade em vários países do globo. A venda de medicamento em doses condicionadas às prescrições existe e é feita de forma fracionada, isto é, pela subdivisão de um medicamento em frações individualizadas, a partir de sua embalagem original, sem o rompimento da embalagem primária, mantendo seus dados de identificação, atendendo, assim, exatamente o precrito pelo profissional da saúde. Esta venda é prevista nos artigos 2º, inciso XIII e 9º, parágrafo único do Decreto nº 74.170 de 17 de dezembro de 1973 (redação dada pelo Decreto nº 5.775, de 10 de maio de 2006).

REFERÊNCIAS

ALMAGRO, F. P.; SILVA, I. D. Unisuam. *O bom emprego da logística reversa focada no descarte de medicamentos no Estado do Rio de Janeiro*, 2015. Disponível em: <https://www.google.com/url?sa=t&rct=j&q=&esrc=s&source=web&cd=5&ved=2ahUKEwi11I60wITgAhWlEbkGHavODi4QFjAEegQIBRAC&url=http%3A%2F%2Fapl.unisuam.edu.br%2Frevistas%2Findex.php%2Fcadernosunisuam%2Farticle%2Fdownload%2F858%2F672&usg=AOvVaw3ROKJT1ncE4N3VN082wNAg>. Acesso em: 04 jan. 2019.

ANVISA. *Datavisa*, 2018. Disponível em: <http://www.anvisa.gov.br/datavisa>. Acesso em: 20 out. 2018.

ARRAIS, P. S. D. et al. Perfil da automedicação no Brasil. *Rev. Saúde Pública (São Paulo)*, v. 31, n. 1, fev. 1997. Disponível em: <http://www.scielo.br/scielo.php?script=sci_arttext&pid=S0034-89101997000100010&lng=en&nrm=iso>. Acesso em: 10 mar. 2018.

BORREL, S. I. et al. BVSMS. O Mundo da Saúde, São Paulo. Contaminação das águas por resíduos de medicamentos: ênfase ao cloridrato de fluoxetina, 2012. Disponível em: <http://bvsms.saude.gov.br/bvs/artigos/mundo_saude/contaminacao_aguas_residuos_medicamentos_enfase.pdf>. Acesso em: 21 out. 2019.

BURLE, S. Agência Senado. O perigo do remédio sem uso na farmacinha de cada casa, 12 abr. 2016. Disponível em: <https://www12.senado.leg.br/noticias/materias/2016/04/12/o-perigo-do-remedio-sem-uso-na-farmacinha-de-cada-casa/tablet>. Acesso em: 20 ago. 2018.

CASTRO, H. C. et al. Conselho Federal de Farmácia. *Automedicação*: entendemos o risco?, 2006. Disponível em: <http://www.cff.org.br/sistemas/geral/revista/pdf/12/inf17a20.pdf>. Acesso em: 21 out. 2018.

CFM. *Suicídio*, informando para previnir, 2014. Disponível em: <https://www.cvv.org.br/wp-content/uploads/2017/05/suicidio_informado_para_prevenir_abp_2014.pdf>. Acesso em: 20 ago. 2018.

COSTA, B. et al. Consequências ambientais e sanitárias das sobras de medicamentos: Reflexões sobre fracionamento e logística reversa na indústria farmacêutica. *Unisanta Law and Social Science*, v. 7. n. 3, 2018.

ECDC. *The bacterial challenge*: time to react, set. 2009. Disponível em: <https://www.ecdc.europa.eu/sites/portal/files/media/en/publications/Publications/0909_TER_The_Bacterial_Challenge_Time_to_React.pdf>. Acesso em: 21 nov. 2018.

GASPARINI, J. D. C.; GASPARINI, A. R.; FRIGIERI, M. C. Estudo do descarte de medicamentos e consciência ambiental no município de Catanduva-SP, 2011. *Ciência &*

5.3 | *Os prejuízos sanitários da política industrial farmacêutica no Brasil*
Bruno Bottiglieri Freitas Costa |

Tecnologia: FATEC-JB (Jaboticabal), v. 2, n. 1, p. 38-51, 2011. Disponível em: <http://www.citec.fatecjab.edu.br/index.php/files/article/viewFile/10/11>. Acesso em: 29 ago. 2018.

HERNANDEZ, E. M. M. USP. Dissertação de Mestrado: Estudo descritivo das intoxicações notificadas ao Centro de Controle de Intoxicações da Prefeitura do Município de São Paulo no período de 1998 a 2002 e propostas de ações preventivas (OU) Centros de Controle de Intoxicação, ações estratégicas para o controle e prevenção das intoxicações em regiões metropolitanas, 2004. Disponível em: <http://www.teses.usp.br/teses/disponiveis/9/9141/tde-05092009-073916/pt-br.php>. Acesso em: 01 nov. 2018.

LEONARDI, E. Autodiagnóstico Médico no Brasil – Pesquisa na íntegra, ICTQ, 2018. Disponível em: <https://www.ictq.com.br/varejo-farmaceutico/785-autodiagnostico-medico-no-brasil-pesquisa-na-integra>. Acesso em: 20 out. 2018.

MAGALHÃES, A. et al. Nas farmácias, venda de remédio subiu 42% em cinco anos. *Estadão*, 2016. Disponível em: <http://infograficos.estadao.com.br/focas/tanto-remedio-para-que/checkup-1.php>. Acesso em: 18 abr. 2018.

MENDES, Z. et al. Desperdício de medicamentos no ambulatório em Portugal, *Revista Portuguesa de Medicina Geral e Familiar*, 2010. Disponível em: <http://www.rpmgf.pt/ojs/index.php/rpmgf/article/view/10707>. Acesso em: 20 jul. 2018.

MURAKAMI, I.; NETO, L. M. R.; SILVA, A. M. A importância do fracionamento de medicamentos para o SUS: um estudo piloto, 2012. *Revista Brasileira de Farmácia*, 2012. Disponível em: <http://www.rbfarma.org.br/files/rbf-2012-93-2-15.pdf>. Acesso em: 20 ago. 2018.

RAPOPORT, I. D. Apesar da crise, indústria farmacêutica aumentou em 20% as contratações e continua crescendo. *Exame*, 18 abr. 2017. Disponível em: <https://exame.abril.com.br/carreira/apesar-da-crise-industria-farmaceutica-aumentou-em-20-as-contratacoes-e-continua-crescendo/>. Acesso em: 10 fev. 2018.

RAPOSO, C. Resíduos de medicamentos e hormônios na água preocupam cientistas, *UFRGS Ciência*, 20 abr. 2017. Disponível em: <http://www.ufrgs.br/secom/ciencia/residuos-de-medicamentos-e-hormonios-na-agua-preocupam-cientistas/>. Acesso em: 10 dez. 2018.

ROZENFELD, S. *Fundamentos da Vigilância Sanitária*. Rio de Janeiro: Fiocruz, 2000.

SINITOX. Fiocruz. *Tabela 7. Casos registrados de intoxicação humana por agente tóxico e faixa etária*. Brasil, 2009, 2009. Disponível em: <http://www.fiocruz.br/sinitox_novo/media/tab07_brasil_2009.pdf>. Acesso em: 20 ago. 2018.

SINITOX. *Descarte de medicamentos domiciliares*, 03 maio 2016. Disponível em: <https://sinitox.icict.fiocruz.br/descarte-de-medicamentos-domiciliares>. Acesso em: 28 jul. 2018.

THE SCRIPT. CALIFORNIA BOARD OF PHARMACY. *FDA Guidelines for Medication Guide Distribution*, mar. 2013. Disponível em: <https://www.pharmacy.ca.gov/publications/13_mar_script.pdf>. Acesso em: 23 out. 2018.

UNISANTA. *Pesquisadores santistas identificam substâncias farmacêuticas e cocaína na baía de Santos*, 09 jun. 2016. Disponível em: <http://noticias.unisanta.br/destaques/pesquisadores-santistas-identificam-substancias-farmaceuticas-e-cocaina-na-baia-de-santos>. Acesso em: 20 out. 2018.

WHO. *Who Drug Information*, 1999. Disponível em: <http://apps.who.int/medicinedocs/documents/s14172e/s14172e.pdf>. Acesso em: 05 jan. 2019.

XAVIER, J. *Por que tanta farmácia?*. Escola Nacional de Saúde Pública Sergio Arouca – Fiocruz, 2005. Disponível em: <http://www6.ensp.fiocruz.br/radis/revista-radis/29/reportagens/por-que-tanta-farmacia>. Acesso em: 10 fev. 2018.

5.4

Depressão em homens e a necessidade de criação de programas específicos de prevenção ao suicídio para o gênero masculino

MÁRCIO GONÇALVES FELIPE
YURI VERONEZ CARNEIRO COSTA
VERÔNICA SCRIPTORE FREIRE ALMEIDA

INTRODUÇÃO

A SAÚDE "é um problema simultaneamente filosófico, científico, tecnológico, político e prático. Diz respeito a uma realidade rica, múltipla e complexa referenciada por meio de conceitos, apreensível empiricamente, analisável metodologicamente e perceptível por seus efeitos sobre a condições de vida dos sujeitos" (ALMEIDA FILHO, 2011, p. 108).

Dentro do vasto campo dos problemas afeitos à saúde, o suicídio é um problema de saúde pública mundial e tem aumentado de forma alarmante. A Organização Pan-Americana de Saúde (OPAS), órgão ligado à Organização Mundial de Saúde (OMS), aponta que 800 mil pessoas morrem por suicídio todos os anos, existindo, ainda, um número maior de tentativas. O número global equivale a um suicídio a cada 40 (quarenta) segundos.

Bertolote e Fleischmann (2002) sustentam que no campo da análise da complexidade do fenômeno do suicídio reside o estudo prévio, criterioso e aprofundado da saúde mental, pois a maior parcela daqueles que atentam contra a própria vida padecem de transtornos do humor. Uma das principais causas de suicídio, a depressão, atinge 300 (trezentos) milhões de pessoas no mundo (OPAS, 2018).

Entre as vítimas de suicídio, o gênero masculino se apresenta como o grupo mais vulnerável, e a forma com que a depressão é sentida e entendida por este gênero representa fator determinante para o aumento de casos entre homens em comparação ao gênero feminino. O risco de suicídio no sexo masculino (8,6/100 mil) é aproximadamente quatro vezes maior que no feminino (2,3/100 mil). Além disso, no período de 2007-2016 o risco também aumentou mais para o gênero masculino: 1,7/100mil para o sexo masculino e 0,4/100mil para o sexo feminino, conforme descrito no boletim epidemiológico do ano de 2019 (BRASIL, 2019). O mesmo boletim epidemiológico aponta que, no ano de 2015, o suicídio foi a terceira causa de morte de adultos e jovens do sexo masculino entre 20 a 39 anos de idade, ocupando as cinco primeiras causas de morte em todas as regiões do Brasil.

O artigo 196 da Constituição Federal de 1988 assinala que a saúde é direito de todos e dever do Estado, devendo este garantir o acesso universal e igualitário às ações e serviços assegurando sua promoção, proteção e recuperação que visem à redução de doenças e outros agravos (BRASIL, 1988). A Constituição Federal de 1988, em seu artigo 197, assinala a relevância pública das ações e serviços de saúde (BRASIL, 1988). O artigo 5º, inciso I da Constituição Federal de 1988 determina que homens e mulheres são iguais em direitos e obrigações, sendo garantido a todos a inviolabilidade do direito à vida (BRASIL, 1988).

Conjugando a tutela constitucional de igualdade e universalidade de acesso às medidas e programas de saúde para redução de agravos e doenças com os dados oficiais que indicam a maior vulnerabilidade masculina ao suicídio, surge a necessidade de segmentar o estudo de prevenção ao suicídio ao gênero masculino. O presente estudo procura fundamentar, por tudo isso, a necessidade da criação de programas de prevenção específicos para o gênero masculino.

5.4.1. CONSIDERAR AS DIFERENÇAS DE GÊNERO PARA PREVENÇÃO DO SUICÍDIO

São necessárias ações de saúde pública preventivas de suicídio voltadas ao gênero masculino como resposta aos altos índices de mortalidade de homens causados, em sua maioria, pela forma com que os homens se comportam ao experimentarem doenças como a depressão.

Os dados estatísticos, bem como os manuais elaborados pelos órgãos de saúde anteriores a 2017, não traziam em seu texto qualquer menção à necessidade de abordagem ao tema do suicídio com foco nas diferenças entre os gêneros masculino e feminino. Ainda que não estivesse previsto em lei, cabia aos órgãos responsáveis pela elaboração e implementação das ações de saúde identificar as particularidades comportamentais que cada gênero oferece, a fim de alcançar a plenitude do acesso igualitário e universal à saúde.

A Portaria nº 1.876, de 14 de agosto de 2006, do Ministério da Saúde, há muito instituiu diretrizes nacionais para prevenção do suicídio a serem implantadas em todas as unidades da federação, e os incisos do artigo 2º revelam as diretrizes voltadas a identificar, organizar e desenvolver estratégias de promoção de qualidade de vida, sensibilização da sociedade para o tema, bem como organização de linhas de cuidados integrais em todos os níveis com garantia de acesso às diferentes modalidades terapêuticas (BRASIL, 2006). Ocorre que, desde 2006, o manual dirigido a profissionais das equipes de saúde mental aponta que os integrantes do sexo masculino entre 15 e 35 anos e acima de 75 anos aparecem como sujeitos em potencial predisponentes ao suicídio (BRASIL, 2006).

A Portaria nº 3.088, de 23 de dezembro de 2011, do Ministério da Saúde, que instituiu a rede de atenção psicossocial para pessoas com sofrimento ou transtorno mental procura promover a diversificação de estratégias de cuidado e a equidade no reconhecimento dos determinantes sociais fornecendo atendimento integral e multiprofissional (BRASIL, 2011). No entanto, sem a adequada compreensão do comportamento masculino e a forma com que a maioria dos homens lida com a depressão, muitas vezes potencializada pelo consumo de drogas ilícitas e lícitas, o número de mortes deste gênero continuará aumentando. Sabe-se, por exemplo, que a não adesão do gênero masculino à terapia antidepressiva é maior e, também, que apresenta mais limitações para o diálogo nos atos de atendimento, ocasião de identificar as ideações suicidas.

Muito se avançou nos estudos e políticas relacionadas à depressão e aos fatores determinantes do suicídio. Vale lembrar a existência de atendimento e apoio gratuito 24 horas criado pelo Centro de Valorização da Vida (CVV) como prova da preocupação que o tema desperta na sociedade.

É verdade que a preocupação em se considerar as questões de gênero para prevenção do suicídio já integra a agenda de ações para a vigilância e prevenção do suicídio e promoção da saúde no Brasil 2017 a 2020 (BRASIL, 2017), mas essa preocupação continua restrita à discriminação. Na agenda de ações para a vigilância e prevenção do suicídio e promoção da saúde no Brasil de 2017 a 2020 consta a seguinte orientação quanto a área de comunicação:

> **F.3.** Promover comunicação de massa e material informativo para ampliar a compreensão sobre o fenômeno do suicídio e disseminar orientações para sua prevenção, incluindo materiais focados na diversidade sexual, identidade e igualdade racial e de gênero, evidenciando a interface entre discriminação e o fenômeno do suicídio; (BRASIL, p.18.)

A Portaria nº 1.315, de 11 de maio de 2018, do Ministério da Saúde, habilita Estados a receberem incentivo financeiro para custeio no desenvolvimento de projetos de promoção da saúde, vigilância e atenção integral à saúde, direcionados para prevenção do suicídio no âmbito da rede de atenção psicossocial (BRASIL, 2018). Sendo assim, com a autorização legal dos Estados para recebimento de verba para custeio de projetos direcionados à prevenção do suicídio, não há razões para que as diretrizes estabelecidas na agenda de ações para a vigilância e prevenção do suicídio e promoção da saúde no Brasil 2017 a 2020 não atendam a necessidade de elaboração de ações efetivas para a prevenção do suicídio no gênero masculino.

5.4.2. DISCUSSÃO

Embora homens e mulheres sejam iguais no gozo de direito e deveres, é indiscutível as diferentes necessidades e cuidados que cada gênero exige. As diferenças de gênero se aprofundam quando se trata de diagnóstico e tratamento de depressão.

Bertolote e Fleischmann (2002) esclarecem que a depressão representa 35,8% do total de casos de suicídio. As mulheres tentam mais, mas os homens são mais efetivos no suicídio por tenderem a fazer uso de mecanismos mais letais, conforme descrito no boletim epidemiológico emitido pelo Ministério da Saúde.

Nos Estados Unidos, as mulheres são diagnosticadas com depressão de duas a quatro vezes mais que os homens, mas estes se suicidam de quatro a cinco vezes mais que as mulheres, conforme atestam Rochlen, Paterniti, Epstein, Duberstein, Willeford e Kravitz (2010).

Observou-se, ainda, uma característica comum ao gênero masculino. A conduta masculina arraigada a um comportamento de autoconfiança e, muitas vezes, dureza no trato emotivo acaba mascarando os sinais favoráveis ao diagnóstico de depressão. Muitas manifestações de depressão escapam no diagnóstico quando se avaliam pacientes do gênero masculino: vício no trabalho, isolamento, raiva, dores físicas, fuga da procura por ajuda. Sinais de irritabilidade, isolamento e agressividade estão muitos mais presentes em homens do que em mulheres e, por isso, podem passar despercebidos.

Muitos homens crescem na cultura de esconder os sentimentos e encaram como fraqueza os sinais típicos de depressão, por isso não os percebem ou os escondem. O padrão masculino é o diálogo direto, objetivo e curto, o que dificulta muito a investigação psicológica.

Ordinariamente, seus objetivos são o sustento da família, o sucesso profissional, o acúmulo de patrimônio, o controle etc. Como consequência da frustração de seus objetivos principais, o homem tende a abusar do álcool, fazer uso de drogas, tornar-se agressivo e isolar-se. Ao tentar parecer bem e manter o controle da situação que, de fato, escapa ao seu poder, o homem submete-se a forte tensão psicológica da qual, em regra, não consegue se livrar sozinho. Esta situação torna-se ainda pior quando se alimenta o ceticismo ou o preconceito frente ao tratamento antidepressivo.

Na Europa, Möller-Leimkühler (2003) analisou a diferença de gênero em suicídios e mortes prematuras sob a seguinte indagação: "Por que os homens são tão vulneráveis?" Em seu estudo, a pesquisadora declara que entender o homem tradicional constitui um fator chave para compreender a vulnerabilidade masculina, especialmente em função de sua inexpressividade emocional, de sua relutância em procurar ajuda e do escape do abuso do álcool.

Homens conversam sobre assuntos externos como esportes, negócios, políticas e passatempos. Sentimentos não são considerados assuntos justamente para não mostrar fragilidade em oposição à competividade. O estereótipo masculino evita a procura de ajuda profissional, porquanto a procura de ajuda implicaria perda de *status*, perda de controle, perda de autonomia, incompetência, dependência emocional e danos à imagem.

Möller-Leimkühler (2003 *apud* Angst e Ernest 1990) destaca que o resultado de um estudo feito na Suíça chegou a uma dura conclusão no tocante ao efeito da depressão em cada um dos gêneros: "A mulher procura ajuda, os homens morrem".

Warren (1983) estabeleceu uma ligação entre feminilidade e depressão que motiva homens a esconder sua depressão de outros.

Homens tendem a consumir mais álcool como demonstração de masculinidade e a depressão pode ser causa ou consequência do abuso de álcool.

Westly (2010) declarou que clínicos praticam um desserviço quando desconsideram as diferenças entre os gêneros. Hoje se percebe que o gênero influencia cada aspecto das doenças mentais, principalmente a depressão.

É compreensível, ao analisarmos a história, concluirmos que o adulto do gênero masculino não ocupa ordinariamente posição de vulnerabilidade. Ao contrário, os grupos vulneráveis são identificados sempre em sentido oposto a esse grupo: idosos, crianças e adolescentes, mulheres etc. Embora o comportamento do gênero masculino quanto ao seu papel na família e na sociedade venha sofrendo singulares mudanças, a exemplo do crescimento da mulher no mercado de trabalho e do aumento do interesse dos homens na educação de seus filhos, é certo que determinados conceitos culturais do comportamento masculino permanecem ainda intocados. Ocorre que as exigências atuais do cotidiano e as formas de vida da sociedade atual têm colocado em grave risco de saúde grande parcela de indivíduos integrantes desse grupo, os adultos do gênero masculino.

Carissa Etienne (2019), diretora do escritório regional da Organização Mundial da Saúde (OMS) para as Américas, destaca a necessidade de adoção de medidas especiais no que diz respeito aos riscos que os homens estão sujeitos em razão da sua forma de se posicionar no mundo e a maneira de se enxergar frente as exigências pessoais, familiares e da sociedade:

> A saúde dos homens está ganhando um maior destaque como questão que merece especial atenção à medida que surgem mais evidências sobre tendências epidemiológicas diferenciadas entre homens e mulheres, particularmente no que diz respeito à mortalidade prematura de homens por doenças crônicas não transmissíveis (DCNT) e sua morbidade, vinculada a comportamentos inadequados em relação à procura de atendimento médico, saúde mental e violência, incluindo homicídios e lesões. (ETIENNE, 2019, p. 1.)

O mapeamento da saúde realizado pela OMS revela um descuido do homem com seu bem-estar, agravado pelo alto uso de tabaco, álcool e pelo comportamento negligente e arriscado na via pública e no ambiente de trabalho. Em suma, Etienne (2019) conclui que os comportamentos de risco dos homens e sua subutilização dos serviços de saúde estão fortemente ligados às diferenças de gênero e às normas predominantes de masculinidade, ou seja, o que significa ser homem.

Se de uma forma geral o homem corre o risco maior de morte prematura e suicídio, o índice de suicídios em determinados setores ocupados predominantemente por homens é ainda maior. Os homens que trabalham armados, principalmente os integrantes das forças armadas e das forças policiais representam o grupo de maior risco demandando, por conseguinte, uma abordagem muito específica, haja vista a conduta masculina estar apoiada, nestes ambientes, em longa tradição cultural de austeridade, hierarquia, disciplina, comando e poder.

O suicídio por arma de fogo representa 70% da causa de mortes em veteranos de guerra dos Estados Unidos (DEPARTAMENT OF VETERANS AFFAIRS, 2019). No Brasil, o cenário entre militares não é diferente, apresentando as mesmas respostas do gênero masculino ao diagnóstico e tratamento da depressão com tristes consequências no aumento do número dos casos de suicídio.

Há ainda situações ainda mais específicas, como é o caso do homem indígena. De acordo com Trigueiro (2018), os registros oficiais do Conselho Indigenista Missionário, entre 2000 e 2012, 555 indígenas da etnia Guarani-Kaiowá, no Mato Grosso do Sul, cometeram suicídio, sendo 70% homens.

Em sentido oposto aos ambientes militares, houve, nos últimos anos, sensível aumento de suicídio entre homens ocupantes de funções religiosas, como pastores e padres. Ao pesquisar na internet ocorrências sobre suicídio entre padres e pastores obtém-se grande número de resultados, indicando o crescente número de suicídios entre religiosos em países estrangeiros. O Brasil segue a mesma triste tendência demonstrando o caráter epidemiológico das ocorrências entre religiosos brasileiros. As causas de suicídios de pastores e padres é a mesma: o esgotamento mental ocasionado pela obrigação de estar sempre disponível para atender aos problemas dos membros da igreja ou da comunidade. O homem tende a se colocar em uma posição de fortaleza impossível de ser mantida frente às inesgotáveis necessidades da comunidade. Premido pela necessidade de demonstrar virtudes próprias de missionários a serviço de um poder divino, o líder religioso, ao falhar ou fraquejar em sua conduta, não se sente digno de continuar em uma posição que julga não poder honrar. Bibo (2019) adverte para o esgotamento mental e físico, bem como a necessidade dos representantes de igrejas de cuidarem mais de sua própria saúde, tirando dias de folga e se permitindo o lazer.

Percebe-se, portanto, que além do tipo de atividade profissional que pode catalisar o aparecimento da depressão e do suicídio, o homem, seja qual for a posição que ocupa na sociedade, carrega consigo um conjunto de valores que muitas vezes representam obstáculos para o enfrentamento dos problemas cotidianos. Para penetrar nesse mundo masculino com eficiência é preciso pensar em medidas apropriadas ao modo de pensar dos homens.

É perceptível o problema da vulnerabilidade masculina à depressão e ao suicídio, e esta vulnerabilidade não está sendo satisfatoriamente remediada pelo modelo atual das ações públicas de saúde.

O suicídio masculino pode ser estudado por vários ângulos, podendo ser destacados dois pontos impactantes: o efeito do suicídio do pai de família no contexto familiar e o impacto socioeconômico em razão da morte de indivíduos em plena capacidade laboral.

A prevenção efetiva ao suicídio deve envolver, também, a propaganda e a veiculação de campanhas de prevenção específicas ao gênero masculino. Em sua obra sobre a problemática do suicídio, o jornalista André Trigueiro faz importante consideração sobre o uso da mídia na prevenção do suicídio:

> De todos os casos de saúde pública no Brasil, o suicídio é certamente aquele que menos espaço ocupa nas mídias (televisão, rádio, jornal, revista, *sites*, redes sociais etc.). Na maioria absoluta dos veículos de comunicação, prevalece o entendimento de que as notícias sobre suicídio podem precipitar a ocorrência de novos casos. Por conta disso, em boa parte das mídias, nada se diz, nada se fala, nada se comenta (TRIGUEIRO, 2018, p.44).

Contrariamente às propagandas de cigarro que exaltaram modelos de masculinidade por décadas, não há conteúdo televisivo, radiofônico ou de mídias sociais que estimulem homens a valorizarem e exteriorizarem seus sentimentos e aflições. No documentário "O silêncio dos homens" (PAPODEHOMEM, 2019) é abordada a problemática da interpretação dos sentimentos e da necessidade de conversar do gênero masculino, o que tem motivado a criação de grupos de diálogos terapêuticos formados unicamente por homens.

A necessidade de melhor utilização da tecnologia de informação disponível atualmente impõe a mitigação das observações contidas no manual para profissionais da mídia sobre prevenção ao suicídio, elaborada pela Organização Mundial da Saúde (OMS, 2016). É possível falar mais e melhor sobre o assunto e ainda respeitar os principais pontos expostos no manual. Propagandas televisas protagonizadas por personagens que simbolizem o ideal masculino transmitindo mensagens que possibilitem a desconstrução de valores inflexíveis e promovendo a abertura do diálogo sobre sentimentos e dores íntimas poderão apresentar excelentes resultados. Na página da internet da PROPMARK, veículo de cobertura da indústria, *marketing* e mídia, há interessante matéria sobre propagandas bem-sucedidas e outras criticadas sobre o tema suicídio, demonstrando os benefícios da propaganda adequadamente criada para o combate ao suicídio (PROPMARK, 2018). Com o desenvolvimento da mídia e da propaganda nos últimos anos, a utilização de vídeos educativos a serem veiculados em canais abertos, fechados e internet abordando a prevenção do suicídio, especialmente no gênero masculino, pode ter grande alcance e eficácia.

CONSIDERAÇÕES FINAIS

O aumento do número de mortes por suicídio do gênero masculino é um fato inquestionável e remete aos cuidados com a saúde mental, haja vista 90% dos casos resultarem de doenças mentais (TRIGUEIRO, 2018).

A tradição cultural masculina varia nas mais diversas regiões do globo, mas apresentam muitos traços similares no que tange à imagem que o ser masculino cria de si próprio como: busca pelo sucesso, poder, controle, manutenção da família e infalibilidade.

O homem reage de forma diversa da mulher aos sintomas da depressão.

Neste contexto, não há como garantir o acesso universal e igualitário aos serviços de saúde nos termos da Constituição Federal se as ações de saúde e as políticas públicas destinadas a reduzir doenças e agravos não levarem em consideração as particularidades de cada gênero.

Cuidar adequadamente da depressão masculina é reduzir os índices de suicídio nas suas mais variadas circunstâncias.

Formular políticas específicas ao gênero masculino não quer dizer reduzir os direitos da mulher ou de outros grupos a tratamentos e demais serviços de saúde.

É necessário conscientizar paulatinamente o gênero masculino de que sua forma de pensar precisa trilhar novos rumos destinados ao autoconhecimento, a fim de possibilitar não somente uma terapêutica eficaz mas, sobretudo, permitir que o homem redefina seu papel dentro da família e da sociedade.

O direito ampara a elaboração dessa política de prevenção ao suicídio destinada ao gênero masculino não somente visando dar fiel cumprimento aos princípios constitucionais de acesso à saúde e de preservação da vida, mas para conferir ao destinatário desses programas de saúde a possibilidade de plenificar o ideal de dignidade.

O gênero masculino ocupa várias posições na sociedade, e muitas delas oferecem ainda mais risco à sua saúde devido à exposição à violência, ao consumo de drogas, à facilidade de acesso a armas de fogo, bem como a autoexigência. Sendo assim, além necessidade de a política de prevenção ao suicídio ser específica ao gênero masculino deverá ser multissetorial, abrangendo as mais diversas áreas de trabalho ocupadas pelo homem.

As medidas expostas no presente artigo são necessárias para que as diretrizes previstas tanto na legislação pátria como nos documentos internacionais subscritos pelo Brasil possam ser concretizadas.

Os números de casos apresentados pelos índices nacionais não podem ser encarados apenas como números. Cada morte por suicídio tem efeito devastador em proporções geométricas. O aumento mínimo no índice de morte por suicídio corresponde a milhares de pessoas em sofrimento, direta e indiretamente, seja no convívio com pacientes depressivos, seja pela dor enfrentada pelos familiares de suicidas que continuam vivendo com o triste estigma.

Ao enfrentar a problemática do suicídio acaba-se adentrando nos principais problemas da sociedade, como consumo de drogas, desemprego e doenças crônicas não transmissíveis.

O aperfeiçoamento dos mecanismos de notificação compulsória como ferramenta obrigatória para detecção de casos de tentativa de suicídio, além da utilização de robôs que direcionem o usuário da internet que procurarem temas ligados ao suicídio a canais de atendimento são excelentes ferramentas que poderão, igualmente, ser aprimoradas, levando em consideração as particularidades de cada gênero.

O Brasil é signatário de documentos internacionais para prevenção de suicídio e depressão estabelecendo, ainda, agendas nacionais para combate à doença mental, além de leis e portarias regulando medidas e métodos de prevenção e notificação de casos de tentativa e ocorrência de suicídios, determinando o encaminhamento obrigatório a serviços de atendimento psicossocial.

No mesmo sentido há autorização legal para que os Estados recebam fundos para custeio de programas destinados à prevenção ao suicídio.

O cenário fático revelando alto índice de suicídio masculino – aliado às diretrizes e medidas estabelecidas por órgãos internacionais e pelo governo federal para tratamento de doenças mentais e prevenção de suicídios até 2020 – justifica a necessidade de criação imediata de projetos de prevenção específicos ao gênero masculino.

REFERÊNCIAS

ALMEIDA FILHO, Naomar de. *O que é Saúde?* Rio de Janeiro: Fiocruz, 2011.

BERTOLOTE, J. M.; FLEISCHMANN, A. Suicide and psychiatric diagnosis: a worldwide perspective, *World Psychiatry*, Official Journal of The World Psychiatry Association (WPA) 2002. Disponível em: <www.ncbi.nlm.nih.gov/pmc/articles/PMC1489848/>. Acesso em: 28 out. 2019.

BIBO, Rodrigo. Por que pastores se matam?, publicado pelo site bibotalk.com. 12 de setembro de 2019. (11:39) Disponível em: <https://www.youtube.com/watch?v=dzefWg2zVlM>. Acesso em: 28 out. 2019.

BRASIL. Ministério da Saúde, Boletim Epidemiológico. *Secretaria de Vigilância em Saúde (Brasília)*, n. 15, v. 50, p. 5, Jul. 2019. Disponível em: <https://portalarquivos2.saude.gov.br/images/pdf/2019/julho/17/2019-014-Publicacao-02-07.pdf>. Acesso em: 28 out. 2019

BRASIL. Constituição da República Federativa do Brasil de 1988, Presidência da República, Brasília, Distrito Federal, 1988. Disponível em: <http://www.planalto.gov.br/ccivil_03/Constituicao/Constituicao.htm>. Acesso em: 28 out. 2019.

BRASIL. Ministério da Saúde, Gabinete do Ministro, Portaria nº 1.876 de 14 de Agosto de 2006. Institui Diretrizes Nacionais para Prevenção do Suicídio, a ser implantadas em todas as unidades federadas, respeitadas as competências das três esferas de gestão, Brasília, Distrito Federal Disponível em: http://bvsms.saude.gov.br/bvs/saudelegis/gm/2006/prt1876_14_08_2006.html Acesso em: 28 out. 2019.

BRASIL. Ministério da Saúde. Prevenção do Suicídio – Estratégia Nacional de Prevenção ao Suicídio - Manual dirigido a profissionais das equipes de saúde mental, outubro 2006. Disponível em: <https://www.cvv.org.br/wp-content/uploads/2017/05/manual_prevencao_suicidio_profissionais_saude.pdf>. Acesso em: 28 out. 2019.

BRASIL. Ministério da Saúde. Portaria N° 3.088, de 23 de Dezembro de 2011. Institui a Rede de Atenção Psicossocial para pessoas com sofrimento ou transtorno mental e com necessidades decorrentes do uso de crack, álcool e outras drogas, no âmbito do Sistema Único de Saúde (SUS)., 23 dezembro 2011. Disponível em: <http://bvsms.saude.gov.br/bvs/saudelegis/gm/2011/prt3088_23_12_2011_rep.html>. Acesso em: 28 out. 2019.

BRASIL. Ministério da Saúde. Agenda de Ações Estratégicas para a Vigilância e Prevenção do Suicídio e Promoção da Saúde no Brasil 2017 a 2020, 2017. Disponível em: <https://www.neca.org.br/wp-content/uploads/cartilha_agenda-estrategica-publicada.pdf>. Acesso em: 28 out. 2019.

BRASIL. Ministério da Saúde, Portaria n° 1.315, de 11 de maio de 2018. Habilita Estados a receberem Incentivo Financeiro de custeio para desenvolvimento de Projetos de Promoção da Saúde, Vigilância e Atenção Integral à Saúde, direcionados para Prevenção do Suicídio. Disponível em: <http://bvsms.saude.gov.br/bvs/saudelegis/gm/2018/prt1315_16_05_2018.html>. Acesso em: 28 out. 2019.

ETIENNE, C. F. Addressing masculinity and men's health to advance universal health and gender equality OPAS, IRIS Repositório Institucional. *Rev Panam Salud Publica*, v. 42, p. 1, 2018. Disponível em: < https://doi.org/10.26633/RPSP.2018.196 >. Acesso em: 28 out. 2019.

MÖLLER-LEIMKÜHLER, A. M. The gender gap in suicide and premature death or: why are men so vulnerable?, Fevereiro, p. 1, 2003. Disponível em: <https://www.ncbi.nlm.nih.gov/pubmed/12664306>. Acesso em: 28 out. 2019.

Organização Mundial da Saúde (OMS). Prevenção Do Suicídio: Um Manual Para profissionais da Mídia, 2000. Disponível em: <https://www.who.int/mental_health/prevention/suicide/en/suicideprev_media_port.pdf>. Acesso em: 28 out. 2019.

ORGANIZAÇÃO PAN AMERICANA DA SAÚDE (OPAS). Brasil, folha Informativa – Suicídio, Folha Informativa Atualizada em Agosto de 2018. Brasília, DF. Brasil. Disponível em: <https://www.paho.org/bra/index.php?option=com_content&view=article&id=5671:folha-informativa-suicidio&Itemid=839>. Acesso em: 28 out. 2019.

ORGANIZAÇÃO PAN AMERICANA DA SÁUDE BRASIL (OPAS). Folha Informativa – Depressão, Folha Informativa atualizada em março de 2018, Brasil. Disponível em: <https://www.paho.org/bra/index.php?option=com_content&view=article&id=5635:folha-informativa-depressao&Itemid=1095>. Acesso em: 28 out. 2019.

PAPODEHOMEM. O Silêncio dos Homens – Documentário Completo. Papodehomem (1.00,12), 29 agosto 2019. Disponível em: <https://www.youtube.com/watch?v=NRom49UVXCE>. Acesso em: 28 out. 2019.

PROPMARK. Quando a publicidade falou sobre o que não podia: suicídio, 10 setembro 2018. Disponível em: <https://propmark.com.br/mercado/quando-a-publicidade-falou-sobre-o-que-nao-podia-suicidio/>. Acesso em: 28 out. 2019.

ROCHLEN, Aaron B.; PATERNITI, Debora A.; EPSTEIN, Ronald M.; DUBERSTEIN, Paul; WILLEFORD Lindsay; KRAVITZ, Richard L. Barriers in diagnosing and treating men with depression: a focus group report. *Am. J. Mens Health*, p. 1, Jul. 2011. Disponível em: <https://www.ncbi.nlm.nih.gov/pmc/articles/PMC3140791/>. Acesso em: 28 out. 2019.

TRIGUEIRO, A. *Viver é a Melhor Solução*. Rio de Janeiro: Correio Fraterno, 2018.

UNITED STATES OF AMERICA, DEPARTAMENT OF VETERANS AFFAIRS. *National Veteran Suicide Prevention Annual Report, office of mental health and suicide 2019*. Disponível em: <https://www.mentalhealth.va.gov/docs/data-sheets/2019/2019_National_Veteran_Suicide_Prevention_Annual_Report_508.pdf>. Acesso em: 28 out. 2019.

WARREN, L. W. Male intolerance of depression: a review with implications for psychotherapy. *Clinical Psychology Review*, v. 3 p. 147-156, 1983. Disponível em: <https://www.sciencedirect.com/science/article/pii/0272735883900090>. Acesso em: 28 out. 2019.

WESTLY, E. Different shades of blue. Women get sad. Men get mad. *Scientific American*, p. 32-38, jun. 2010.

WORLD HEALTH ORGANIZATION. *Mental Health Atlas 2017*. Disponível em: <https://www.who.int/mental_health/evidence/atlas/mental_health_atlas_2017/en/>. Acesso em: 28 out. 2019.

5.5

Avaliação da demanda de atendimentos emergenciais no pronto-socorro da cidade de Cubatão e o direito constitucional à saúde[*]

EUGENIO GONZALEZ CAÇÃO
ANA MARIA SILVERIO SANTANA CAÇÃO
ROSA MARIA FERREIRO PINTO

INTRODUÇÃO

TEM-SE observado que os usuários do Sistema Único de Saúde (SUS) tendem a procurar os serviços de urgência e emergência para serem atendidos, quando a maioria das queixas poderiam ser perfeitamente resolvidas na rede de atenção básica, fato que pode causar aumento da demanda no pronto-socorro e prejudicial à qualidade do atendimento. Assim, o presente estudo teve como principal objetivo avaliar os fatores que interferem no uso inadequado do serviço de emergência de Cubatão (SP) por usuários do SUS e sua relação com o direito à saúde. Para tanto, foi realizada uma pesquisa exploratória no Pronto-socorro Municipal de Cubatão, durante o primeiro semestre de 2018, através das fichas dos atendimentos realizados em dias úteis naquele pronto-socorro por médicos plantonistas, do período das 7 às 19 horas, aleatoriamente. Os resultados apontaram que, dos 32 pacientes selecionados para essa pesquisa, apenas 34% deles eram casos de

---

[*] A dissertação de mestrado do autor Eugenio Gonzalez Cação, desenvolvida sob a orientação da Profa. Dra. Rosa Maria Ferreiro Pinto, relaciona-se intrinsecamente com a pesquisa que esse autor continuou a desenvolver depois de encerrado o ciclo do mestrado. Há, em razão disso, ideias e alguns trechos de textos do autor presentes em sua pesquisa anterior que foram replicados e atualizados aqui. CAÇÃO, Eugenio Gonzalez. Avaliação da demanda de atendimentos emergenciais no pronto-socorro da cidade de Cubatão e o direito constitucional à saúde, 2019. Dissertação (Mestrado em Direito da Saúde) – Universidade Santa Cecília, Santos, 2019.

urgência e que realmente deveriam ser atendidos no Pronto-socorro Central, enquanto 66% se tratavam de doenças crônicas e poderiam ser atendidos nas Unidades Básicas de Saúde (UBS). Desse modo, a maioria dos atendimentos ocorreu em horários que pacientes poderiam estar recorrendo às UBS, reforçando o uso inadequado do pronto-socorro, ou por falta de informação e desconhecimento dos serviços prestados nas UBS, ou a conveniência de utilizar o pronto-socorro como consultório médico.

5.5.1. CONTEXTO LOCAL

Cubatão, cidade localizada no estado de São Paulo, pertencente à Baixada Santista, foi durante o império um dos mais importantes centros produtores de banana, cana-de-açúcar e café. Passados anos, a cidade passou por diversas mudanças, principalmente no início dos anos 90, e foi escolhida para abrigar o maior polo industrial da época. Foram criadas, em 1922, a Cia. Fabril de papel, e em 1926, a Usina Henry Borden. Depois disso, foram construídas a Refinaria Presidente Bernardes e a Companhia Siderúrgica Paulista (COSIPA), que foram seguidas por inúmeras indústrias que hoje compõem o polo petroquímico de Cubatão.

Com estas empresas vieram os inúmeros trabalhadores que, além de preencherem os cargos oferecidos, ocuparam as novas áreas da cidade para moradia. Para que isto fosse possível, áreas outrora rurais foram convertidas em áreas urbanas (SILVA; GOMES, CESAREO, MOURA, 2006), próximas das indústrias, que cresceram e formaram novas vilas e bairros.

Cubatão, durante este período, apresentou, graças ao desenvolvimento industrial, um rápido crescimento econômico, acompanhado infelizmente por inúmeras tragédias ambientais. O acúmulo de produtos poluentes no Rio Cubatão e próximo aos bairros causou mortes de várias espécies da flora e da fauna da Serra do Mar e dos rios, o que levou, em 1993, a Vila Parisi à denominação de "vale da morte", com casos de anencefalia que chamaram atenção das autoridades em saúde.

Em 1984 ocorreu uma das tragédias que marcou a cidade. O descuido com o transporte de combustível ocasionou um dos maiores desastres ambientais até então da região, o incêndio da Vila Socó.

Tais eventos de magnitude nacional e mundial levaram a um projeto que uniu comunidade, governo e empresas para a recuperação do meio ambiente e, em 1992, a ONU conferiu a Cubatão o título de "cidade símbolo de recuperação ambiental". Também não foram medidos esforços para o desenvolvimento na área da saúde através de financiamentos públicos e privados.

Em 1993, pela criação de inúmeros lixões com produtos tóxicos para as cidades de Cubatão, São Vicente e Itanhaém, o Ministério Público conseguiu o fechamento da empresa Rodhia.

Cubatão conta hoje com uma vasta rede de atendimento à saúde, um hospital preparado para atendimentos de média e grandes complexidades, um pronto-socorro central, uma unidade de pronto atendimento (UPA), 18 unidades básicas de saúde (UBS), 1 policlínica e 12 unidades de Saúde da Família.

Esta vasta rede de atendimento, para os seus atuais 230 mil habitantes, se dirigida de forma ordenada, parece-nos trazer a efetividade desejada ao atendimento médico com menores custos e melhor resolutividade.

5.5.2. PROBLEMA DA PESQUISA

Mundialmente propugna-se que haja, nos serviços públicos de atendimento à saúde, uma preferência à atenção básica à saúde (SILVA; GOMES; CESAREO; MOURA, 2006; KRINGOS *et al.*, 2010; CARRET; GASTAL; PANIZ; DOMINGUES. 2009; CARRET; FASSA; PANIZ; SOARES, 2011).

As unidades básicas seriam as portas de entrada da população ao serviço médico, e delas as pessoas seriam encaminhadas, ou não, para níveis superiores de atenção à saúde.

Em nossa experiência, no entanto, observamos um exagerado número de atendimentos no Pronto-socorro Central de Cubatão, na maioria sem necessidade, pois poderiam ter sido resolvidos em unidades ambulatoriais de primeira linha.

Por esse motivo, resolvemos compreender os motivos que levaram os usuários do sistema de saúde a procurar o serviço de emergência em vez de procurar dos atendimentos ambulatoriais realizados nas Unidades Básicas de Saúde (UBS).

Os dados que deram substância a esse estudo foram obtidos através de fichas de atendimentos do Pronto-socorro Central de Cubatão, realizados por médicos do serviço durante os meses de agosto e setembro de 2018.

Os dados foram analisados segundo quesitos constantes na ficha de prontuário eletrônico próprio do PS, e os médicos instruídos a perguntarem a razão da não procura das UBS naquele dia.

Para a realização desta investigação optou-se por desenvolver uma pesquisa exploratória, cujo principal objetivo foi "avaliar os fatores que se relacionam ao uso inadequado do pronto-socorro da cidade de Cubatão".

Durante os meses de agosto e setembro de 2018, após os trâmites legais entre o pesquisador, a Prefeitura Municipal de Cubatão e a direção do pronto-socorro, aleatoriamente foram coletadas fichas de atendimentos realizados em dias úteis, no período das 7 às 19 horas, por médicos com dois anos de experiência em pronto-socorro. As fichas de atendimentos continham dados de identificação pessoal, endereço, bairro, raça, idade e dados do exame clínico, além de antecedentes pessoais e queixas atuais. Questionou-se a procura do pronto-socorro, se o paciente conhecia alguma UBS e se já se tratou alguma vez nessa unidade.

Foram considerados como critérios de inclusão moradores de Cubatão de ambos os sexos, com idade superior a 12 anos. Os critérios de exclusão foram: indivíduos de outras cidades, atendimentos fora do horário em que as UBS funcionam, crianças menores que 12 anos e os casos nos quais o PS é local mais apropriado para atendimento (traumas automobilísticos, ferimentos por armas de fogo ou brancas, pacientes inconscientes etc.).

Os dados foram analisados considerando-se: informações sociodemográficas, as distâncias percorridas pelos pacientes até o PS, o conhecimento de uma UBS, o grupo de doenças mais frequentes, a visão do médico caracterizando como urgente ou não, assim como o destino do paciente.

5.5.3. RESULTADOS E DISCUSSÃO

A pesquisa encontrou uma maior prevalência do sexo feminino (53%), a faixa etária de 12 aos 30 anos foi a que teve maior acesso ao PS (38%), seguida dos 30 aos 45 anos (22%), que também apareceu com a mesma porcentagem dos indivíduos entre 61 aos 90 anos e, por último, os indivíduos entre 45 e 60 anos (19%). A raça branca foi a mais frequente, com 40,63% dos casos, seguida dos indivíduos pardos, com 31,25%, e negros e aqueles que não informaram a raça, com 18,75% e 9,38%, respectivamente. Também foi analisada distância máxima da residência dos pacientes ao PS, que foi de 8,4 km, e a mínima, que foi de 400 metros (média de 3,29 km). Também foram medidas as distâncias das UBS ao OS, que se mostrou muito semelhante, sendo a máxima 8,5 km e a mínima 450 metros (média de 4,44 km).

Foram caracterizados como urgências 66% dos casos atendidos, sendo que 97% dos pacientes foram encaminhados para suas residências. Em primeiro plano, portanto, viu-se confirmado que a maioria dos atendimentos da unidade de pronto atendimento são de não urgências (Figura 1).

Figura 1. Percentual de urgências e não-urgências (agosto/setembro 2018 PS Cubatão).

URGÊNCIA X NÃO URGENTES

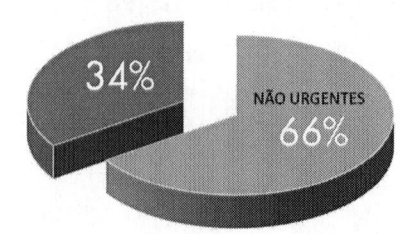

- 34%
- NÃO URGENTES 66%

Fonte: Elaboração própria.

Os diagnósticos mais encontrados nas fichas correspondiam a infecções das vias aéreas superiores ou inferiores (53,12%), sendo seguidas pelas queixas abdominais (34,37%) e demais queixas (12,5%). Em síntese (Figura 2):

Figura 2. Diagnósticos prevalentes (agosto/setembro 2018 PS Cubatão).

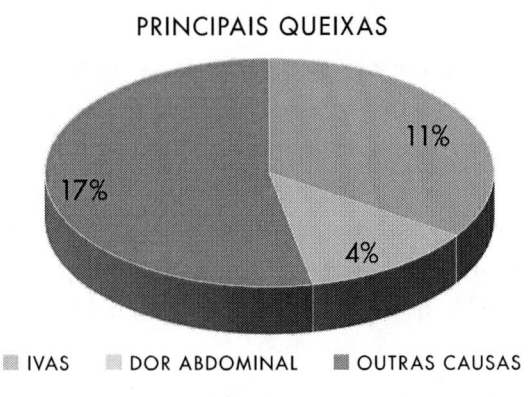

PRINCIPAIS QUEIXAS

- 17%
- 4%
- 11%

■ IVAS ■ DOR ABDOMINAL ■ OUTRAS CAUSAS

Fonte: Elaboração própria.

Os dados encontrados foram similares a outros trabalhos, alguns demostravam uma pequena maioria de casos do sexo masculino, porém, a maioria dos casos era do sexo feminino. (CARRET; GASTAL; PANIZ; DOMINGUES, 2009; MACHADO et al., 2015)

A idade mais frequente também foi semelhante, 63% entre 18 a 46 anos. (MACHADO et al., 2015)

Quanto ao fator mais importante para a escolha do PS despontou a rapidez do atendimento (53,12%). Vejamos (Figura 3):

Figura 3. Razões de procurar o PS (agosto/setembro 2018 PS Cubatão).

POR QUE PREFERIU O PS?

■ MAIS RÁPIDO ■ VAI À UBS ■ OUTRAS CAUSAS

Fonte: Elaboração própria.

Em todos os trabalhos antes referenciados, o fator que também explicava a maior procura dos atendimentos em PS foi a maior facilidade.

CONSIDERAÇÕES FINAIS

Existe consenso sobre ser a atenção básica à saúde o primeiro acesso da população ao universo do sistema de saúde (MINISTÉRIO DA SAÚDE, 2006) pois, além de promover uma melhor condução da saúde, gera menos gastos e resultados mais efetivos a longo prazo.

Inúmeros dispositivos legais, entre eles a Constituição Federal, obrigam o Estado a manter uma política de promoção à saúde de qualidade pelo Sistema Único de Saúde (SUS), que tem como pilares a igualdade, a universalidade e a integralidade (cf artigos 196 a 198).

Para que tais direitos sejam efetivos faz-se necessário que outro entre em ação, o direito à informação. Este, talvez, seja o caminho para que uma população descubra as formas mais segura para a manutenção de uma vida saudável e longínqua.

Os municípios e Estados devem juntar esforços para oferecer mecanismos de informação que possam atingir a população, informando e esclarecendo os meios adequados de atendimento médico, sejam preventivos ou curativos.

Campanhas de vacinação são talvez as formas de comunicação do SUS mais conhecidas, haja vista a veiculação em meios de comunicação como televisão, rádios e por meio de *outdoors* distribuídos pelas cidades.

Seria também útil para a cultura da boa pratica em saúde informar como se desenvolve o atendimento básico ao indivíduo, para atingir a prevenção de doenças e tratar aquelas que são crônicas, assim como também atender de maneira efetiva casos urgentes, ou seja, esclarecer sobre o caminho para um melhor atendimento, de modo a se evitar a procura abusiva aos pronto-socorros.

REFERÊNCIAS

BRASIL. Ministério da Saúde. Departamento de Atenção Básica. *Política Nacional de Atenção Básica*. Brasília, DF, 2006.

CARRET, M. L. V.; FASSA, A. C. G.; PANIZ, V. M. V.; SOARES, P. C. Características da demanda do serviço de saúde de emergência no sul do Brasil. Associação Brasileira de Pós-Graduação em Saúde Coletiva, Rio de Janeiro, Brasil. *Ciência & Saúde Coletiva*, v. 16, n. 1, p. 1069-1079, mar. 2011.

CARRET, M. L. V.; GASTAL, A. C.; PANIZ, V. M. V.; DOMINGUES, M. R. Prevalência e fatores associados ao uso inadequado do serviço de emergência: uma revisão sistemática da literatura. *Cad. Saúde Pública (Rio de Janeiro)*, v. 25, n. 1, p. 7-28, jan. 2009.

GOMIDE, M. F. S. Acessibilidade e demanda em uma unidade de pronto atendimento; perspectiva do usuário. *Acta Paul. Enferm.*, v. 25, n. 2, p. 19-25, 2012.

KRINGOS, D. S. et al. The breadth of primary care: a systematic literature review of its core dimensions. *BMC Health Services Research (London)*, v. 10, n. 1, p. 65-78, 2010.

MACHADO, G. V. C. et al. Fatores associados à utilização de um serviço de urgência/emergência, Ouro Preto, 2012. *Cad. Saúde Coletiva [on line]*, v. 23, n. 4. p. 416-424, 2015.

SILVA, J. B.; GOMES, F. B. C.; CESAREO, A. C.; MOURA, L. Doenças e agravos não transmissíveis: bases epidemiológicas. In. ROUQUAYROL, M. Z.; ALMEIDA FILHO, N. *Epidemiologia e Saúde*. 6. ed. Rio de Janeiro: Medsi, 2006.

Parte 6

Direito da saúde e o SUS

6.1

A remuneração do SUS e o impacto nas entidades filantrópicas prestadoras de serviço público de saúde

ALAN MARTINEZ KOZYREFF*

INTRODUÇÃO

A ATUAÇÃO das entidades filantrópicas na prestação de serviços de saúde pública no Brasil remonta ao século XVI com a instituição das Santa Casas, sendo a primeira na cidade de Santos, SP, em 1543 (RUSSEL-WOOD, 1968, p. 39).

O modelo das Santa Casas chegou ao Brasil como um espelhamento do modelo português de assistência aos doentes, considerando o monopólio, e sua proliferação no território brasileiro teve o escopo de levar a representação do império às demais regiões do país (SÁ, 2000, p. 101).

Tais instituições eram formadas por voluntários, pessoas que tinham alguma relevância na sociedade, como grandes oficiais da Administração pública, profissionais de prestígio e cidadãos com bons recursos financeiros, podendo ser independentes das autoridades civis ou eclesiásticas (GIRARDI, 2001, p. 22).

Essa fase, chamada de caritativa, em analogia ao pensamento de Maria Luiza Marcílio (2006, p. 132 *apud* FREIRE e LEONY, 2011, p. 202), contava somente com o auxílio da sociedade civil no custeio dessas entidades, sempre ligadas a instituições religiosas.

O custeio das entidades era feito pela sociedade da época, que se promoviam reuniões em bailes ou clubes com o intuito de arrecadação de fundos, com pouco ou nenhum financiamento do poder público.

---

* Advogado e professor universitário. Mestre em Direito da Saúde pela Universidade Santa Cecília.

6.1 | *A remuneração do SUS e o impacto nas entidades filantrópicas prestadoras de serviço...*
Alan Martinez Kozyreff |

As demais entidades filantrópicas foram surgindo de forma tímida no Brasil, sendo potencializadas em território brasileiro para que houvesse o combate à chamada questão social, denominação dada em razão da preocupação com a pobreza urbana decorrente da industrialização e a abolição da escravatura (SANGLARD et FERREIRA, 2014, p. 73).

Durante os 40 anos seguintes da primeira república na cidade do Rio de Janeiro, então capital federal, foram instituídas várias entidades filantrópicas como o Instituto de Proteção e Assistência à Infância (Ipai, 1889); a Policlínica de Botafogo (1899); a Liga Brasileira contra a Tuberculose (1900); a Policlínica das Crianças (1909) e o Hospital São Zaccharias (1914), ambos obra da Santa Casa da Misericórdia carioca; a ação de Guilherme Guinle na criação do Hospital Gaffrée e Guinle (1924-1929) e do Hospital e Instituto do Câncer (1927-1936) (SANGLARD et FERREIRA, 2014, p. 73).

É no início da República que o Estado começa a prestar algum auxílio às entidades que possuíam a atuação na assistência social, ocorrendo uma laicização da ajuda, considerando a separação da Igreja do Estado com a primeira Constituição.

Em crítica ao sistema de financiamento, realizada pelas entidades filantrópicas, o médico Carlos Arthur Moncorvo de Figueira Filho constatou que, apesar de serem custeadas pela sociedade, os resultados não eram uniformes ou úteis, então deveria haver uma orientação e normatização por parte do poder público, sendo o principal responsável pela organização da assistência (FREIRE e LEONY, 2011, p. 204).

Neste pensamento de Moncorvo Filho deveria haver subvenções da União, bem como, dos estados e municípios como forma de modernizar as instalações e então ampliar o número de pessoas a serem atingidas (FREIRE e LEONY, 2011, p. 204).

Os reformadores da sociedade na época tinham o consenso de coexistência entre a assistência pública e privada, devendo a ação do Estado ser mais efetiva, de acordo com os modelos europeus a partir do século XIX. (VISCARDI, 2011, p. 194)

No âmbito da saúde, as entidades filantrópicas tiveram pouca participação na estrutura estatal de prestação desses serviços, pois o Decreto nº 4682/23 (chamada Lei Eloy Chaves) objetivou inserir as empresas no estabelecimentos de "socorros médicos em caso de doença em sua pessoa ou pessoa de sua família, que habite o mesmo teto e sob a mesma economia" (art. 9º, 1º parágrafo).

A organização dessa estrutura de cuidados ocorria por empresa, com financiamento da União, participação dos empregados e pelos empregadores.

Esse sistema foi evoluindo, passando pelas constituições das Caixas de Aposentadoria e Pensões, pelos Institutos de Aposentadorias e Pensões até que, em 1966, o governo fundiu todos os IAPs e criou o Instituto Nacional de Previdência Social (INPS), por meio do Decreto nº 72/1966.

Essa estrutura, no entanto, atingia somente os empregados formais, pois a população que não tinha emprego formal se valia de entidades beneficentes como as Santa Casas, ou algum outro atendimento público disponibilizado pelo Estado.

A relação entre o Estado e as entidades filantrópicas na assistência à saúde se deu mais fortemente na década de 1970, mas restrito ao âmbito dos convênios rurais para o atendimento da população previdenciária rural, por meio de um sistema de subsídios fixos do Fundo de assistência ao trabalhador rural (FUNRURAL) (BRASIL, 2001, p. 33).

A Constituição de 1988 alterou de modo radical a estrutura da saúde no país, trazendo em seu bojo a institucionalização de um sistema de saúde único, público, universal, integral e gratuito, que só foi possível, em grande parte, pela luta do movimento sanitarista, o Sistema único de Saúde (SUS) (TRAVAGIN, 2017, p. 996).

Farah (2001, p. 125) aponta que foram importantes atores na constituição da agenda de reforma do Estado, quando da Constituição de 1988, as reformas de determinadas categorias profissionais envolvidas na prestação de serviços públicos, como médicos sanitaristas, educadores, assistentes sociais e profissionais da área de habitação e saneamento, "que em sua atuação os colocava em contato direto com a população atendida pelo Estado e, sobretudo, com a realidade dos excluídos do atendimento estatal".

O Estado pós 1988 passa a ser o grande provedor da saúde que, pelo seu caráter universal e integral, engloba os aspectos relacionados à saúde pública, os cuidados da assistência e recuperação da pessoa individualmente considerada.

Tal previsão é expressa no art. 196 do Texto constitucional, que assegura que a saúde é um direito de todos e um dever do Estado. Por esse dispositivo, o constituinte apontou como direito subjetivo o cuidado com a saúde, sob a responsabilidade do ente estatal. Esta responsabilização institucional do Estado era a configuração desejada pelos pensadores da reforma sanitária. (COHN, 1989, p. 129)

No entanto, os debates na constituinte abriram a possibilidade de atuação do particular para que, de forma complementar, participava do sistema de saúde público.

Na Comissão da ordem social da Assembleia nacional constituinte evidencia este fato, ou seja, ter a iniciativa privada de forma complementar ao serviço público de saúde, de preferência às entidades filantrópicas, consta até mesmo no registro da explanação feita pelo constituinte Eduardo Jorge:

> Então há, realmente, aqui, uma direção de fortalecimento do setor público. Isto é inegável. E quem seria contra isto? Mas, em relação ao setor privado, está claro que há um relacionamento de convivência. E aqui, três pontos são claríssimos. Primeiro, vai ser dado um tratamento preferencial para entidades sem fins lucrativos. Pode-se dizer que muitas entidades assim estão descaracterizadas, porque foram tomadas de assalto por grupos que fazem sob o escudo de que é sem fins lucrativos, uma entidade com fim lucrativo qualquer. Mas isto nós podemos amarrar na legislação ordinária. Então, é este o primeiro ponto do sistema. Fortalecer o setor público e articular preferencialmente com o setor filantrópico. Santa Casas, por exemplo, que é o serviço de assistência médica que vai às cidades mais longes do interior do nosso País. (ASSEMBLEIA NACIONAL CONSTITUINTE, 1987, p. 65.)

Neste contexto, as entidades sem fins lucrativos são colocadas *a latere* do Estado como prestadoras do serviço de saúde, sendo citadas como exemplo as Santa Casas, em razão da sua capilaridade e pelo histórico de atuação.

No entanto, ficou exposta a preocupação da participação de entidades que, formalmente se mostram sem fins lucrativos, mas na verdade atuam para poder perceber lucros.

No Texto constitucional, entretanto, o constituinte não ceifou a participação de entidades na participação complementar no SUS, pois o § 1º do art. 199 autoriza expressamente isso. O próprio Texto constitucional traz a previsão da participação de terceiros e não somente os terceiros sem finalidade lucrativa, mas a qualquer instituição privada.

O que o legislador constitucional assegurou às entidades privadas sem fins lucrativos ou às entidades filantrópicas foi a preferência na contratação, mas não se estabeleceu qual seria o conteúdo deste termo ou mesmo de que forma isso seria efetivado.

Nem mesmo a legislação infraconstitucional expôs qual o critério quanto ao termo preferência exposto no texto constitucional, limitando-se a Lei n° 8.080/1990 a regular no art. 24 que a atuação do particular deve ocorrer quando as disponibilidades do setor público forem insuficientes para garantir a cobertura assistencial à população.

6.1.1. AS ENTIDADES FILANTRÓPICAS NA ATUAÇÃO DO SUS

Após a Constituição de 1988 a atuação das entidades filantrópicas no sistema de saúde se tornou mais presente. A relação com o Estado, que ocorria somente de forma pontual, ou restrito ao FUNRURAL, passa a ocorrer de forma mais regular.

Após a nova ordem constitucional, os hospitais filantrópicos deixaram de atuar de forma gratuita, caridosa, benemérita para então serem remunerados, conforme previsão constante nos instrumentos jurídicos previstos no § 1° do art. 119 da CRFB/88, quais sejam, contrato ou convênio.

Esta opção do Estado em se servir de entidades privadas para a atuação em serviço público, notadamente na área social, foi iniciado em 1970, mas foi potencializada em 1980, quando do processo de redemocratização do país (FARAH, 2001, p. 6).

Tal movimento teve o componente neoliberal na medida que ao final dos anos 1980 e início de 1990, sob um quadro de crise fiscal e falta de recursos estatais, a resposta do Estado quanto às questões sociais foram questionadas, mormente quanto à eficiência e efetividade (FARAH, 2001, p. 6).

No entanto, a relação com o particular não foi pensada em uma privatização do serviço, mas sim em uma reconfiguração da relação, tendo o Estado abandonado a atividade de provedor passando a ser coordenador e fiscalizador dos serviços prestados pela sociedade civil, pelo mercado ou por parcerias (FARAH, 2001, p. 9).

Componentes do chamado terceiro setor da economia, as entidades filantrópicas no Brasil só foram entendidas como parte de um setor na década de 1990 quando pleitearam igualdade em relação ao Estado e ao mercado.

Neste período ocorreu a consciência que o terceiro setor seria capaz de enfrentar os problemas sociais que existiam no país (FALCONER, 2009, p. 5).

Na saúde, a relação mais próxima do Estado brasileiro com entidades particulares, quando prestadoras do serviço de saúde, é com as entidades filantrópicas, considerando a sua história nesta atuação e a sua capilaridade no território nacional (CANAVABRAVA et al, 2007, p. 2).

A palavra filantropia advém do termo grego *philacomnthropos*, com o significado de "amigo da humanidade" e remonta à ideia de fazer bem e prestar assistência de forma gratuita.

Dessa forma, a entidade filantrópica simplesmente assim o é, considerando sua atuação assistencial na saúde, na educação, nos cuidados aos idosos, às crianças carentes, na habilitação e reabilitação das pessoas com deficiência e na sua integração ao mercado do trabalho etc.

No entanto, para o reconhecimento jurídico de tais entidades e para que o vínculo com o Estado seja considerado válido, foram produzidas legislações infraconstitucionais.

No âmbito saúde, para que haja atuação complementar no SUS, as entidades filantrópicas devem cumprir os requisitos expostos pela Lei n° 12.101/2009 e celebrar contrato ou convênio com o gestor do SUS. A entidade deve ofertar a prestação de seus serviços ao SUS no percentual mínimo de 60%, sendo tal comprovação ser realizada anualmente com base nas internações e nos atendimentos ambulatoriais (Art. 4° da Lei n° 12.101/2009).

As entidades que cumprem com os requisitos legais recebem um certificado, o certificado das entidades beneficentes de assistência social (CEBAS), e então passam a gozar de isenção de contribuições para a seguridade social (ou imunidade, nos termos do artigo 150, VI, c, da Constituição Federal, quando preenchidos os requisitos previstos no artigo 14 do CTN).

Os hospitais filantrópicos têm papel de relevância na estratégia da saúde pública, pois a maioria está presente no interior do país (mais de 1/3 deles se localiza em municípios com menos de 20 mil habitantes), sendo muitas vezes o único hospital existente na cidade ou em determinada região (BARBOSA *et al.*, 2003, p. 279).

Dados veiculados pela Confederação nacional das Santa Casas de Misericórdia, Hospitais e Entidades filantrópicas (CMB), com base no Ministério da Saúde – Sistema de informações do SUS de 2017-2018, informam que estas entidades são responsáveis por 50% dos atendimentos ambulatoriais e internações hospitalares realizadas no SUS, e realizam cerca de 69% dos tratamentos de radio e quimioterapia, além de 58,14% dos transplantes realizados no Brasil (CMB, 2018).

Em 2017 o Brasil contava com 7,8 mil estabelecimentos filantrópicos e 40,4% deles prestavam serviços para o SUS. Dos 1.731 municípios com hospitais filantrópicos que atendem o SUS, 55,9% possuem apenas hospitais filantrópicos na sua rede (BRASIL, 2018, p. 9).

Em notícia veiculada pelo Ministério da Saúde em 2019, no Brasil, a rede hospitalar beneficente é responsável por 37,54% dos leitos disponíveis no SUS, sendo distribuídos em 1.819 estabelecimentos de saúde hospitalares (BRASIL, 2019). Evidencia-se, assim, que as entidades filantrópicas estão intimamente ligadas ao serviço público de saúde, mas a defesa dos princípios constitucionais da universalidade e integralidade do serviço de saúde, essenciais para a construção de uma cidadania plena e efetiva, contrasta com a problemática do financiamento (NEVES e TONELLI, 2018, p. 851).

6.1.2. A REMUNERAÇÃO DO SUS

O Texto constitucional direciona ao Estado o dever de reduzir o risco de doença e de outros agravos, bem como proporciona o acesso universal e igualitário às ações e serviços para sua promoção, proteção e recuperação (art. 196 da CF).

Apesar do planejamento de um sistema único de saúde ter ocorrido desde a década de 1970, da implementação do SUS com a Constituição desde 1988, e da previsão em legislação ordinária desde 1990, foi somente em 2000, com a Emenda Constitucional 29 que se estabeleceu a forma de financiamento do sistema, observando a participação de todos os entes da Federação.

Por esta regulamentação os Municípios devem aplicar 15% do produto da arrecadação dos impostos arrecadados e repasses realizados na forma da previsão do inciso III, § 2º, art. 198 da CF/1988, e os Estados, 12% do produto da arrecadação dos impostos e dos recursos, conforme inciso II, § 2º, art. 198 da CF/1988.

Quanto ao custeio da União, conforme texto da Emenda Constitucional nº 86 de 2015, a aplicação deve ocorrer conforme a receita corrente líquida do respectivo exercício financeiro, não podendo ser inferior a 15% (inciso I, § 2º do art. 198 da CF/1988).

No entanto, em razão da Emenda Constitucional nº 95 de 2016 houve a instituição de novo regime fiscal no âmbito dos Orçamentos Fiscal e da Seguridade Social da União, com vigência de 20 anos.

Assim, com resta regra, o investimento em saúde pela União mudou a partir de 2018, e a aplicação mínima em saúde deverá corresponder ao mínimo do ano anterior, atualizado pelo índice de preço ao consumidor amplo (IPCA) acumulado nos 12 meses encerrados em junho do exercício anterior. Aumentos reais são possíveis desde que haja redução em despesas de outros ministérios.

Em apresentação realizada pela Secretaria do Tesouro Nacional em 2018 foi constatado que, conforme dados do Banco Mundial em2015, os gastos públicos com saúde no Brasil equivaleram a 3,8% do produto interno bruto (PIB), identificando o país como ocupante 64º lugar (entre 183 países) da distribuição mundial (BRASIL, 2018, p. 8).

Ademais, os países desenvolvidos aplicam proporcionalmente mais recursos em saúde, em média 6,5% do PIB, mas com uma população de estrutura etária mais envelhecida que a brasileira (BRASIL, 2018, p. 8) e, nos países em que o sistema de saúde é universal, o percentual já supera os 6% há algum tempo, e em muitos já ultrapassa 10% do PIB (PIOLA *et al.*, 2013, p. 19).

Em dados veiculados pelo Conselho Federal de Medicina (CFM), não aceitos pelo Ministério da Saúde por não ter conhecimento sobre a metodologia utilizada, apontam que no ano de 2017 as despesas nos três níveis de gestão atingiram a cifra de R$ 262,8 bilhões. (CFM, 2018) Neste estudo, que considerou as despesas em Ações e Serviços Públicos de Saúde (ASPS) declaradas no Sistema de Informações sobre os Orçamentos Públicos em Saúde (Siops), do Ministério da Saúde, foi concluído que o Brasil, naquele ano, gastou em média R$ 3,48 ao dia com saúde, por habitante.

No entanto, em que pesem os recursos aportados pelos três entes, conforme competência dos entes federativos no custeio do sistema público de saúde, nos termos da Emenda Constitucional nº 29/00, o valor não se mostra suficiente para as diversas demandas que se apresentam.

Para os prestadores dos serviços de saúde, o pagamento é feito pelo nível de governo responsável pela sua gestão, com utilização do Sistema de Informações Ambulatoriais (SIA) e outro para o Sistema de Informações Hospitalares (SIH) (BRASIL, 2003, p. 14).

Quanto aos serviços de internação hospitalar, o processamento das informações pelo SUS é feito pelo Departamento de Informática do SUS (DATASUS), vinculado ao Ministério da Saúde. Deste modo, todo o sistema público utiliza uma única tabela de preços, definida pelo Ministério da Saúde (BRASIL, 2003, p. 62).

Com essa forma de remuneração pelos serviços, o valor efetivo gasto pelo usuário SUS não é o real, pois valor será pago conforme a tabela.

Pela regulamentação da Lei nº 8.080/1990, os critérios e valores para a remuneração de serviços, prestados por aquele que atuar no serviço complementar, bem como os parâmetros de cobertura assistencial, serão estabelecidos pela direção nacional do Sistema Único de Saúde (SUS), aprovados no Conselho Nacional de Saúde (Art. 26 da Lei nº 8.080/1990).

É dever do Estado, conforme disposição legal, manter o equilíbrio econômico e financeiro do contrato (§ 2º do art. 26 da Lei nº 8.080/1990) e neste ponto nota-se uma das grandes barreiras quanto ao custeio dos serviços complementares no SUS.

A tabela do Sistema de Gerenciamento da Tabela de Procedimentos, Medicamentos e OPM (Órteses, Próteses e Materiais Especiais) do SUS (SIGTAP) é onde estão previstos os valores para os procedimentos cobertos pelo SUS (4,6 mil procedimentos médicos) e o prestador dos serviços SUS será pago conforme o montante descrito.

A título de exemplo, a cirurgia de mama (mastectomia simples), indica o montante a ser pago de R$ 462,80, sendo R$ 299,98 destinados ao hospital, e R$ 162,82 ao médico. O procedimento de anestesia geral remunera somente o médico pelo valor de R$ 84,00, e na anestesia obstétrica, para a cesariana, o valor do serviço médico é de R$ 61,18. Em ambos não há previsão de pagamento do hospital. A consulta médica em atenção especializada tem o valor previsto na tabela de R$ 10,00 e o atendimento ortopédico com imobilização temporária, R$ 13,00.

É fácil perceber que tais valores não se prestam a uma remuneração de forma satisfatória do profissional da saúde e da unidade hospitalar, que enfrentam uma defasagem da tabela de mais de 400% em comparação com a inflação, considerando aproximadamente 1.500 procedimentos hospitalares previstos na tabela SUS, 74% não tiveram os valores atualizados nos últimos anos (FRANÇA e CRISTINA, 2016, p. 2).

6.1 A remuneração do SUS e o impacto nas entidades filantrópicas prestadoras de serviço...
Alan Martinez Kozyreff

Quanto às unidades hospitalares, há necessidade ainda de voltar a atenção para a constante necessidade de modernização em razão da descoberta de novos tratamentos, aparelhos e exigência da vigilância sanitária (FRANÇA e CRISTINA, 2016, p. 2).

Quando o procedimento tem atualização financeira, a defasagem permanece. Dados veiculados pelo Conselho Federal de Medicina, em seu *site* foi exposto que, em procedimentos mais frequentes, como o parto normal, as unidades hospitalares receberam no ano de 2008 cerca de R$ 472,00 a cada Autorização de Internação Hospitalar (AIH) aprovada. Sete anos depois, o valor do procedimento passou para R$ 550,00, ou seja, 60% inferior ao que poderia ser pago se corrigido por índices inflacionários como o IPCA e o Índice Nacional de Preços ao Consumidor (INPC). Neste sentido, caso a correção fosse o salário mínimo, chegaria a R$ 823,00 (CFM, 2015).

Destaca-se, entretanto, que alguns estudos apontam na viabilidade da remuneração, sendo mantido o custeio do procedimento com base no valor da tabela SUS, havendo a necessidade de sua utilização com boa gestão.

Kos *et al.* (2015, p. 13), em análise de hospital beneficente localizado na região centro-oeste do Paraná, foi exposto que, dos 20 procedimentos de maior incidência no ano de 2012 (53% do total), foi constatado que, se utilizados corretamente, os recursos do SUS, sem desperdícios de tempo, materiais e equipamentos, haveria possibilidade de manter a entidade.

É importante trazer o foco da análise, entretanto, não somente para o custo do procedimento, mas para todo o custeio hospitalar, da unidade de saúde geral.

Segundo o Conselho Federal de Medicina, pelos dados do Departamento Intersindical de Estatística e Estudos Socioeconômicos (Dieese), os custos de alguns produtos e serviços essenciais ao funcionamento de hospitais chegaram a dobrar entre 2008 a 2014 (CFM, 2015).

Neste período, o custo dos serviços de manutenção aumentou 44%, sendo este mesmo percentual ao dos reajustes de artigos de limpeza. Quanto aos serviços de água e esgoto, eles tiveram alta de 35,5%; eletricidade, 14,2%, e combustível, 38,45%. A estes percentuais devem ser computados os gastos de profissionais de áreas como agentes administrativos, equipes de cozinha e de limpeza. (CFM, 2015)

No entanto, quando se analisa a situação geral das entidades filantrópicas, diga-se novamente, às grandes parceiras do SUS, é exposta uma situação de grave crise financeira.

Na justificação do projeto de Lei nº 9.227 de 2017 em trâmite na Câmara dos deputados, foi veiculada a entrevista do presidente da Confederação das Santas Casas de Misericórdia, Hospitais e Entidades Filantrópicas, Edson Rogatti, declarando que a dívida global das instituições filantrópicas ultrapassava a casa dos R$ 22 bilhões, com 218 instituições fechadas em 2016 (BRASIL, 2017).

Nas palavras do presidente, tal montante decorre do elevado número de atendimentos pela rede pública e a deficiência dos valores pagos pelo SUS. O poder público custearia cerca de 60% das atividades das Santa Casas que atenderiam uma média global de 90% pelo SUS (BRASIL, 2017).

Os valores dispostos na tabela SUS, quando conseguem arcar com os custos do profissional médico, material e equipamentos, esbarram em demais custos que a entidade não consegue fazer a manutenção. Isso faz com que a entidade filantrópica não se sinta atraída pela manutenção de atendimento SUS, ou somente mantém a oferta dos serviços em 60%, nos termos do inciso II do art. 4º da Lei nº 12.101/2009, para fins de manutenção da isenção de contribuições para a seguridade social.

CONSIDERAÇÕES FINAIS

Até o advento da Constituição federal de 1988, as entidades filantrópicas prestadoras de saúde eram mantidas com poucos recursos, que quase na sua totalidade eram provenientes da sociedade civil, como doações e contribuições de associados. Isso fez com que elas não acompanhassem a evolução tecnológica dos equipamentos e dos materiais, bem como não mantivessem uma estrutura condizente com a demanda de saúde que atualmente se apresenta.

Com o Texto constitucional de 1988, as entidades filantrópicas tiveram a possibilidade de atuar no SUS e de forma preferencial a outras entidades particulares ou empresas. Este fato possibilitou um fluxo financeiro mais seguro às entidades, pois mediante convênio ou contrato podem manter o seu funcionamento de forma mais planejada. Além disso, os números de atendimentos SUS demonstram a sua importância ao serviço público de saúde.

No entanto, a maioria dessas entidades ainda não se desvinculou do passado e convive com estruturas precárias, materiais e equipamentos obsoletos, além de inúmeras dívidas geradas por não conseguirem se manter financeiramente de forma saudável.

A remuneração por meio do SUS não se mostra atrativa em razão da defasagem da tabela, e quando os municípios complementam parte do valor do custeio, esta verba não pode ser utilizada para a regularização do passado, pois deve ser aplicada no cumprimento das metas impostas pelo convênio mantido com o ente federativo.

Assim, a tendência é a diminuição da oferta SUS e potencialização do ingresso dessas entidades no atendimento privado, mas há necessidade de modernização da sua estrutura e equacionamento das inúmeras dívidas, que chegam até mesmo não atrair investidores para parcerias.

Para que as entidades filantrópicas continuem sendo o principal parceiro do SUS, há necessidade de o poder público manter o equilíbrio econômico e financeiro do contrato, sendo premente, portanto, a atualização da tabela de remuneração.

REFERÊNCIAS

BARBOSA, P. R. et al. O setor hospitalar filantrópico e alguns desafios para as políticas públicas em saúde. *Revista de Administração Pública (Rio de Janeiro)*, v. 37, n. 2, p. 265-283, 2003.

BRASIL. Câmara dos Deputados. Projeto de Lei nº 9.227, de 2017. Concede anistia e remissão de débitos tributários de forma incondicionada para instituições que atuam na área de saúde de forma filantrópica. Brasília, DF, 2017. Disponível em: https://www.camara.leg.br/proposicoesWeb/prop_mostrarintegra;jsessionid=FDA2AEF09E67888EE58F3E701DB67122.proposicoesWebExterno1?codteor=1677390&filename=Avulso+-PL+9227/2017. Acesso em: 10 nov. 2019.

BRASIL. Ministério da Saúde. A relevância das instituições filantrópicas no cenário nacional e a observância de seus direitos e garantias constitucionais. Ministério da Saúde, 2018. Disponível em: http://legis.senado.leg.br/sdleg-getter/documento/download/7837cbd4-134f-4485-9006-99e451d7ff92. Acesso em: 01 nov. 2019.

BRASIL. Ministério da Saúde. Fundo Nacional de Saúde. *Gestão financeira do Sistema Único de Saúde: manual básico*. Brasília, DF: Ministério da Saúde, Secretaria Executiva, Fundo Nacional de Saúde, 2003.

BRASIL. MINISTÉRIO DA SAÚDE. *Saúde libera certificações para instituições filantrópicas*. 2019. Disponível em: http://saude.gov.br/noticias/agencia-saude/45066-833--entidades-receberam-certificacao-em-2018. Acesso em: 27 out. 2019.

BRASIL. Ministério da Saúde. Secretaria de Gestão de Investimentos em Saúde. Projeto REFORSUS. *Relatório da Pesquisa "Formas Institucionais de Terceirização de Serviços de Saúde na Rede Hospitalar Filantrópica"*. Ministério da Saúde. Secretaria de Gestão de Investimentos em Saúde. Projeto REFORSUS. 200f., Belo Horizonte, Ministério da Saúde, 2001. Disponível em: https://www.nescon.medicina.ufmg.br/biblioteca/imagem/2465.pdf. Acesso em: 14 out. 2019;

CANABRAVA, C. M. et. al. Sistema Único de Saúde e o terceiro setor: caracterização de entidades, não hospitalares, que possuem serviços em atenção básica de saúde em Belo Horizonte, Minas Gerais, Brasil. *Cad. Saúde Pública (Rio de Janeiro)*, v. 23, n. 1, p. 115-126, jan., 2007.

CONSELHO FEDERAL DE MEDICINA (CFM). Brasil gasta R$ 3,48 ao dia com a saúde de cada habitante. 2018. Disponível em: https://portal.cfm.org.br/index.php?option=com_content&view=article&id=27961:2018-11-12-17-57-13&catid=3. Acesso em: 07 nov. 2019.

CONSELHO FEDERAL DE MEDICINA (CFM). Defasagem na Tabela SUS afeta maioria dos procedimentos hospitalares. 2015. Disponível em: http://portal.cfm.org.br/index.php?option=com_content&view=article&id=25491:defasagem-na-tabela-sus--afeta-maioria-dos-procedimentos-hospitalares&catid. Acesso em: 10 nov. 2019.

CONFEDERAÇÃO DAS SANTAS CASAS DE MISERICÓRDIA, HOSPITAIS E ENTIDADES FILANTRÓPICAS (CMB). Perfil da Entidade: atuação no SUS. 2018. Disponível em: https://www.cmb.org.br/cmb/index.php/institucional/quem--somos. Acesso em: 01 nov. 2019.

COHN, A. Caminhos da reforma sanitária. *Lua Nova (São Paulo)*, n. 19, p. 123-140,1989. Disponível em: http://www.scielo.br/scielo.php?script=sci_arttext&pid=S0102-64451989000400009&lng=en&nrm=iso. Acesso em: 05 mar. 2019.

FALCONER, A. P. A Promessa do Terceiro Setor: Um estudo sobre a construção do papel das Organizações Sem fins Lucrativos e de seu campo de gestão. Dissertação de mestrado. São Paulo: Faculdade de Economia, Administração e Contabilidade da USP-SP, jul., 1999.

FARAH, M. F. S. Parcerias, novos arranjos institucionais e políticas públicas no nível local de governo. *Revista de Administração Pública (Rio de Janeiro)*, v. 35, n. 1, p. 119-144, 2001.

FRANÇA, A.; GIUSTINA, A. P. D. Defasagem do sistema de gerenciamento da tabela unificada de procedimentos. (SIGTAP) Sistema Único de Saúde; Monografia. Especialização em Pós-Graduação em Gestão de Saúde Pública Universidade do Contestado, jan., 2015.

FREIRE, M. M. L.; LEONY, V. S. A caridade científica: Moncorvo Filho e o Instituto de Proteção e Assistência à Infância do Rio de Janeiro (1899-1930). *História, Ciências, Saúde – Manguinhos (Rio de Janeiro)*, v. 18, supl. 1, p. 199-225, 2011.

GIRARDI, S. N. Rede hospitalar filantrópica no brasil: perfil histórico-institucional e oferta de serviços. Belo Horizonte, 2001. Disponível em: https://www.nescon.medicina.ufmg.br/biblioteca/imagem/2465.pdf. Acesso em: 11 nov. 2019.

KOS, S. R. et al. Repasse do SUS vs custo dos procedimentos hospitalares: É possível cobrir os custos com o repasse do SUS? XXII Congresso Brasileiro de Custos, Foz do Iguaçu, PR, Brasil, nov. 2015.

NEVES, C.; FERREIRA, P.; TONELLI, D. Programa de reestruturação e contratualização dos hospitais filantrópicos no SUS: uma avaliação do eixo de financiamento. *Revista do Serviço Público*, v. 69, n. 4, p. 849-74, 2018. Disponível em: https://revista.enap.gov.br/index.php/RSP/article/view/2611. Acesso em: 30 out. 2019.

PIOLA, S. F.; PAIVA, A. B.; SÁ, E. B.; SERVO, L. M. S. *Financiamento Público da Saúde*: Uma história a procura de rumo. Texto para discussão. Rio de Janeiro: IPEA Instituto de Pesquisa Econômica Aplicada, 2013.

RUSSEL-WOOD, A. J. R. Fidalgos and Filantropists: The Santa Casa da Misericórdia of Bahia. *Mac Millan and Co. Ltd. (Edinburg)*, 1968. Disponível em: https://digital.bbm.usp.br/handle/bbm/963. Acesso em: 30 jan. 2019.

SANGLARD, G.; FERREIRA, L. O. Pobreza e filantropia: Fernandes Figueira e a assistência à infância no Rio de Janeiro (1900-1920). *Est. Hist. (Rio de Janeiro)*, v. 27, n. 53, p. 71-91, 2014.

TRAVAGIN, L. B. O avanço do capital na saúde: um olhar crítico às Organizações Sociais de Saúde. *Saúde Debate (Rio de Janeiro)*, v. 41, n. 115, p. 995-1006. Disponível em: http://www.scielo.br/scielo.php?pid=S0103-1042017000400995&script=sci_abstract&tlng=pt. Acesso em: 14 out. 2019.

VISCARDI, C. Pobreza e assistência no Rio de Janeiro na Primeira República. *História, Ciências, Saúde – Manguinhos(Rio de Janeiro)*, v. 18, supl. 1, p. 179-197, dez. 2011. Fiocruz/Editora Garamond/FAPERJ.

6.2

Ressarcimento ao Sistema Único de Saúde pelas operadoras de saúde e a improbidade administrativa

Sérgio Zagarino Júnior[*]

INTRODUÇÃO

A LEGISLAÇÃO que regulamenta o setor de planos de saúde privados (Lei nº 9.656/1998) criou o dever de as operadoras efetuarem ressarcimento ao SUS pelo atendimento de pacientes beneficiários de seus convênios médicos (art. 32), com a finalidade de retornar aos cofres públicos os gastos por estes suportados (ZAGARINO, 2019).

Ocorre que parece não haver um controle efetivo desse atendimento realizado pelo SUS, seja pela não utilização do sistema para tanto (E-SUS) ou pela ausência da colheita da informação necessária (se os usuários possuem plano de saúde), o que impossibilita dimensionar o valor que deveria retornar aos cofres públicos, ou ainda conferir eventuais valores ressarcidos, gerando um ativo perdido no orçamento municipal.

Nesse contexto, pareceu-nos imprescindível estudar, nos municípios brasileiros, a existência/inexistência de controles nas redes de saúde que possibilite a conferência quanto ao cumprimento dos valores ressarcidos ao fundo nacional de saúde pelos planos de saúde e posteriormente repassados aos municípios.

Tendo em vista não pairar dúvida sobre o direito ao ressarcimento (o Supremo Tribunal Federal já afirmou sua constitucionalidade), inquieta-nos a possibilidade prática de configurar improbidade administrativa para os

---

[*] Mestre em Direito da Saúde pela Universidade Santa Cecília (Unisanta). Especialista em Direito do Consumidor pela PUC-SP.

agentes públicos responsáveis pela gestão da área da saúde no município, em razão de caracterizar-se eventual omissão em relação a estabelecer o controle adequado de informações e de ressarcimentos, o que poderia gerar danos ao Erário.

6.2.1. SISTEMA DE SAÚDE PENSADO PARA A EFETIVAÇÃO DO DIREITO À SAÚDE

Desde a criação da Organização Mundial da Saúde (OMS), no ano de 1946, a saúde é considerada muito amplamente um estado de bem-estar físico, social e mental, não apenas a ausência de doenças ou enfermidades. Aos olhares de Oliveira, Souza e Lamy (2016), o direito à saúde também precisa de um conceito ampliado:

> É direito humano e fundamental ao bem-estar físico, mental e social – pode ser compreendido, portanto, como um direito revestido de extrema complexidade, pois inclui tanto o acesso aos serviços (de promoção, de proteção, de recuperação, de reabilitação ou paliativos) e aos produtos (medicamentos e equipamentos) de saúde, como também às condições essenciais e determinantes da saúde (água potável, saneamento, alimentação e moradia adequadas, condições saudáveis de trabalho e meio ambiente, informação e educação). Ostenta tanto uma dimensão individual (o direito subjetivo a todo seu objeto), como uma dimensão coletiva, pública ou social (a qual corresponde, em especial, o dever estatal de instituir políticas públicas de saúde).

O direito à saúde possui dois aspectos. O primeiro decorre de a saúde ser considerada um bem jurídico privado que integra a esfera íntima do sujeito. Sob esse ângulo, o direito à saúde constitui um direito negativo, no sentido de impedir que alguém possa submetê-lo, salvo com o consentimento de seu titular ou uma causa legitimada pelo ordenamento jurídico. O segundo decorre de a saúde ser considerada um estado almejado. Sob esse ângulo, fala-se de um direito a prestações de serviços ou de assistência à saúde, de pretensão positiva contra o Estado ou aqueles a quem este encomendou o cumprimento (SCAFF, 2010).

Nesse sentido, Giorgio Berti (1978) afirma que o direito à saúde é a síntese de um complexo de situações que não se podem desembaraçar e não aceitam nem mesmo definições precisas, nem uma segura colocação em uma das duas esferas em que solidariamente se subdivide a ordem jurídica, isto é, aquela do direito subjetivo e aquela do direito objetivo. Paradoxalmente, a condição absoluta do direito à saúde, proclamada pela jurisprudência para lhe afirmar a possibilidade de tutela por parte do juiz, é o fruto da síntese das múltiplas relatividades deste direito, que não é mais tanto individual a refutar ou a afastar a validade social, e não é tanto social ou coletivo a diminuir ou a esmagar o valor individual que nele se encerra.

No Brasil, o legislador constituinte foi consciente de que o Estado, como se fora um Leviatã, jamais teria meios de, isoladamente, acolher todo esse direito de prestar tal serviço de moro sustentável e principalmente eficiente, razão pela qual, conscientemente, o constituinte (art. 197 e art. 199, § 1º da CF88) adotou um sistema de saúde único, composto pela saúde pública (prestação direta), pela saúde complementar (os serviços poderiam ser executados através de terceiros, e, também, através de pessoa física ou jurídica de direito privado) e pela saúde suplementar (negócio privado).

Quando a entidade privada colabora com a Administração Pública na assistência à saúde (saúde complementar), recebe remuneração estatal via contrato ou convênio público com a instituição pública pertinente. Quando a entidade privada presta serviços de saúde suplementar, recebe a remuneração particular definida em contrato privado. Quando o SUS presta serviços de saúde a pessoas que poderiam receber a assistência de suas redes privadas de assistência, o SUS há de ser remunerado pelas operadoras de saúde.

Ocorre que a realidade contraria essa lógica. Até novembro de 2018, segundo o Boletim de Ressarcimento ao SUS, havia mais de R$ 5 bilhões de reais inadimplido pelas operadoras de planos de saúde, envolvendo o ressarcimento em questão: ou simplesmente não foram pagos, ou estão sendo discutidos pela via administrativa ou judicialmente (ANS, 2019). O *site* da ANS (http://www.ans.gov.br/planos-de-saude-e-operadoras/espaco-da--operadora) indica também que, desde 1999 até maio de 2015, foram devolvidos aos estabelecimentos hospitalares ou ambulatoriais que prestaram os serviços públicos detalhado por Aviso de Internação Hospitalar (AIH) valores pouco superiores a meio bilhão de reais.

6.2.2. PESQUISA REALIZADA NO MUNICÍPIO DE GUARUJÁ

A necessidade de um olhar mais atencioso para esse problema relacionado ao adequado controle de dados pelo SUS sobre os usuários que têm plano de saúde e ainda sobre o eventual provisionamento dos valores a serem ressarcidos ao município, levou-nos a empreender pesquisa exploratória no âmbito do município do Guarujá, seguindo os paradigmas de uma pesquisa observacional.

Durante uma hora, em cada unidade de saúde do município de Guarujá, no período de 01/05/2019 a 30/06/2019, o autor desse trabalho observou se os atendentes perguntavam e registravam se o usuário possuía plano de saúde, registrando por fotografias a entrada da unidade e a recepção.

Para não comprometer o método de pesquisa não foram realizadas perguntas para nenhum dos funcionários, nem aos usuários do serviço.

A pesquisa buscou entender (pela simples observação externa) se havia coleta na rede municipal de saúde da informação de os usuários terem ou não plano de saúde, verificar se houve ou não a utilização do e-SUS para registro de tal informação.

Para facilitar a compreensão da pesquisa empreendida, seguem dois exemplos:

- UBS Prainha: de acesso muito restrito, pois localizada dentro da "comunidade" (o autor teve que justificar o motivo da visita para moradores locais, que o "autorizaram" a fazer uma visita restrita e vigiada), é uma unidade de saúde muito precária. Os atendentes solicitavam apenas o cartão SUS e o RG do usuário. Não utilizavam o E-Sus, mas outro sistema, da prefeitura municipal, denominado Central de Regulação de Ofertas de Serviços e Saúde – CROSS.
- UBS Vila Baiana: outra unidade de saúde dentro da "comunidade", com a peculiaridade de ter sido adquirida pela prefeitura a pouco tempo, pois era uma clínica de saúde mantida pelo Lar Espírita Elizabeth. Com poucos recursos, apesar do volume elevado de atendimentos, havia muita confusão no atendimento. Observou-se que o encaminhamento dos pacientes, como nas demais unidades, não era precedido de nenhum preenchimento de nenhum sistema. Solicitava-se apenas o cartão SUS.

6.2.3. ATO DE IMPROBIDADE ADMINISTRATIVA QUE CAUSAM PREJUÍZO AO ERÁRIO

O artigo 10 da lei de improbidade administrativa (Lei nº 8.429/1992) dispõe sobre omissões e condutas que caracterizam a improbidade em seu aspecto objetivo, que ocasionam prejuízos econômicos ao patrimônio público, não importando vantagem ou não para o agente público. Dentre as espécies de atos de improbidade administrativa, esta hipótese é a única a admitir a modalidade culposa.

A improbidade administrativa pode vir a ser caracterizada pela omissão no cumprimento de determinações do Ministério da Saúde, principalmente em relação a utilização do E-Sus, que prejudiquem ao Erário.

Não foram localizadas informações, tanto no portal da transparência do *site* da Prefeitura Municipal de Guarujá (SP), quanto em pesquisa realizada na própria Secretária de Saúde do Município de Guarujá (SP), referentes aos valores que o município teria o direito de ser ressarcido pelas operadoras de saúde, via repasse ao Fundo Nacional de Saúde.

Parece caracterizada a conduta omissa dos agentes públicos locados na Secretária de Saúde, bem como do chefe do Executivo, eis que essas omissões ocasionam prejuízo ao patrimônio público econômico do Município.

Para Marcelo Lamy e Flávio Antonio de Oliveira (2018), a responsabilidade da Administração Pública é notória e o gestor não pode ser omisso ou retardar de ofício o expresso mandamento ou entendimento constante do ordenamento jurídico.

> O Estado, na conjuntura atual, optou por adotar um regime jurídico-privado de prestação de serviços públicos na área da Saúde como autorizava o artigo 197 da Constituição da República, cuja regulamentação se deu pelo advento da Lei das Organizações Sociais (Lei 9.637/98) que teve sua constitucionalidade ratificada pelo Plenário do Supremo Tribunal Federal na ADI 1.923/DF, sendo que neste regime a Administração Pública poderá celebrar contratos de gestão através de um absoluto juízo de necessidade ao talante do Administrador, mediante sistemática aleatória de classificações de organizações que serão tituladas de "sociais", cujo subjetivismo evidente deveria implicar em maior preocupação no controle de tais contratações com o respectivo acompanhamento permanente, eis que embora tais contratações tenham de observar os princípios da legalidade, impessoalidade, moralidade, publicidade e economicidade, em seu artigo 16,§ 1o, tal diploma legal, prevê a responsabilidade dos dirigentes da organização social, individual e solidariamente pelos danos ou prejuízos decorrentes de sua ação ou omissão... Enfim, não há discricionariedade em qualquer grau que seja que possa servir de autorização ao gestor de saúde para que omita ou retarde ato de ofício,

contra expresso mandamento ou entendimento constante do ordenamento jurídico, eis que o escudo da discricionariedade não pode blindar o gestor público ao nível de pretender autorizar omissões administrativas travestidas de rejeição das finalidades administrativas, já que significaria negação ao atendimento do próprio interesse coletivo, para cujo atendimento o Estado foi criado.

Nota-se que, nesta hipótese, admite-se a modalidade culposa e sequer há necessidade de existir vantagem econômica obtida pelos agentes públicos omissos, no caso, mas tão somente o prejuízo econômico gerado ao poder público, o que já é suficiente para implicar em ato de improbidade administrativa aos agentes públicos responsáveis pelas pastas de saúde, bem como o executivo do município.

Outro ponto que merece destaque é em relação ao que os professores Oliveira, Souza e Lamy (2016) definem como inação completa do Estado, ao não cumprir com a sua obrigação mínima indesculpável:

> A violação das obrigações estatais resta configurada se o Estado parte do PIDESC não se mover genericamente: "não adotar medidas apropriadas para dar plena efetividade ao direito universal de desfrutar do mais alto nível possível de saúde física e mental"; ou não se mover para instituir uma política nacional de saúde no emprego: "não contar com uma política nacional sobre a seguridade e a saúde no emprego ou serviços de saúde no emprego"; ou não agir para impor o cumprimento das leis nesse campo: "não fazer cumprir as leis pertinentes" (§49 da OG14). Da mesma forma, resta configurada a violação se um Estado adotar comportamento contraditório à obrigação assumida de máximo esforço: "Um Estado que não esteja disposto a utilizar o máximo dos recursos de que disponha para dar efetividade ao direito à saúde viola as obrigações". (§47 da OG14.)

Sendo assim, no município de Guarujá (SP), existem indícios dos agentes públicos incorrerem na caracterização do ato de improbidade de administrativa em face do ato de omissão que causa prejuízo ao Erário conforme preceitua o artigo 10 da Lei.

CONSIDERAÇÕES FINAIS

Mesmo com a "pá de cal" colocada pelo STF atualmente em relação à constitucionalidade do art. 32 da Lei nº 9.656/1998, ainda é necessário refletir sobre o ressarcimento ao SUS, principalmente em relação ao controle adequado dos municípios em razão dos valores que têm direito a serem ressarcidos.

Ao não ser localizada nenhuma informação ao longo da pesquisa, tanto no portal da transparência do *site* da Prefeitura Municipal de Guarujá (SP), quanto em pesquisa realizada na própria Secretária de Saúde do Município de Guarujá (SP), referente aos valores que o município têm o direito de ser ressarcido pelas operadoras de saúde, via repasse ao Fundo Nacional de Saúde, ou ao menos, que estejam em fase de processo administrativo ou judicial, concluímos que existem indícios de omissão na conduta dos agente públicos locados na Secretária de Saúde, bem como do chefe do Executivo, eis que essa omissão ocasiona prejuízo ao patrimônio público econômico do Município (não havendo de se falar em dolo nessa modalidade de ato ímprobo, eis que admitido a modalidade culposa, bem como inexiste necessidade de obtenção de vantagem econômica pelos agentes públicos omissos, sendo suficiente o prejuízo econômico gerado ao município).

Por fim, levando em consideração o exemplo do município de Guarujá (SP), cidade com população superior a 320 mil habitantes e orçamento acima de 1,7 bilhões de reais, imagina-se que existem diversas outras cidades com as mesmas características, ou seja, com a necessidade de um controle adequado de dados, da devida implementação e execução do E-Sus, sob pena de também estarem praticando prejuízos enormes ao Erário, incorrendo também em improbidade administrativa.

REFERÊNCIAS

ALMEIDA, C. 1998. O mercado privado de serviços de saúde no Brasil: panorama atual e tendências da assistência médica suplementar. *IPEA* - texto para discussão n° 599.

ANS, Resolução CONSU n° 22, de 21 de outubro de 1999.

ANS, Resolução RDC n° 18, de 30 de março de 2000.

ANS, Resolução da Diretoria Colegiada n° 4, de 18 de fevereiro de 2000.

ANS, Resolução da Diretoria Colegiada n° 67, 8 de maio de 2001

ANS, Resolução da Diretoria Colegiada n° 81, de 15de agosto de 2001.

ANS, Resolução Executiva n° 1, de 30 de março de 2000.

ANS, Resolução Executiva n° 5, de 10 de outubro de 2001.

ANS, Resolução Executiva n° 6, de 17 de dezembro de 2001.

BERTI, Giorgio. La struttura pubbliche per la tutela della salute, in: Problemi giuridici della biomedicina (*Atti del XXXVIII Convegno Nacionale di Studio* – Roma, 4/6 dicembre 1978), p. 34.

BRASIL, Lei 8.080, de 19 de setembro de 1990.

BRASIL. Lei nº 8.429, de 2 de junho de 1992.

BRASIL. Lei 9.656, de 03 de junho de 1998.

BRASIL. Lei 9.961, de 28 de janeiro de 2000.

BRASIL. Ministério da Saúde. *Boletim informativo*: utilização do sistema público por beneficiários de planos de saúde e ressarcimento ao SUS, n. 6, nov. 2018.

BRASIL. Ministério da Saúde. Secretaria de Atenção à Saúde. e-SUS Atenção Básica: *Manual de Uso do Aplicativo e-SUS AB Território* – Versão 2.2 [recurso eletrônico] / Ministério da Saúde, Secretaria de Atenção à Saúde, Departamento de Atenção Básica. – Brasília: Ministério da Saúde, 2017. Disponível em: <http://dab.saude.gov.br/portaldab/esus.php>. Acesso em: 1. fev. 2020.

CARVALHO FILHO, José S. O controle judicial das omissões públicas como garantia de fruição dos direitos sociais pelos cidadãos. *Prismas: Direito, Políticas Públicas e Mundialização (Brasília)*, v. 6, p. 1-14, 2009.

CONSU, nº 10, de 3 de novembro de 1998. Disponível em: www.datasus.gov.br e www.saude.gov.br.

CORDEIRO, H. Sistema Único de Saúde. Rio de Janeiro: Ayuri Editorial, 1991. p. 5-138.

JORGE, M. H. P. M.; GOTLIEB, S. L. D. *As Condições de Saúde no Brasil*. Rio de Janeiro: Editora Fiocruz, 2001.

LAMY, Marcelo; OLIVEIRA, Flávio Antonio de. Legitimidade da Defensoria Pública para promover ação civil pública por improbidade administrativa decorrente da omissão de políticas de saúde. *Revista Eletrônica do curso de Direito UFSM*, 2018.

MARQUES, Silvio Antonio. *Improbidade Administrativa – Ação Civil e Cooperação Jurídica Internacional*. São Paulo: Saraiva, 2010. v. 1.

MATTOS, P. T. L. Agências de Regulação no Brasil: Regulação Econômica e Democracia, artigo submetido ao grupo de pesquisa no CEBRAP – Centro Brasileiro de Análise e Planejamento.

MEDICI, A. C. Aspectos teóricos e conceituais do financiamento das políticas de saúde. In: PIOLA, S. F.; VIANNA, S. M. (orgs.). *Economia da Saúde – Conceito e Contribuição para a Gestão da Saúde*. Brasília: IPEA-Instituto de Pesquisa Econômica Aplicada, 2002. p. 23-67.

MEDICI, A. C. Evolução da estrutura do sistema de saúde, 2004. Disponível em: www.mre.gov.br.

MINISTÉRIO DA SAÚDE. 1987. Anais da VIII Conferência Nacional de Saúde. Brasília.

MONTES, Diego Bispo. *Atos de Improbidade Administrativa*. Brasília: Conteúdo Jurídico, 2017.

NEIVA, José Antônio Lisboa. *Improbidade Administrativa, Comentada, Artigo por Artigo*. 5. ed. Rio de Janeiro: Impetus, 2013.

OLIVEIRA, Danilo; SOUZA, Luciano Pereira de; LAMY, Marcelo. Violação das obrigações estatais na área da saúde: a diferença entre obrigações mínimas e as esperadas. *Caderno de Relações Internacionais*, v. 7, n. 13, ago-dez. 2016.

PAIM, J. S. *O que é o SUS*. 6. ed. Rio de janeiro: Fiocruz, 2016.

SCHWARTZ, Germano. *Direito à Saúde: efetivação de uma perspectiva sistêmica*. Porto Alegre: Ed. Livraria do Advogado, 2001.

VERAS, C. M. T.; MARTINS, M. S.. A confiabilidade dos dados nos formulários de Autorização de Internação Hospitalar (AIH), Rio de Janeiro, Brasil. *Caderno de Saúde Pública (Rio de Janeiro)*, v. 10, n. 3, p. 339-355, jul./set., 1994.

ZAGARINO, Sérgio. Reflexões sobre o dever de ressarcimento dos serviços de atendimento prestados pelo SUS em favor dos beneficiários do sistema de saúde suplementar no brasil. Santos, Congresso Internacional de Direito da Saúde, 2018.

6.3

Dever de incorporação de medicamentos para doenças raras: o caso SPINRAZA®

ADRIANA DE FÁTIMA SANTOS
FERNANDO REVERENDO VIDAL AKAOUI

INTRODUÇÃO

A CONSTITUIÇÃO Federal de 1988 criou um sistema público de saúde ancorado nos princípios fundamentais da universalidade, integralidade, igualdade e equidade (artigos 6º, 196 e 198).

No Sistema Único de Saúde (SUS), consolidado em 1990, garantiu-se a assistência farmacêutica, o acesso gratuito a medicamentos fornecidos pela Administração pública, segundo listas de dispensação de medicamentos.

Os medicamentos de alto custo compõem lista de medicamentos de dispensação pública excepcional, e entre eles existe a classe de medicamentos usados para diagnóstico, prevenção ou tratamento de doenças raras: os chamados medicamentos órfãos.

Ocorre que, de acordo com os dados da indústria farmacêutica, por volta de 90% dos medicamentos requeridos judicialmente, são considerados medicamentos órfãos (INTERFARMA, 2018, p. 18).

A Política Nacional de Atenção Integral às Pessoas com Doenças Raras (Portaria 199/2014 do Ministério da Saúde), apesar de simbolicamente afirmar que tem como objetivo buscar maior celeridade na análise dos medicamentos órfãos, determina contraditoriamente a incorporação desses medicamentos pelo mesmo sistema de incorporação de todo e qualquer medicamento.

O fármaco deverá passar pelos trâmites que integram o procedimento padrão da avaliação de tecnologias em saúde (ATS); ou seja, pela análise que identifique sua eficácia, acurácia, segurança e custo-efetividade.

Não há preocupação se o medicamento é órfão, ou seja, se é um medicamento destinado a um pequeno número de indivíduos.

6.3 | *Dever de incorporação de medicamentos para doenças raras: o caso SPINRAZA®*
Adriana de Fátima Santos | Fernando Reverendo Vidal Akaoui |

De imediato, isto nos causa espanto, pois, sem esse filtro, nunca haverá custo-efetividade.

Veremos, na sequência, a consequência desses parâmetros jurídicos para a doença Atrofia Muscular Espinhal – AME (CID10-G-12), doença genética autossômica recessiva que acomete um em cada 10 a 11 mil recém-nascidos e associa-se à grande mortalidade nos primeiros anos de vida (LUNN e WANG, 2008).

O tratamento eficaz que é recomendado e está disponível no mundo é o medicamentoso, que hoje é realizado pelo Spinraza® (nome comercial do nusinersena).

Diversos estudos apontam a eficácia, a acurácia e a segurança desse medicamento na interrupção da evolução da AME para quadros mais graves e que são prevalentes na maioria dos pacientes.

Ocorre que, pela impossibilidade de apresentar custo-efetividade, nasceu o problema da incorporação desse medicamento em nosso sistema de saúde.

6.3.1. PROCESSO DE INCORPORAÇÃO DE TECNOLOGIAS EM SAÚDE

A Comissão Nacional de Incorporação de Tecnologias no Sistema Único de Saúde (CONITEC), criada pela Lei nº 12.401 de 28 de abril de 2011 (que alterou a Lei nº 8.080, de 19 de setembro de 1990), institucionalizou um protótipo de processo de incorporação de tecnologias em saúde na esfera do Sistema Único de Saúde, pelo qual a avaliação dos benefícios, dos riscos e dos custos dessas tecnologias auxiliam na decisão ministerial de incorporação.

Regulamentada pelo Decreto nº 7.646 de 21 de dezembro de 2011, a CONITEC, coordenada pela Secretaria de Ciência, Tecnologia e Insumos Estratégicos (SCTIE), tem a função de assessorar o Ministério da Saúde no processo de incorporação, exclusão ou alteração de novas tecnologias no SUS, assim como também de alterar protocolos clínicos e diretrizes terapêuticas.

A análise para a incorporação de determinada tecnologia pelo SUS (quando possível, ancorada em evidências científicas) leva em conta a eficácia, a acurácia e a segurança da tecnologia. Além disso, cabe à CONITEC fazer a avaliação econômica dos benefícios e dos custos de uma nova tecnologia comparando-as com as tecnologias já existentes.

Segundo Drummond *et al.* (2007), "Se procedimentos-padrão em ATS [Avaliação de Tecnologias em Saúde] fossem aplicados a medicamentos órfãos, praticamente nenhum deles seria custo efetivo".

O artigo 19R (Decreto n° 7.646/2011) determina o prazo de 180 (cento e oitenta) dias para que o processo administrativo relacionado a incorporação, exclusão e alteração seja concluído, contado da data em que foi protocolado o pedido, admitida a sua prorrogação por 90 (noventa) dias corridos, quando as circunstâncias exigirem.

É a Secretaria-Executiva, desempenhada por uma das unidades da SCTIE, quem é a responsável pela emissão dos relatórios sobre a tecnologia – considerando as "evidências científicas", a "avaliação econômica" e o "impacto da incorporação" da tecnologia no SUS – que suportaram os pareceres conclusivos. O Departamento de Gestão e Incorporação de Tecnologias em Saúde (DGITS) auxilia a CONITEC no assessoramento do Ministério da Saúde nas funções relacionadas à incorporação, exclusão ou alteração de tecnologias em saúde pelo SUS, bem como na constituição ou alteração de Protocolos Clínicos e Diretrizes Terapêuticas (PCDT).

A avaliação da incorporação de tecnologias em saúde no SUS goza de frágil participação social. Há consultas e audiências públicas. Há o direito de voto do Conselho Nacional de Secretários de Saúde (CONASS), do Conselho Nacional de Secretarias Municipais de Saúde (CONASEMS) e do Conselho Federal de Medicina (CFM) na plenária da CONITEC, no fórum responsável pela aprovação dos pareceres que visam assessorar as decisões do Ministro da Saúde. Mas a participação social fica restrita a isso.

6.3.2. REGISTRO DE MEDICAMENTOS PARA DOENÇAS RARAS

Doença rara, de acordo com a RDC 205/2017 da ANVISA (que levou em consideração o conceito da Política Nacional de Atenção Integral às Pessoas com Doenças Raras), é doença que afeta até 65 pessoas em cada 100 mil indivíduos, ou 1,3 para cada 2 mil pessoas.

Na União Europeia, estima-se que 24 a 36 milhões de pessoas têm doenças raras. No Brasil são estimados 13 milhões de pessoas com doenças raras, segundo pesquisa da Associação da Indústria Farmacêutica de Pesquisa (Interfarma).

6.3 | Dever de incorporação de medicamentos para doenças raras: o caso SPINRAZA®
Adriana de Fátima Santos | Fernando Reverendo Vidal Akaoui |

De acordo com o Ministério da Saúde, existem de seis a oito mil tipos de doenças raras, sendo que 30% dos pacientes não chegam aos cinco anos de idade; 75% delas acometem crianças e 80% têm origem genética. Boa parte dessas doenças apresenta a partir de infecções bacterianas ou causas virais, alérgicas e ambientais, ou são degenerativas e proliferativas (MINISTÉRIO DA SAÚDE, 2005).

Ainda de acordo com o Ministério da Saúde, hoje em dia são identificados no Brasil por volta de 240 serviços que oferecem ações de assistência e diagnóstico para doenças raras. Contudo, por se tratar justamente de doenças raras, em muitos casos o indivíduo é diagnosticado tardiamente e, quando diagnosticado, enfrenta impasses no acesso ao tratamento adequado.

A incorporação de novas tecnologias, principalmente as que dizem respeito aos medicamentos para pessoas com doenças raras, há tempos é assunto de grande preocupação pública e social, pois, majoritariamente, são de alto custo e contam com pequena população disponível para serem analisadas.

A preocupação com a indisponibilidade de medicamentos para doenças raras no país, o excessivo intervalo de tempo entre o registro em outros países e o registro no Brasil, a ausência de mecanismos especiais para a avaliação de pedidos de registro de medicamentos para tratamento de doenças raras, o agravo da saúde de pacientes acometidos por doenças que não têm outras alternativas terapêuticas, a necessidade de procedimentos mais céleres para a anuência de ensaios clínicos a serem realizados no Brasil e para o registro de medicamentos para doenças raras, foram alguns dos motivos que incentivaram a criação da RDC/ANVISA nº 205 de 28 de dezembro de 2017.

A RDC/ANVISA 205/2017, veio para estabelecer um procedimento especial para anuência de ensaios clínicos, certificação de boas práticas de fabricação e registro de novos medicamentos para tratamento, diagnóstico ou prevenção de doenças raras. Criando mecanismos mais céleres para avaliar os pedidos de pesquisa clínica, de Certificado de Boas Práticas de Fabricação (CBPF) e de registro de medicamentos voltados às doenças raras.

Antes da vigência da RDC/ANVISA 205/2017, o Brasil não possuía legislação que estabelecesse procedimentos específicos para o registro de medicamentos para doenças raras.

Boy e Schramm (2009) afirmam que o número de medicações incluídas na Câmara de Regulação do Mercado de Medicamentos (CMDE) para doenças raras ainda é muito pequeno. Isso porque, de acordo com Souza *et al*. (2010) o SUS não possui política de assistência farmacêutica voltada especificamente para pessoas acometidas por doenças raras e que a sua criação "esbarra em questões bioéticas que envolvem temas como equidade, recursos escassos e reserva do possível".

A RDC/ANVISA 205/2017 veio com o objetivo de oferecer acesso aos serviços e aos cuidados adequados aos pacientes diagnosticados com alguma forma de doença rara, acesso aos tratamentos disponíveis, por meio de mecanismos acelerados para o registro de medicamentos na Anvisa, de medicamentos que tratam, diagnosticam ou previnem doença rara que cause condição séria debilitante (doença ou condição associada a morbidade irreversível ou a alta probabilidade de morte, a menos que o curso da doença seja interrompido) e que se proponham a alterar de forma clinicamente significativa a evolução ou possibilitem a remissão da doença.

A RDC/ANVISA 205/2017 não compromete a análise da segurança, eficácia e qualidade dos medicamentos. Adotou apenas tempos de análise reduzidos, novos procedimentos e algumas concessões razoáveis, mediante compromissos do setor produtivo. Exemplificamos: estudos de estabilidade de longa duração, realizados nas condições exigidas nas normas específicas do Brasil; relatórios de segurança e eficácia fase II concluídos e fase III em andamento; isenção de controle de qualidade realizado no Brasil, desde que realizado pelo fabricante internacional; e apresentação de dados e provas adicionais após concessão do registro (termo de compromisso entre a Anvisa e Detentora).

A avaliação de medicamentos novos tem de esclarecer exigências técnicas de segurança e eficácia (comprovados, em regra, por estudos não clínicos – testes realizados em células e modelos animais, ou por estudos clínicos aplicados em seres humanos – fase I, II e III) e de tecnologia farmacêutica (produção, controle de qualidade, validações analíticas, informações do fármaco e dos excipientes).

6.3.3. O CASO SPINRAZA®

O Spinraza® (nome comercial do nusinersena) é o único tratamento recomendado e disponível no mundo para Atrofia Muscular Espinhal (AME) com deleção ou mutação no gene *SMNI* localizado no cromossomo 5q. O tratamento consiste na administração de seis frascos com 5 ml no primeiro

6.3 | Dever de incorporação de medicamentos para doenças raras: o caso SPINRAZA®
Adriana de Fátima Santos | Fernando Reverendo Vidal Akaoui |

ano e, a partir do segundo ano, de três frascos. Diversos estudos apontam a eficácia do medicamento na interrupção da evolução da AME para quadros mais graves e que são prevalentes na maioria dos pacientes.

A Atrofia Muscular Espinal (AME), faz parte de um grupo de doenças neuromusculares hereditárias autossômicas recessivas, identificadas pela degeneração dos neurônios motores na medula espinal e no tronco encefálico, causando uma fraqueza muscular progressiva. Essa doença rara (classificada em cinco tipos: 0, 1, 2, 3 e 4) é considerada o motivo genético mais habitual de mortalidade infantil, com dados epidemiológicos escassos e controversos.

Estudos realizados fora do Brasil relatam uma prevalência de AME 5q de 1-2 em 100.000 pessoas e incidências variando de 1 a cada 6.000 até 1 a cada 11.000 nascidos vivos (OGINO, 2002; LUNN e WANG, 2008; PRIOR, 2010; ARNOLD et al., 2015; VERHAART et al., 2017; BAIONI e AMBIEL, 2010). Manifestam grande inconstância clínica causada pela ausência ou deficiência da proteína de sobrevivência do neurônio motor (SMN, do inglês: *survival motor neuron*).

O Spinraza® foi registrado em outros países antes do Brasil (EUA, Europa, Japão e Canadá), por isso é comum se indagar: por que a resistência de registrar na Anvisa, se fora comprovada a segurança e eficácia em outros países?

Mesmo que já possua registro em outro país, ou seja, haver uma presunção a favor do registro, entende-se que é imprescindível a sua avaliação e consequente decisão de registro em função das características da população brasileira, pois podem influenciar ou não a segurança, eficácia ou a acurácia.

De qualquer forma, o medicamento Spinraza® obteve registro na Anvisa em agosto de 2018 (publicado no Diário Oficial no dia 28/08/2018), na forma farmacêutica solução injetável e concentração de 2,4 mg/mL. Dessa forma, o Spinraza® teve autorização de ser comercializado no Brasil.

A maioria das agências de Avaliação de Tecnologias em Saúde (ATS) recomenda o uso do nusinersena para o tratamento da AME 5q, mediante o estabelecimento de rígidos critérios de elegibilidade, que incluem idade de início dos sintomas, idade de início do tratamento, ausência de ventilação mecânica permanente, entre outros. O Pharmaceutical Benefits Advisory Committee (PBAC) da Austrália recomenda nusinersena para tratamento da AME 5q tipos I, II e III, desde que os pacientes tenham 18 anos ou menos no início do tratamento e tenham apresentado sinais e sintomas da AME antes dos três anos de idade. O Canadian Agency for Drugs and Technologies in Health (CADTH) recomenda o nusinersena para AME 5q tipos I a III, desde que os pacientes tenham menos de 12 anos de idade.

Em agosto 2018, após o registro do Spinraza® (nusinersena) na ANVISA, a CONITEC publicou o resultado da Consulta Pública que recomendou a não incorporação do medicamento sobre a fraca e equivocada alegação de inconsistências de evidências que, segundo eles, não foram condizentes com a análise de custo-efetividade.

Após a não recomendação pela CONITEC, o Ministério da Saúde, por força de pressão social, se comprometeu em incorporar o medicamento. Dias depois, voltou atrás e anunciou a não incorporação.

Instigados por forte pressão social, os membros do plenário da CONITEC presentes em sua 75ª reunião ordinária, no dia 14 de março de 2019, indicaram que o tema deveria ser submetido à nova consulta pública com recomendação preliminar favorável à incorporação no SUS do nusinersena para o tratamento da AME 5q tipo I com os seguintes condicionantes: para pacientes com menos de sete meses de vida, com início de tratamento até 13 semanas após o diagnóstico e com diagnóstico genético confirmatório; atendimento em centros de referência com a disponibilização de cuidados multidisciplinares; formulação de protocolo clínico e diretrizes terapêuticas (com estabelecimento de critérios de inclusão, exclusão e interrupção); avaliação da efetividade clínica; reavaliação pela CONITEC em três anos; e doação pela empresa fabricante das 3 primeiras doses do tratamento de cada paciente.

Em decorrência de tudo isso, em 24 abril de 2019 o Ministério da Saúde anunciou a incorporação do Spinraza® ao Sistema Único de Saúde (SUS) para tratamento do Tipo 1 da AME.

Importante esclarecer também que enquanto o processo de análise técnica para registro na ANVISA não está finalizado com o deferimento do registro, o indivíduo pode ter acesso de eventual medicamento através da autorização de importação para uso pessoal, emitido pela ANVISA, de acordo com a RDC/ANVISA 28/2011, se o referido medicamento possuir registro em outro país. Outra possibilidade é a solicitação de importação em caráter excepcional de medicamentos para uso hospitalar, com prescrição médica, vinculado a um hospital ou entidade civil representativa (associações da área

6.3 | Dever de incorporação de medicamentos para doenças raras: o caso SPINRAZA®
Adriana de Fátima Santos | Fernando Reverendo Vidal Akaoui |

de saúde), não sendo permitidos a revenda ou comércio, como disposto na RDC/ANIVISA 8/2014. No entanto essas regras de importação que trata nas RDCs 28/2011 e 8/2014 não fazem parte de políticas de acesso aos medicamentos através do SUS, não definem, portanto, formas de incorporação no SUS, atribuição do Ministério da Saúde.

Da mesma forma, os outros subtipos da doença (tipos 2 e 3), não acolhidos pela decisão de incorporação, seguem outros caminhos: serão analisados dentro de um novo protótipo de oferta de medicamentos para os pacientes diagnosticado com AME, através do chamado compartilhamento de risco, ou seja, o governo paga pelo medicamento somente se houver melhora da saúde do paciente.

Como prevê a legislação, o prazo para que o fármaco esteja disponível, depois da decisão de incorporação, em centros especializados é o de até 180 dias, ou seja, deveria estar disponível a partir do mês de outubro de 2019. Ocorre que até 29/01/2020 (data da revisão final desse texto), o SUS ainda não disponibiliza efetivamente o medicamento para realizar o tratamento aos pacientes que dependem do sistema.

CONSIDERAÇÕES FINAIS

O direito da saúde tem natureza de direito fundamental e as marcas indeléveis da universalidade e da igualdade. Para respeitar a igualdade, há a necessidade de as pessoas acometidas por vulnerabilidade receberem tratamento de saúde diferenciado.

O sistema brasileiro de saúde adotou o princípio da integralidade e a lógica da atuação estatal ter de ser marcada por políticas públicas. Da integralidade é possível extrair a lógica de que "todas" as terapias necessárias têm de ser buscadas pelo sistema. Da lógica das políticas públicas há que se extrair a necessidade de ações estatais que modifiquem a realidade em todas suas facetas (integralidade), para todas as pessoas (universalidade) e de maneira especial para os vulneráveis (igualdade). Sem políticas para públicos vulneráveis, nunca se alterarão as vulnerabilidades.

A RDC/ANVISA 205/2017, que estabelece procedimentos específicos para o registro de medicamentos para doenças raras, não é suficiente para atender e permitir o acesso aos medicamentos órfãos às pessoas com doenças raras que dependam do sistema público de saúde.

O Brasil continua sem uma política pública eficiente para doenças raras, pois não possui métodos específicos de Avaliação de Tecnologias em Saúde (ATS) que efetivamente atendam, em sua totalidade, as necessidades dos indivíduos com doenças raras. Pois se procedimentos-padrão em ATS são aplicados a medicamentos órfãos, praticamente nenhum deles superará o custo efetivo (Drummond *et al.*, 2007). Os modelos vigentes de ATS foram concebidos originalmente para o estudo de doenças prevalentes "O caso das doenças raras exige abordagem especialmente voltada para suas especificidades" (Souza *et al.*, 2010).

Parece ser prioritário que a sociedade civil, profissionais da saúde e do direito, gestores, agências regulatórias e de incorporação, associações de pacientes integrem debate para se criar processo de avaliação de novas tecnologias em saúde no SUS específico para doenças raras e medicamentos órfãos.

É preciso, enquanto isso, editar norma que retifique, para o caso das doenças raras, o processo de incorporação, no sentido de eliminar o item custo-efetividade.

REFERÊNCIAS

AITH, F. *Curso de Direito Sanitário*. São Paulo: Quartier Latin, 2007, p. 339-343.

ARAÚJO, D. V.; FERRAZ, M. B. Impacto econômico do tratamento da cardiopatia isquêmica crônica no Brasil: o desafio da incorporação de novas tecnologias cardiovasculares. *Arq Brasil Cardiol.*,v. 85, n. 1, p. 1-2, 2005.

ARNOLD, W. D.; KASSAR, D.; KISSEL, J. T. Spinal muscular atrophy: diagnosis and management in a new therapeutic era. *Muscle Nerve*, v. 51, p. 157-67, 2015. http://dx.doi.org/10.1002/mus.24497.

BOY, R.; SCHRAMM, F. R. Bioética da proteção e tratamento de doenças genéticas raras no Brasil: o caso das doenças de depósito lisossomal. *Cadernos de Saúde Pública*, v. 25, n. 6, p. 1276-1284, 2009.

FINKEL, R.; BERTINI, E.; MUNTONI, F.; MERCURI, E. ENMC SMA Workshop Study Group, 209th ENMC International Workshop: Outcome Measures and a Clinical Trial Readiness in Sinal Muscular Atrophy 7-9 November 2014, Heemskerk, The Netherlands. *Neuromuscul Disord [Internet]* ; v. 25970, p. 593-602, Jul. 2015. Disponível em: http://www.ncbi.nlm.nih.gov/pubmed/26045156. Acesso: 10 jul. 2019.

GOODMAN, C. S. Introduction to health care technology assessment: ten basic steps. 1998. Disponível em: https://www.nlm.nih.gov/nichsr/ta101/ta101.pdf. Acesso em: 25 mar. 2020.

HOGERZEIL, H. V. The concept of essential medicines: lessons for rich countries. *BMJ*, v. 329, p. 1169-1172, 2004.

INTERFARMA. *Doenças Raras*: a urgência do acesso à saúde. Brasil: Ativaonline Editora e Serviços Gráficos, 2018.LUNN, M. R.; WANG, C. H. Spinal muscular atrophy. *Lancet (London)*, v. 371, n. 9630, p. 2120-2133. Disponível em: https://linkinghun.elsevier.com/retrieve/pii//S0140673608609216 . Acesso em: 10 jul. 2019.

MAPELLI JUNIOR, R. *Judicialização da Saúde*. São Paulo: Atheneu, 2017.

MOLINER, A. M. Creating a european union framework for actions in the field of rare diseases. In: PAZ, M. P.; GROFT, S. C. (eds.). *Rare Diseases Epidemiology*. New York: Springer, 2010. p. 457-473.

MUNSAT, T.; DAVIES, K. Spinal muscular atrophy. 32. ed. ENMC International Workshop. NAARDEN, The Netherlands, 10-12 March 1995. Neuromuscul Disord, v. 6, n. 2, p. 125-257, 1 Mar. 1996. Disponível em: http://www.ncbi.nlm.nih.gov/pubmed/86645664. Acesso em: 10 jul. 2019.

NOVAES, H. M. D. Avaliação de programas, serviços e tecnologias em saúde. *Rev. Saúde Pública*, v. 34, n. 5, p. 547-559, 2000.

OGINO, S.; LEONARD, D. G.; RENNERT, H. et al. Genetic risk assessment in carrier testing for spinal muscular atrophy. *American Journal of Medical Genetics*, v. 110, p. 301-307, 2002.

OMS. Organização Mundial da Saúde. *Tecnologia em Saúde*. Disponível em: http://www.who.int/topics/technology_medical/en/. Acesso em: 02 jan. 2018.

OPAS. Organização Pan-Americana de Saúde. Organização Mundial de Saúde. *Avaliação da assistência Farmacêutica no Brasil: estrutura, processo e resultados*. Brasília: OMS, 2005.

PRIOR, T. W. Spinal muscular atrophy: a time for screening. *Current Opinion in Pediatrics*, v. 22, p. 696-702, 2010.

SOUZA, M. V. D. et al. Medicamentos de alto custo para doenças raras no Brasil: o exemplo das doenças lisossômicas. *Ciência e Saúde Coletiva*, v. 15, supl. 3, p. 3443-3454, 2010.

VERHAART, I. E. C. et al. Prevalence, incidence and carrier frequency of 5q-linked spinal muscular atrophy – a literature review. *Orphanet Journal of Rare Diseases*, v. 12, n. 1, p. 124, Jul. 2017. Doi:10.1186/s13023-017-0671-8.

Impressão e Acabamento:

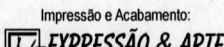

EXPRESSÃO & ARTE
EDITORA E GRÁFICA

Fones: (11) 3951-5240 | 3951-5188 | 3966-3488
E-mail: atendimento@expressaoearte.com
www.graficaexpressaoearte.com.br